大交通时代
行业数字化转型之道

彭中阳　王国钰　主编

人悦其行，物优其流

电子工业出版社
Publishing House of Electronics Industry
北京·BEIJING

未经许可，不得以任何方式复制或抄袭本书之部分或全部内容。
版权所有，侵权必究。

图书在版编目（CIP）数据

大交通时代：行业数字化转型之道 / 彭中阳，王国钰主编 . —北京：电子工业出版社，2022.1

ISBN 978-7-121-42287-4

Ⅰ.①大… Ⅱ.①彭… ②王… Ⅲ.①交通运输业－数字化－研究－中国 Ⅳ.① F512-39

中国版本图书馆 CIP 数据核字（2021）第 222791 号

责任编辑：胡　南　杨雅琳
印　　刷：北京瑞禾彩色印刷有限公司
装　　订：北京瑞禾彩色印刷有限公司
出版发行：电子工业出版社
　　　　　北京市海淀区万寿路 173 信箱　邮编：100036
开　　本：720×1000　1/16　印张：24　字数：320 千字
版　　次：2022 年 1 月第 1 版
印　　次：2022 年 3 月第 3 次印刷
定　　价：108.00 元

凡所购买电子工业出版社图书有缺损问题，请向购买书店调换。若书店售缺，请与本社发行部联系，联系及邮购电话：(010) 88254888，88258888。
质量投诉请发邮件至 zlts@phei.com.cn，盗版侵权举报请发邮件至 dbqq@phei.com.cn。
本书咨询联系方式：010-88254210，influence@phei.com.cn，微信号：yingxianglibook。

本书顾问委员会

傅志寰　中国工程院院士
吴光辉　中国工程院院士
严新平　中国工程院院士
王稼琼　北京交通大学校长
史和平　江苏省综合交通运输学会理事长
金敬东　交通运输部规划研究院副院长
贾利民　北京交通大学教授
李中浩　中国城市轨道交通协会专家与学术委员会副主任
邢智明　中国城市轨道交通协会信息化专业委员会副主任
汪　涛　独立学者
刘九如　电子工业出版社总编辑兼华信研究院院长

编 委 会

主　编　彭中阳　华为董事、企业BG总裁
　　　　　王国钰　华为企业BG全球交通业务部总裁

副主编　陈慧娟　华为企业BG全球交通业务部资深营销总监
　　　　　胡　南　电子工业出版社首席策划

编委会成员（排序按拼音首字母，不分先后）
　　　　卞家振　蔡广瑜　陈荣宪　但　平　郭千里
　　　　何达炳　黄　啸　姜文华　李明群　李　泉
　　　　鲁玉春　路海空　孟庆鑫　沈光亮　宋兰兰
　　　　肖挺莉　张　琪　张全明　赵一斌　邹国营

推荐序一

交通是兴国之要、强国之基。新中国成立以来，陆海空立体运输的飞速发展令人瞩目。我国从过去交通闭塞、流动不畅，到如今成为世界上交通运输最繁忙、最快捷的国家，走过了一段不平凡的旅程。未来，交通行业将面临新的机遇和挑战，安全、高效、绿色、经济、舒适成为交通新时代的关键词。在交通强国建设的过程中，离不开前沿数字技术的助力，数字技术将在交通领域大放异彩。

在交通行业高端装备制造方面，对科技创新的追求从未止步。在C919大型客机的设计制造中，围绕"更安全、更经济、更舒适、更环保"和"减重、减阻、减排"的设计理念，采用了许多先进技术，以人工智能（AI）为首的数字技术就是其中之一。在C919大型客机研制和试飞过程中，涉及我国自主研发的北斗导航系统，以及大量自动化和边界保护的内容。普通的飞机在雾天不能航行，但C919大型客机采用视景合成、视景增强、红外图像、虚拟数据和三维地图，能够有效地防止飞机撞地、撞山。通过AI和高度自动化极大地减轻了飞行员的操作负荷，让驾驶飞机就像做游戏一样在虚拟的环境中操作，借助虚实结合技术，使飞行员即便在雾天也能保证飞行安全。

而今，各行各业的数字化趋势已然明朗。大型客机是高端装备制造业的代表，以新技术为支点，可全面实现全生命周期下的智能化升级，改善飞行过程，提高设计、生产效率，令人期待甚高。北斗导航技术、5G、通信卫星、AI等新技术与先进制造业的融合与创新更令人感到鼓舞。

在交通绿色发展道路上，有数字技术助力前行。2020年，国家"双碳"战略目标提出后，交通行业加快推动绿色发展。在民航领域，机场车辆电动化因具有环保、经济的优势，成为人们关注的热点之一。随着5G的成熟，自动驾驶在机场率先应用，无人接驳车、无人电动物流车等投入运营，加快了民航机场车辆电动化、数字化的进程。与此同时，民航业的快速发展也为新技术应用提供了巨大舞台。未来20年，包括大型、小型通航机场和通用机场在内，中国预计将建造3000个机场，平均每年增加150个。新机场建设将带动电动化、数字化车辆的需求全面攀升。

数字化、智能化已成交通行业发展的必由之路。航空、铁路、城轨、公路、港口、物流等行业都已认真准备、主动探索，积极拥抱工业互联网和万物互联的数字世界。当然，在数字化转型过程中，一定会遇到挫折，甚至还会犯错，但胜利将属于敢于探索、乐于创新和勇于开拓实践的人们。在交通领域，国家主管部门、科研机构、企业都有责任促进数字交通的可持续发展，共同开创未来，共同书写新时代交通领域的新篇章。

作为交通行业数字化转型的参与者，华为在ICT领域有多年经验，积累了丰富的智慧交通领域数字化应用的实践经验。本书可以展现出华为对先进ICT与交通行业融合发展，实现行业数字化转型、智能升级的深入思考。本书理论结合实践，既有对国家政策、行业发展的深刻解读，也有华为在交通行业数字化转型实践的经验总结，并描绘了未来智慧交通的图景。全书框架清晰、涉及领域广泛、案例丰富多样、技术前瞻性强，体现了华为作为国内领先科技企业的技术优势和创新能力，具有很强的实践价值和参考意义。

本书有许多引人入胜、专精覃思、了然于怀的文字，是难得的好作品。其一，立足新发展阶段，提出"12345数字立方体"交通行业数字化发展的总体框架；其二，聚焦重点环节，提出大数据应用和综合信息平台建设模式；其三，围绕重要领域，提出数字化发展路径和解决方案；其四，着眼产业发展，提出构建良好发展环境的具体建议。相信华为在交通行业数字化转型历程中所积累的实践经验、方法和思考，会给交通乃至各行各业的技术专家及从业人员带来一定的启发和借鉴。

阅读本书可以感受到数字化转型之路的必要、艰难和挑战，同时也能看到美好的前景和时代的机遇。华为在创新道路上，秉持脚踏实地、求真务实的奋斗精神，长期深入探索、脚踏实地，虽然过程曲折艰辛，但始终坚持自主创新，真正走出了一条属于华为、属于中国的数字化转型实践之路。

特别难得的是，本书始终聚焦数字化转型的主题，而不是各种交通的专业技术特性，使得主题鲜明，解决了高度跨专业、跨学科带来的困扰。文章语言明白晓畅、通俗易懂，兼顾不同读者群体的语言习惯和阅读需求。对于数字化转型的决策者和相关工作者，可提供较为全面、系统的参考。

未来道路漫长，相信中国在数字交通领域的探索实践必会成大业、有大成，并为其他国家提供借鉴经验，为全球交通行业做出贡献。在实现中华民族伟大复兴的道路上，每一位交通工作者都将砥砺前行、努力奋斗、赤诚奉献。

吴光辉

中国工程院院士、C919大型客机总设计师

推荐序二

随着交通强国战略的不断推进，我国交通行业快速发展，体现在人、车、路的数量持续高速增长。在高速增长的同时，交通管理也面临着日益严峻的挑战，如城市交通安全防控压力日益增大、路网供需矛盾加剧、人民对出行服务的体验要求不断提高等。未来的 5～15 年，我们将进入智能社会，以数字技术为核心，一体化、数字化是必然趋势。随着国家《交通强国建设纲要》、新基建政策相继出台，以 5G、云计算、大数据、物联网、AI、区块链为数字技术核心的新基建与传统基建的深度融合，将成为"2025"，乃至"2035"交通强国建设的主旋律。《中华人民共和国国民经济和社会发展第十四个五年规划和2035年远景目标纲要》（简称"十四五"规划）中也明确提出，统筹推进传统基础设施建设和新型基础设施建设，打造系统完备、高效实用、智能绿色、安全可靠的现代化基础设施体系。今后，国家将系统布局新型基础设施，加快 5G、工业互联网、大数据中心等建设。交通不再仅是铁路、公路、水路、航空几个垂直领域独立的客货运输，而是围绕乘客出行流、货物运输流、交通综合监管数据流而形成的综合立体交通数字化、网络化、智能化服务体系。其中，数字化是实现融合的核心。

愿景是美好的，趋势是明朗的，但是交通行业作为一个非数字原生的传统行业，在数字化转型过程中仍存在诸多亟待破解的难题，如网络安全问题还有待进一步完善、海量数据存储和处理效率仍不高、"数据孤岛"尚未完全打通、"云化"过程中数据迁移传输带宽仍存在瓶颈、生态圈建设和融入尚需时日、相关法律法规亟待完善等。交通行业的数字化转型是个复杂的系统工程，不可能一蹴而就。

进入数字时代，数字化转型势在必行，这是信息技术（IT）发展引发的系统性变革。首先，我们要注重顶层设计，制定数字化转型科学规划；其次，推进万物互联，搭建数据开放融合的技术平台，加强新型能力建设，着力打造数据要素驱动、布局重要节点的全方位交通感知网络，构建网络化的传输体系，推动交通行业基础设施与信息基础设施一体化建设，促进交通专网与"天网""公网"等综合性网络的深度融合，推进车联网、5G、卫星通信信息网络等部署应用，完善全国交通基础设施多网融合的交通信息通信网络，提供广覆盖、低时延、高可靠、大带宽的网络通信服务，推动载运工具、作业装备的智能化；再次，在技术数字化的同时推进业务数字化创新，推动交通基础设施全要素、全周期数字化；最后，努力构建交通数字生态，完成数字化转型的价值体系重构。

本书立足于交通行业数字化转型的时代背景，结合华为在该领域的大量实践案例和翔实数据，以深入浅出的语言，围绕综合大交通数字化转型战略的基本概念、方法论与应用场景做了详细阐述，对推动我国交通行业的转型升级，具有重要作用和参考价值。相信无论交通行业的从业者、数字化转型服务商，还是关心该领域发展的大众读者都能从中获益。

中国工程院院士、武汉理工大学教授

推荐序三

几千年来，人类历史上出现过几次重大的运输革命，使"交通—商业"发生重大转型。从农耕时代的畜力运输工具、轮式运输工具、波利尼西亚长途海运，到近代造船航海技术改进、火车和轮船的发明、内燃机的诞生，以及20世纪的空中旅行等，交通工具的改善与运输技术的更迭，不断改善现实世界的运输网络，推动了人类社会运转的齿轮。

21世纪以来，新兴技术的应用打开了新世界的大门，如同蒸汽机、电力曾改变了历史的走向一样，5G、大数据、AI、云计算、物联网等数字化能力融入人们的生产与生活，在各行各业发生"化学反应"，也将驱动千行百业进行转型升级。交通行业对国民经济和社会发展具有重要的基础性、战略性、引领性作用，在人们生产生活中不可或缺。交通行业的数字化水平直接影响着人们的出行与生活方式，甚至关乎我们未来的产业与城市发展。新技术在交通行业中的应用，在于提高交通智能化水平，推进智慧交通建设。

交通强则经济强，经济强则国家强。在政策层面，新时代、新技术、新动能，交通行业迎来新征程。2019年，中共中央、国务院印发《交通强国建设纲要》，以加快建设交通强国为统领，加快建设现代化综合交通体系。2020年，国务院常务会议等多次会议持续部署新基建，国家发展改革委首次定义新基建的概念与内涵。同年，国务院新闻办公室发布《中国交通的可持续发展》白皮书，以数字化、网络化、智能化、绿色化技术的发展，拓展交通运输高质量发展空间，抓住全球新一轮科技革命和产业变革催生新技术、新模式、新业态的历史机遇，推动交通运输可持续发展。2021年是"十四五"规划开局之年，交通行业迎来更大的发展机遇，以数字化为主引擎，5G、大数据、AI、云计算、物联网等新ICT与交通行业深度融合，全面推进交通行业数字化、智能化。

在技术层面，5G大规模商用，与交通行业深度融合；AI与大数据被广泛推广，实现全方位、全方式智能与智慧管理；运用区块链技术对各类交通运输系统进行升级，改善远物现状，实现协同管理；RFID、AIoT、云计算等技术的应用，实现交通运输中的人流、客流、载具流发声与互联，提升算力。

在行业层面，高盛研究部预计中国新基建进程在2020—2025年迈入第二阶段，其中主要包括传统基建的数字化转型，如电网数字化、智能交通。我们可以看到，在这一阶段，新基建投资将达到15万亿元，其中，城际高速铁路和城际轨道交通投资占比最高，达到33.7%。交通行业的发展正面临数字化变革的拐点，乃至已进入"深水区""无人区"，需要打破传统，构建一种新范式，以进一步释放、激发行业生产力。

在大数据和AI时代，数据已经成为一种全新的资源和生产要素。很多行业的发展趋势都在印证：物理世界和数字世界正变得越来越步调一致、共存共生。当爆发式增长的数据遇到空前的算力和联接力，所引发的"聚变"效应正全面地拉动行业数字化模式的变革，从以信息化设施进行业务辅助，全面转向业务与数字化深度融合。

面向未来的综合大交通体系，需要实现航空、城轨、铁路、公路、港口等多种交通方式联动，围绕交通行业的3个业务流——乘客流、货物流、载具流，打造"出行一张脸、货运一张单、运行一张图"的"三个一"交通业务场景方案，实现安全、效率、体验的全面提升和交通全场景智慧化。

秉承"人悦其行、物优其流"的愿景，华为提出"12345"的综合大交通理念与路径，用两个形象公式诠释交通行业数字化转型：综合交通数字化 =∑垂直行业数字化，垂直行业数字化 =∑业务场景数字化。

作为一家有着超过30余年信息与通信技术（ICT）积累的企业，华为基于对未来的深入研判，已将领先的5G、云计算、大数据、AI等基础设施和解决方案精准落地于很多交通数字化场景，为民众出行、货物运输、交通基础设施智能化升级做出了突出贡献。通过5G、云计算、大数据、AI等技术能力，华为帮助港口实现了传统集装箱码头全流程自动化升级改造，将其加速打造成世界一流智慧港口；通过将人脸注册、乘客感知、智慧安检及智慧通行等多场景融于一体，助力城市轨道实现智慧城轨；在航空领域，基于大数据平台等解决方案，帮助机场深耕数字化。

在此，很高兴为大家推荐《大交通时代：行业数字化转型之道》一书，书中有充满洞见的趋势研判，有先行先验的实践真知，还有可复制、可操作的实操方法。本书的付梓出版，使读者可见那些致力于解决人类自身问题的工程师的初心使命，不拘于一城一隅，更关注行业与国家的发展、技术的普及与文明的推进，在这个充满不确定性的时代，本书能够让你以远见超越未见，以笃行践行担当。

华为副董事长、轮值董事长

前言

交通方式的变迁

天地交而万物通。

古有东晋陶渊明《桃花源记》中的"阡陌交通,鸡犬相闻",记载了田间小路交错相通的四通八达;今有毛泽东在《水调歌头·游泳》中写的"一桥飞架南北,天堑变通途",描绘了武汉长江大桥横架南北的雄伟气势。在人类漫长的发展史中,交通逐渐成为现实世界里不可缺少的重要部分。为了让交通运输变得更便利、更高效,人类从未停止过思考和革新的脚步。

在古代原始环境中,运力低下,生产生活主要依靠人力、水力和畜力等原始的自然力量。不管是靠人肩挑、手提、脚走,还是靠马、骆驼、驴驮运,都是利用原始的自然力量来实现人和物的迁移。马帮们以这样的方式在惊险丛生的茶马古道上奔波穿行,来往于四川、云南和西藏之间,从事着茶叶、马匹和药材的商贸交易。在西汉汉武帝时期,张骞亦是靠马匹、骆驼从长安去往西域,形成了陆上丝绸之路。在明代永乐、宣德年间,借助水力、风力,郑和才能带领船队七次下西洋,到达西太平洋和印度洋的30多个国家与地区，促进了东方的海外贸易。

后来西方人发明了蒸汽机，之后电气技术的应用，引领第一次和第二次工业革命，带来了新兴的交通模式，推动了重要的运力革命。1698年，英国人发明了世界上第一台实用型蒸汽机，动力相当于20匹马的工作强度，足以把几百英尺以下的水抽至地面。运输从依靠自然力量过渡到依靠能源，机器逐渐代替人力、畜力。蒸汽机车、蒸汽汽船产生后，运力得到空前程度的提高。从此，交通工具的行驶速度更快、运载量更大，翻开了运输行业的新篇章。城市之间的往来沟通更便捷、更快速。19世纪60年代，第二次工业革命爆发，人类迈入"电气时代"，这也标志着运力发展进入第三阶段。汽车、火车、轮船、飞机、地铁等现代交通工具快速登上时代舞台，成为主要的运力支撑。而当今时代，城市间交通，飞机、高铁成了主要交通工具。越来越多的"空中飞人"，因商务、旅行、生活等需求，经常乘坐飞机往返各地。高铁的普及拉近了城市之间的距离，"一小时生活圈"成为流行时尚，人们有了更自由的空间选择。

试想一下，如果有一天我们习以为常的交通系统突然停止运行，世界会怎样？这个问题，或许能够让更多人意识到交通的变迁对于现代文明生态环境的重要意义。

交通行业数字化转型的必要性

综观过去20多年的时间，数字技术对世界产生的影响显而易见——时空界限被打破，人类生活发生了颠覆性的改变。即便是深夜12点，打开手机也可以购买千里之外的商品；不用跋山涉水、漂洋过海，天各一方的人们通过摄像头就能面叙对谈；几乎每个人都有一个数字身份，拥有不同于线下物理世界的线上数字生活。

中国信通院发布的《全球数字经济白皮书》披露：2020年，47个国家的数字经济增加值规模达到32.6万亿美元，占GDP比重为43.7%，产业数字化仍然是数字经济发展的主引擎，占数字经济比重为84.4%。当下，世界正在经历从信息化到智能化再到智慧化的改变。这是新一轮科技革命对世界的重塑。AI、大数据、5G等新技术将成为推动人类社会变革的重要力量，帮助人类社会迈向智慧时代。

可以看到，新ICT与公共管理、教育、农业、金融、零售等各个领域融合，通过数据分析、预测等能力，提高了各行业运行效率，降低了成本，并推动了行业持续优化升级。在越来越多的工厂里，出现了智能机器人的身影，它们代替人工作业，解放了人类的双手甚至大脑。未来，当人类从繁重的体力和脑力活动中解放出来，社会的生产和组织方式都会面临革新。

在交通行业，数字技术的痕迹也处处可见。例如，借助卫星定位技术和4G/5G，人们不再需要问路就能通过实时导航到达目的地，出行变得轻松便捷。再如，通过手机软件就能随时随地购买火车票、飞机票，扫一扫二维码就能乘坐公交、地铁。这些如今习以为常的生活场景，其实都是信息技术作用于交通的结果。

这些基于上层算法、数据加持的新技术，引发了交通行业的深刻变革。以网约车为例，以前人们打出租车时，面临许多盲点，例如，乘客不能明确表达自己的当前位置，不知道附近有多少辆车，以及车距离自己有多远等，同时司机也不清楚乘客的具体位置。如今出行App融合了各种时空信息、抵达时间、联系方式。出行App各类信息的产生、收集、融合、传送，能做到快速处理和智能化应用。

在新一轮数字技术的社会变革中，交通行业迎来新的机遇，呈现出智慧交通的新面貌。在不知不觉之中，智慧交通已悄然来临。在轨道运维时，通过视频+AI能够智能识别车辆故障，从而大幅缩短诊断和维修时间，减轻检测人员的工作量，并提高检查的精准度；在物流运输中，大数据与AI算法实现了智能装车、路径优化，大大降低了运输成本，提高了物流效率。

新技术催生了人类对于未来交通的无限遐想。交通是物理世界的通信，通信是数字世界的交通。在智慧时代，数字世界将创造一个数字交通，并与物理世界的交通紧密联接、深度融合，迸发出新生力量。相信在不久的将来，物理世界原本割裂的交通网络将融合为一体，无缝联接，人们在不同的交通枢纽间自由穿行，货物被更高效地送往世界各地，交通系统以更加智能的方式自动运转。安全的出行、高效的运转、愉悦的体验，这将是科技带给交通的美好明天。

华为通往综合大交通之道

面对令人振奋的时代，华为已踏上征程。

从开启首个铁路行业项目至今，华为在交通行业深耕了20余年。1996年，华为C&C08数字程控交换机铺入"兰新线"，助力这条西北地区重要干线顺畅通行。多年时间里，华为的通信设备在交通行业占据了颇高份额，一步步深入铁路、城轨等多个领域，并见证、陪伴了交通行业的高速发展。

对于交通行业在发展中遇到的问题，华为感同身受，并一直在思考行业之未来变革。当数字技术浪潮来临之时，华为找到了与行业深度融合的宝贵机遇。2010年前后，产业数字化大门开启，华为从城轨领域切入，率先探索交通行业数字化转型之路。此时，华为在交通行业的角色悄然改变，从"局外人"转向"局内人"，从"旁观者"变为"同路人"。

作为交通行业的"新人"，如何做好同路人？华为怀着敬畏之心，躬身入局，立志要做懂行人。只有懂行业、真实践，才能够实现数字技术与行业业务的完美融合。只有把握行业发展脉络，扎根业务场景，才能体会到每个行业的痛点和渴望。在成为懂行人的路上，没有捷径可走，更没有速成法则，只有日复一日地倾心投入、学习积累，才有可能找到规律，和行业同频共振。

为实现未来"综合大交通"的数字化愿景，华为提出打造"出行一张脸、货运一张单、运行一张图"，并在多年的实践中，总结出"三张图"方法。首先，勾勒出愿景图。这张图包含了数字化转型客户对未来3～5年，甚至更长时间的发展目标、战略诉求，而且要尽量对目标进行量化。其次，描绘全景图。通过全景图梳理数字化转型中各方的任务，进一步细化需求，明确到底要做什么，以及合作项目的范围。其中包括全业务架构、全生命周期和全业务流程。最后，制定路线图。这张图需要按照轻重缓急，明确不同场景、不同任务的执行时间和执行目标。

通过科学的方法，聚焦行业客户需求，才能为客户解决问题，为客户创造价值。在深圳机场，众多智慧项目的落地，让机场运行品质和效率大幅提升，例如，每年使260万人次的乘客登机免坐摆渡车，享受到更便捷的乘机服务；在天津港，泊位智能分配代替人工调度，减少了人工作业的劳动负担，并且提高了港口运转效率；在上海洋山港，对龙门吊进行远程控制改造后，龙门吊司机脱离了高危、艰苦的工作环境，港口也节约了人力成本。未来，华为将持续专注交通行业，深刻理解行业发展，扩大懂行人队伍，并探索更长远的未来。

合力共造星辰大海

华为正在探索、实践更多的数字化场景。交通行业需要更多的懂行人，去填补传统业务场景与数字技术应用之间的巨大鸿沟。华为期望与更多生态合作伙伴、行业伙伴携手，共同创造智慧交通的美好世界。一方面，华为充分利用自身的技术能力，聚焦交通行业场景化解决方案；另一方面，要真正实现数字化的商业成功，需要全行业的共同努力，探索行业标准并共建生态，打造良性发展的生态圈，才能实现全行业的协同分工、优势互补、蓬勃发展。

生态伙伴、行业客户和华为是数字化转型共同体。在合作与开放的理念下，各方优势互补、共同创新、强强联合，实现客户价值，把握产业发展新机遇，推动交通数字化进程。只有聚集更多的伙伴，才能让数字技术全面深刻地融入每一条宽广的道路、每一条穿山越岭的铁轨、每一个人潮涌动的车站、每一辆飞驰而过的汽车，最终实现综合大交通的宏伟愿景。

在交通行业数字化转型的大背景下，本书结合华为在交通行业数字化领域的理论基础，围绕综合大交通数字化转型战略的基础概念、实现方法与应用场景逐一做了详细的阐述。全书分为五个部分，第一部分讲述综合大交通的必然之势，以及交通行业数字化转型的紧迫性、必要性；第二部分从目标、路径、业务、时空等不同维度，解读数字技术之于综合大交通的价值；第三部分介绍交通行业数字化转型架构，帮助读者全面认识数字化转型体系；第四部分聚焦交通行业各子行业的数字化转型实践，从行业洞察入手，提供数字化解决方案，并进行案例分析；第五部分结合华为自身数字化转型经验，分析转型挑战、关键步骤、保障机制等，为交通行业企业提供参考。

本书是华为视角的交通行业数字化转型总结，希望能给读者提供借鉴、带来启发和思考，呼吁更多人士与我们共同探索和研究，合力推动交通行业数字化转型。综合大交通将带给世界崭新的体验，我们昂首翘望这一新时代的到来。

目录

01 第一部分 大交通时代，已成必然之势

第一章　综合大交通势不可逆
　　第一节　从交通大国到交通强国　　004
　　第二节　综合大交通已来　　007

第二章　数字化转型是必由之路
　　第一节　数字化转型浪潮已至　　012
　　第二节　交通走向算力时代　　015
　　第三节　交通行业数字化转型应用　　017

第三章　数字时代的中国交通机遇
　　第一节　全球竞技，智能取胜　　020
　　第二节　中国加快交通行业数字化转型　　022
　　第三节　中国交通的数字化超越　　024

02 第二部分 价值为纲，搭建数字立方

第四章　一体化综合大交通：未来交通蓝图
　　第一节　城镇化与交通发展　　030
　　第二节　用数字技术实现目标　　032
　　第三节　综合大交通蓝图　　034
　　第四节　演变路径：从枢纽到都市圈　　038

第五章　两个数字化：物理世界的数字映射

第一节　从物理世界到数字世界　　046

第二节　基础设施数字化：夯实地基承载力　　047

第三节　业务流程数字化：解决业务痛点　　053

第六章　三个业务流：一切价值活动的原点

第一节　人与物的位移　　058

第二节　乘客流：优化乘客体验　　059

第三节　货物流：提高货物运输效率　　062

第四节　载具流：资源与需求高效匹配　　063

第七章　四大领域：全生命周期数字化

第一节　规划：做优顶层设计　　068

第二节　建设：赋能信息化洼地　　071

第三节　运营：抓稳数字化转型重心　　073

第四节　经营：数字化挖掘潜力　　074

03 第三部分　上下求索，丈量转型之路

第八章　平台之基

第一节　肥沃的黑土地　　082

第二节　云基础设施与平台服务　　086

第三节　行业使能平台　　086

第四节　行业解决方案资产　　089

第九章　数据为魂

第一节　以数据确定性应对业务不确定性　　094

第二节　数据驱动业务流　　095

第三节　数据汇聚：打破孤立"烟囱"　　097

第四节　数据治理：让数据可信、可用、可管　　098

第五节　数据融合：以业务流为目标，
　　　　深挖数据价值　　　　　　　　100
第六节　数据服务：沉淀资产，服务应用　103

第 十 章　**安全护航**
第一节　网络安全成首要问题　　　　　106
第二节　网络安全建设的挑战和机遇　　108
第三节　网络安全解决之道　　　　　　110

第十一章　**生态制胜**
第一节　独行快，众行远　　　　　　　116
第二节　寻找生态合作伙伴　　　　　　117
第三节　开放共赢　　　　　　　　　　119

第十二章　**标准为向**
第一节　用标准开拓前路　　　　　　　122
第二节　城轨行业的标准引领　　　　　123
第三节　机场行业的标准探索　　　　　125
第四节　推动全行业标准落地　　　　　127

第十三章　**两个公式：融合数字化力量**
第一节　垂直行业数字化　　　　　　　132
第二节　业务场景数字化　　　　　　　135

第十四章　**智慧城轨，云领未来**
第一节　城市交通"大动脉"　　　　　138
第二节　智慧城轨发展历程　　　　　　140
第三节　智慧城轨解决方案　　　　　　143

04
第四部分

以行践言，
探索智慧方法

第四节　呼和浩特地铁数字化转型　　　　147

第五节　深圳地铁数字化转型　　　　　　150

第六节　南京地铁数字化转型　　　　　　161

第十五章　智能铁路：驶入数字化"快车道"

第一节　铁路加速转型升级　　　　　　　168

第二节　迈进智能铁路时代　　　　　　　169

第三节　数字技术驱动智能铁路　　　　　171

第四节　华为智能铁路解决方案　　　　　174

第五节　"智慧广铁"创新实践　　　　　180

第六节　西安铁路局拥抱智能化　　　　　181

第十六章　智慧公路：探索更确定的未来

第一节　智慧公路发展趋势　　　　　　　190

第二节　智慧高速的挑战和解决方案　　　193

第三节　智慧计费稽核案例　　　　　　　200

第四节　延崇高速自动驾驶案例　　　　　202

第五节　城市道路系统亟待数字化　　　　204

第六节　深圳巴士集团数字化转型　　　　208

第十七章　智慧航空：飞向数字化未来

第一节　航空业未来可期　　　　　　　　214

第二节　航空业挑战重重　　　　　　　　215

第三节　数字化支撑未来航空　　　　　　217

第四节　智慧空管解决方案　　　　　　　220

第五节　西北空管局的数字化转型　　　　221

第六节　智慧助力"四型机场"　　　　　224

第七节　智慧机场解决方案　　　　　　　225

第八节	深圳机场"智"变	*233*
第九节	航空公司数字化突破	*238*
第十节	东航数字化转型之路	*240*
第十一节	智慧监管	*241*

第十八章 智慧港口：船悦其航，物畅其流

第一节	中国港口变奏曲	*244*
第二节	港口行业数字化转型恰逢其时	*246*
第三节	打开未来港口的数字世界	*248*
第四节	天津港数字化转型	*252*
第五节	广州港数字化转型	*255*
第六节	上海港数字化转型	*257*

第十九章 智慧物流：逐鹿"物"的数字世界

第一节	下一个"物"的高维战场	*262*
第二节	物流行业数字化转型之问	*269*
第三节	智慧物流枢纽解决方案	*270*
第四节	华为CBG南方仓打造智慧物流园区	*281*
第五节	龙江交投集疏运智慧物流	*282*

05 第五部分 朝暮并往，行至远方

第二十章 数字化转型的挑战

第一节	数字化转型"灵魂三问"	*288*
第二节	变革无法回避	*289*
第三节	找对老师和方法	*290*
第四节	数字生产力亟待提升	*290*
第五节	数据融合是"硬骨头"	*291*
第六节	安全不容有错	*292*
第七节	规模化复制难	*293*

第八节　价值判断标准不一　　　　　293

第二十一章　**数字化转型如何做**
第一节　愿景驱动，规划先行　　　　297
第二节　平台为基，变革随行　　　　301
第三节　技术赋能，战略合作　　　　304
第四节　价值导向，持续运营　　　　305

第二十二章　**数字化转型保障机制**
第一节　什么是数字化治理　　　　　308
第二节　为什么要做数字化治理　　　310
第三节　数字化治理怎么做　　　　　314

第二十三章　**知易行难，行胜于言**
第一节　上下同欲　　　　　　　　　330
第二节　双轮驱动　　　　　　　　　331
第三节　眼高手低　　　　　　　　　331
第四节　立而不破　　　　　　　　　333
第五节　久久为功　　　　　　　　　334

编后语　　　　　　　　　　　　　　337
专家评审（选录）　　　　　　　　　341
致谢　　　　　　　　　　　　　　　355

第一部分

大交通时代，已成必然之势

　　交通已经成为社会经济运行的血管，深入千行百业与百姓生活，但也面临着发展瓶颈。利用新ICT，建设综合大交通体系，推动交通行业数字化转型，实现交通强国梦想已成必然之势。

第 一 章
综合大交通势不可逆

综合大交通肩负着让交通更安全、便捷、高效、绿色、经济的时代使命,通过优化布局、统筹融合、高质量发展,释放出"倍增"能力,满足人们对美好生活的追求。

路面上行驶着清洁能源驱动的无人驾驶汽车、天空中穿梭着飞行汽车、地下高速隧道里鱼贯而行着磁悬浮超级高铁，1小时内可以到达全球的任意地点，没有拥堵，没有交通事故，没有噪声，也没有污染。

2050年，人们的出行会有多么轻松便捷？出门前，只要说出你的目的地，智能语音机器人就能帮你制定出最佳方案，并一键购买所有交通票。不到一分钟，一辆光伏电能驱动的共享无人驾驶汽车出现在你家门前。车辆感知到你的身份信息后，会自动打开车门。无人驾驶汽车安全舒适，你可以在车上处理文件、吃早餐、参加电话会议或休息片刻，在行驶期间，不会发生拥堵、等待红绿灯或任何交通事故。到达高铁车站后，红外线扫描仪能够在你步行过程中进行自动安检，你不需要出示身份证件，也不需要候车，通过摄像头自动识别身份，就能直接上车出发。如果你厌倦了陆路交通，那就试试与苍鹰比翼的空中汽车、与海豚同游的潜水艇。曾经枯燥的交通出行，成了一件比度假还要惬意的事情。

你能想象这样的世界吗？

第一节　从交通大国到交通强国

中国已成为名副其实的交通大国。随着内外部环境发生复杂变化，我国正在奋力从交通大国转向交通强国。交通强国战略的重要目标就是，要用综合交通体系支撑城市人口、空间和产业演化，支撑城市经济社会转型和高质量发展。2019年9月19日，中共中央、国务院印发了《交通强国建设纲要》，强调建设交通强国是以习近平同志为核心的党中央立足国情、着眼全局、面向未来做出的重大战略决策。

对内而言，交通是各省市经济往来的纽带，是协调区域经济发展的重要抓手，是建设现代化经济体系的先行领域；对外而言，交通又是中国与其他国家加强往来、紧密合作的基础载体，是加速形成"一带一路"开放格局的强大动能。

以高铁为例，经过多年深耕，中国在高铁技术、装备、建设和运用等方面突破创新，成为世界上高铁里程最长、运输密度最高、成网运营场景最复杂的国家。

今日，从海滨城市到西北戈壁，从东北雪都到江南水乡，中国交通横纵相连，遍布成网。根据《2020年铁道统计公报》公布的数据，到2020年末，全国铁路营业总里程已达14.63万千米，居世界第二位。2019年末，全国公路总里程达到501.25万千米，比1949年高出数十倍。高速公路总里程达14.96万千米，位居世界第一。[1]另据中国城市轨道交通协会公布的数据，截至2021年6月30日，中国内地已经有49座城市开通城轨交通。在民航业，全国定期航班的航线总数已达到5521条，不断攀登新高度。[2]

当下，交通行业发展面临复杂的外部环境。其一，国家将"双循环"提升至国家战略层面，提出要逐步形成以国内大循环为主体、国内国际双循环相互促进的新发展格局。这需要以交通基础设施体系为主的现代化基础设施体系作为支撑，做到扩大循环总量、增强循环动能、提高循环效率、降低循环成本和保障循环安全。其二，我国产业结构将进行有效调整，这就需要对未来交通行业结构进行相应的优化，形成与之匹配的新结构。其三，我国在2020年提出"双碳"目标，即力争在2030年前二氧化碳排放量达到峰值，努力争取在2060年前实现碳中和。据国际能源署（IEA）统计数据显示，2020年交通领域的碳排放量占全球总量的26%，仅次于能源发电与供热领域。由此可见，在"双碳"目标实现过程中，交通行业任

---

[1] 交通运输部. 2019年交通运输行业发展统计公报 [N]. 中国交通报，2020-05-12(002).
[2] 闵梓. 民航局公布2019年民航行业发展统计公报 [N]. 中国航空报，2020-06-09(007).

务重大，将迎来新变化。另外，新一轮科技革命、社会老龄化、城镇化发展、消费升级等也是影响交通行业发展的重要外部因素。

在交通行业内部，发展不平衡、不充分的问题仍然突出。我国虽然在高铁、特大桥梁、超长隧道建设等领域走在世界前列，但仍有很多核心技术未能全部掌握，装备研发能力有待加强。在交通基础设施建设上，存在投入和建设不足的问题。另外，物流成本高、效率低的问题长期存在。在出行方面，如何满足人们的个性化、多样化需求，提高出行效率，实现绿色出行，已成为挑战。

更现实的问题是，随着经济发展，出行与货运需求不断增长，交通工具持续增加，但通行效率却在降低，道路、航线、机场等资源尚未得到充分利用，交通工具的能力没得到充分释放。例如，根据《2019年全球机场&航空公司准点率报告》，2019年全球机场实际出港航班量为3712万架次，出港准点率为75.58%，相当于每4架次航班就会出现1架次的延误，起飞平均延误时长为26.47分钟。很多商旅用户，宁愿坐5个小时车程的高铁，也不愿意坐2个小时航程的飞机。交通行业作为一个传统行业，正在驶入传统方案无法解决的"拥堵点"。同时，爆发式增长与新需求，进一步加剧了交通行业发展瓶颈。

在此形势下，我国必须在交通大国基础上攻坚克难，向交通强国迈进。2019年9月，中共中央、国务院印发的《交通强国建设纲要》，对未来交通强国建设及规划指明了方向。针对这一战略目标，我国将分两步走：

从2020年到2035年，基本建成交通强国。具体包括：现代化综合交通体系基本形成，人民满意度明显提高，支撑国家现代化建设能力显著增强；拥有发达的快速网、完善的干线网、广泛的基础网，城乡区域交通协调发展达到新高度；智能、平安、绿色、共享交通发展水平明显提高，城市交通拥堵基本缓解，无障碍出行服务体系基本完善等。

从2035年到21世纪中叶，全面建成交通强国。具体是指：基础设施规模质量、技术装备、科技创新能力、智能化与绿色化水平位居世界前列，交通安全水平、治理能力、文明程度、国际竞争力及影响力达到国际先进水平，全面服务和保障社会主义现代化强国建设，人民享有美好交通服务。

总体来说，根据《交通强国建设纲要》，交通强国建设的发展目标和主要任务是建成便捷顺畅、经济高效、绿色集约、智能先进、安全可靠的现代化高质量国家综合立体交通网，支撑城市人口、空间和产业演化，支撑城市经济社会转型和高质量发展，其重要标志是实现"两圈三网"[1]。至此，综合立体交通网成为交通强国建设的重要发力点。便捷、经济、绿色、智能、安全成为交通强国时代的主题词。

第二节　综合大交通已来

在20世纪50年代，我国就从国外引入"综合交通"的相关概念，并在数十年时间里基于基本国情进行了理论、实践方面的诸多探索，快速构建起综合交通基础网络体系。所谓综合交通，即与单一交通相对，是指多种运输方式、运输系统的有机结合、联动协作，以提高运输安全、效率和体验，优化交通体系。一方面，枢纽的综合能力十分重要，即一个大型枢纽内能够综合多种交通方式，实现快速换乘。另一方面，海、陆、空、铁各种交通线路的综合性也很关键。各线路自身的通达性、连通性，以及线路

---

[1] "两圈"是指"全国123出行交通圈"与"全球123快货物流圈"。全国123出行交通圈指都市区1小时通勤、城市群2小时通达、全国主要城市3小时覆盖。全球123快货物流圈指中国国内1天送达、周边国家2天送达、全球主要城市3天送达。"三网"即拥有发达的快线网、完善的干线网、广泛的基础网。其中，快线网由高速铁路、高速公路、民用航空组成，体现其运行速度快等特点；干线网由普通铁路、普通国道、航道、油气管道组成，体现其运行效率高等特点；基础网由普通省道、农村公路、支线铁路、支线航道、通用航空组成，体现其覆盖空间大等特点。

之间的多维衔接和协同，需要不断增强。

目前，我国的综合交通建设已取得了一些成果。第一，综合交通基础设施网络不断完善；第二，有力促进了国土空间开发保护和区域协调发展；第三，国际互联互通不断加强；第四，基础设施建造技术达到国际先进水平。

但同时也存在不少问题。我国综合交通网络布局仍需完善，结构有待优化，互联互通和网络韧性还需增强；综合交通的统筹融合亟待加强，资源集约利用水平有待提高，交通运输与相关产业协同融合尚需深化，全产业链支撑能力仍需提升；综合交通发展质量、效率和服务水平不高，现代物流体系有待完善，科技创新能力、安全智慧绿色发展水平还要进一步提高。例如，我国现在单一运输方式的水平很高，但人们的出行体验不佳，物流成本又非常高，其中的问题就在于各种运输方式缺乏融合性、联动性，导致运输效率低、服务水平不高。同时，单一运输方式快速发展，占用了土地资源，并且造成严重的空气污染，如果不综合考虑多种因素，必然会造成效率持续下降，浪费更多资源，制造更多污染物。2019年，公路货运量占全国货物运输量超70%，远超欧洲45%左右的占比。[1] 货物运输仍以公路运输为主，铁路运输与水运及联程联运的优势尚未显现，而货车占比过高导致公路繁忙、运输成本过高及碳排放量过多等问题。

交通运输重点领域关键环节改革任务仍然艰巨。针对以上问题，建设综合立体交通迫在眉睫。综合立体交通为提高运输效率，提升服务水平，集约利用资源创造坚实的基础条件，简单来说，就是在综合的基础上提高效率、优化服务、合理利用资源。

因此，继《交通强国建设纲要》之后，《中共中央关于制定国民经济和

---

1 楚峰. 2019中国公路货运怎么样？这份大数据报告揭晓答案![J]. 运输经理世界，2020(02):82-85.

社会发展第十四个五年规划和二〇三五年远景目标的建议》中也指出，要加快建设交通强国，完善综合运输大通道、综合交通枢纽和物流网络，加快城市群和都市圈轨道交通网络化，提高农村和边境地区交通通达深度。

2021年2月，中共中央、国务院印发的《国家综合立体交通网规划纲要》提出，到21世纪中叶，我国将全面建成现代化高质量的国家综合立体交通网。在具体任务上，《国家综合立体交通网规划纲要》提出了国家综合立体交通网的三大主攻方向，即优化国家综合立体交通布局、推动综合交通运输统筹融合发展、推进综合交通运输高质量发展。

在优化国家综合立体交通布局方面，首先，构建完善的国家综合立体交通网。计划到2035年，国家综合立体交通网实体线网总规模合计70万千米左右（不含国际陆路通道境外段、空中及海上航路、邮路里程）。其中，铁路20万千米左右，公路46万千米左右，高等级航道2.5万千米左右；沿海主要港口27个，内河主要港口36个，民用运输机场400个左右，邮政快递枢纽80个左右。其次，加快建设高效率国家综合立体交通网主骨架。大力建立起纵横全国的"6轴、7廊、8通道"主骨架，有效提高交通运输效率。再次，建设多层级一体化国家综合交通枢纽系统，由4大国际性综合交通枢纽集群、20个左右国际性综合交通枢纽城市、80个左右全国性综合交通枢纽城市、若干综合枢纽港站共同构成。最后，完善面向全球的运输网络。应进一步加强交通基础设施互联互通和国际运输保障，着力形成功能完备、立体互联、陆海空统筹的运输网络。

在统筹融合方面，《国家综合立体交通网规划纲要》提出要重点推进四方面的融合发展。一是推进各种运输方式统筹融合发展，包括统筹综合交通通道规划建设，推进综合交通枢纽一体化规划建设，推动城市内外交通有效衔接。二是推进交通基础设施网与运输服务网、信息网、能源网融合发展。三是推进区域交通运输协调发展。四是推进交通与相关产业融合发展，包括推进交通与邮政快递融合发展、交通与现代物流融合发展、交通与旅游融合发展、交通与装备制造等相关产业融合发展。

在高质量发展方面，具体任务包括安全发展、智慧发展、绿色发展和人文建设、提升治理能力等。以推进绿色发展为例，《国家综合立体交通网规划纲要》对此提出系列任务。例如，促进交通基础设施与生态空间协调，最大限度地保护重要生态功能区、避让生态环境敏感区，加强永久基本农田保护；优化调整运输结构，推进"多式联运型"物流园区、铁路专用线建设，形成以铁路、水运为主的大宗货物和集装箱中长距离运输格局，等等。

可以看到，国家对交通体系的通达性、联动性，以及一体化建设非常重视。未来，交通需求并不仅仅是铁路、公路、水运、航空等几个垂直领域独立的客货运输，而是围绕出行、货运形成的海、陆、空、铁一体化综合立体大交通。这是建设交通强国的必然要求，也是对未来交通的美好畅想。

第 二 章
数字化转型是必由之路

受限于能源、土地、环境等因素，交通基础设施资源是有限的，而出行与货运需求却随着经济的发展不断攀升。需求与供给之间的矛盾，是交通行业需要持续攻坚的难题。将ICT与交通业务深度融合，深度发挥数据与AI的价值，挖掘并释放物理资源背后的潜能，实现安全、效率、体验全面提升的智慧交通，是解决供需矛盾的关键手段。

第一节　数字化转型浪潮已至

"数字化"不仅是技术变革,还可以为经济发展提供新动能,驱动企业持续创新、自我变革,为客户创造更大的价值,并让人们拥有更美好的生活。因此,这将是由技术引发的全社会的深刻变革。

在数字化生存时代,拥抱数字化转型,改变思维、态度、生产生活方式,是每个人、每个企业、每个行业的必然选择。简单来讲,数字化转型是要让企业从传统工业化生产模式转变为数字化生产模式。这种商业模式的本质是以数据为处理对象,以ICT平台为生产工具,以软件为载体,以服务为目的的生产过程。经过自身数字化转型实践,华为认为,数字化转型是通过新一代数字技术的深入运用,构建一个全感知、全联接、全场景、全智能的数字世界,进而优化再造物理世界的业务,对传统管理模式、业务模式、商业模式进行创新和重塑,实现业务成功。

无论像蒸汽机、织布机这样的物质工具,还是以互联网、云计算、大数据、AI为代表的IT工具,都是为了推动人类进步,必将带来转型和变革。这种颠覆性可能无处不在,却又无声无息、无迹无痕。从街边打车到网约车,再到共享汽车,人们似乎在瞬间就完成了乘车模式的转变。而那些能够敏锐捕捉未来变化的人,亦将是率先转型,去创造未来的人。

美国计算机科学家尼古拉斯·尼葛洛庞帝在《数字化生存》一书中预言:"未来,计算不再只和计算机有关,它决定我们的生存。"在数字化生存环境中,人们的生活方式、生产方式、生活态度、行为方式都会改变。计算机会知道你喜欢的食物并为你推荐餐馆,也会提醒你车辆需要维修了,甚至知道你朋友的爱好。医生通过虚拟现实技术,可以远程做手术,空间界限变得模糊。世界上还将出现戴在手腕上的电视、计算机或电话。

如其所言，数字化、智能化包裹了人类的生产生活。他所预言的景象都在逐一实现并普及。只需要一部智能手机，人们就可以玩游戏、聊天、购物，或者问诊就医、签订合同。如果你在找路时不再使用纸质地图，而是点开了导航系统，那么你就必须承认，数字化生存时代已经来临。在不久的将来，会有那么一天，你可能不必离开书桌或扶手椅，就可以办公、学习、探索这个世界和它的各种文化，进行各种娱乐，交朋友，逛附近的商场，向远方的亲戚展示照片等。你不会忘记带走你遗留在办公室或教室里的网络联接用品，它将不仅仅是你随身携带的一个小物件，或你购买的一个用具，而是你进入一个新的媒介生活方式的通行证。

《2017年国务院政府工作报告》首次提出加快促进数字经济发展。2017年10月，"数字经济"被写入党的十九大报告。此后，国家政府从各层面推动数字中国建设。《2018年国务院政府工作报告》提出"为数字中国建设加油助力"。2021年，"新基建"[1]被首次写入政府工作报告。2021年3月12日，《中华人民共和国国民经济和社会发展第十四个五年规划和2035年远景目标纲要》（简称《纲要》）公布，《纲要》第五篇明确提出"加快数字化发展，建设数字中国"为主要目标任务之一，对其做出重要部署。数字中国的宏大蓝图正在加速铺开。

众所周知，新冠肺炎疫情的暴发，意外地检验了企业的数字化能力。一些走在数字化前列的企业出色地应对了疫情挑战。例如，零售业将线下卖场"搬"到线上，通过在各类线上平台销售产品，业务量持续增长。制

---

[1] 新基建全称新型基础设施建设，这一概念最初由2018年12月中央经济工作会议首次提出，当时是简单地将5G、AI、工业互联网、物联网定义为"新型基础设施"。2020年4月20日，国家发展改革委正式对新基建做出定义。明确新基建是以新发展理念为引领，以技术创新为驱动，以信息网络为基础，面向高质量发展需要，提供数字化转型、智能升级、融合创新等服务的基础设施体系。同时，指出技术革命和产业变革正在逐渐深入，新型基础设施的内涵、外延不会一成不变，未来将会出现更多可能性，新基建的内容也必然会更加丰富。

造工厂启动自动化生产设备，不需要人工也能正常生产。更有许多企业采用数字化工具进行管理，经营未受疫情影响，反而实现了降本增效。领先企业的成果刺激了更多企业加速进入数字化转型阵营。全球咨询公司毕马威的一项调查显示，在新冠肺炎疫情暴发后的三个月里，企业每周在IT方面的投入增加了150亿美元。在微软和经济学人智库联合进行的一项研究中，72%的受访企业认为，新冠肺炎疫情加快了企业的数字化转型速度。其中，57%的受访者表示，提高效率和生产率是他们决定加大对数字工具投资的主要因素。另据麦肯锡报告，未来，全球数字化转型的市场规模预计将从2020年的4698亿美元增长到2025年的10098亿美元，预测期内复合年增长率达16.5%。

毋庸置疑，在"后疫情时代"，数字化转型将呈爆发之势。同时也意味着，数字化转型将进入"深水区"，从业务、商业模式到企业文化、组织架构，各行业全产业链将面临由内而外的系统性升级挑战。如何利用5G、AI、云计算等新ICT，推动产业、企业成功转型，成为数字化智能时代的迫切任务。

对于各行业而言，无论因为客户需求倒逼，或是竞争所迫，还是自我创新所驱，数字化转型都已成为生存的必需品。交通行业也不例外，而且更加需要数字化转型。试想，如果没有"戴口罩人脸识别算法""AI算法精准采集额温""数字防疫系统"等数字化手段，疫情中的交通运行会是怎样？未来，如何应对交通行业在当下和未来的挑战？如何建立综合大交通体系？如何回答交通强国战略背景下的时代之问？如何走向"人悦其行、物优其流"的美好未来？这些问题都将在数字化转型中找到答案。

第二节 交通走向算力时代

何谓算力？就是对数据的处理能力。在数字经济领域，算力代表着生产工具，发挥基础性支撑作用，数据代表着生产要素，算法代表着先进的劳动力。交通行业数字化转型就要用算力驱动运力，将数字算力与交通业务深度融合，打造融合新ICT的智慧交通，推动综合大交通建设。

数字化智能时代，算力如何推动交通发展？数字技术新基建与交通强国战略目标相互交融，将带来怎样的变化？数字化转型又将如何提升综合大交通的发展水平？下面从四个方面来探讨。

其一，优化发展路径。从高速发展到高质量发展，数字化转型可以推动综合交通发展路径的优化。在经营决策方面，数字化技术能够为交通行业提供洞察能力，降低不确定性，管控业务决策、业务运营、业务创新的风险。在运维方面，数字化转型可以让基于流程的协作变为基于数字化平台的精细化协作，突破资源约束边界、提升交通产业协同和产业竞争力。

其二，推动要素流动。从相对独立发展到一体化协同，数字化转型可以推动综合交通生产要素之间的自由流动。万物互联的数字化联接能力是综合交通发挥协同效应的倍增器。经由数字化转型可实现人、车、路、环境的联接与交互，让各要素自由流动；可实时感知和洞察需求，联接需求场景与运输服务，实现供需匹配；能实现交通运输的信息流、业务流、服务流、资金流的多流融合。如此原本彼此隔离、各自运转的交通网络将真正连为一体。

其三，提供破题手段。从生产工具到生产要素，数字化技术正在为破解综合交通发展难题提供新手段。低功耗芯片、移动终端、边缘计算、智能传感器等感知技术，为全时、高效的交通数据采集体系提供了基础。软件定义网络、物联网、5G等联接技术为广覆盖、低时延等服务需求提供联接手段，为车路协同、自动驾驶大产业奠定了基础。BIM、GIS、数字孪生等助力综合交通从规划体系、政策体系、行业治理架构等方面，实现衔接有序，协同顺畅。AI、大数据、云计算等有助于交通系统内外实现资源优化配置，从单系统自治到全局优化、协同治理。区块链、数字平台等数字化技术有助于实现行政区域协同，打破行政区划对生产要素的限制作用。移动互联网、微服务、容器等技术将助力实现数字服务实时、按需、全在线、自主化、社交化交付，实现运输服务线上线下协同交互，降低综合交通运输服务生产、发现、交易、交付的成本。当前技术的变革已经为实现综合交通的全面数字化提供了充分的手段，可谓万事俱备，当下所需要的是在一个全新的层面上对此进行有效的整合。

其四，实现效率提升。从要素驱动到效率和创新驱动，数字化转型的根本是实现综合交通运输体系服务效率的升级，还可以提供"点"的融合、"线"的提升、"面"的优化与"体"的治理。

数字化推动提升机场、高铁站、港口集疏、城市交通综合枢纽等领域的效率，实现站城一体，这是"点"的融合。通过技术标准衔接和智慧化建设，新技术可以助力提升大通道服务能力，如国铁干线、城际铁路、城市轨道交通三网融合，高速公路智慧化建设，这是"线"的提升。同时，新技术还将助力传统交通监测平台和城市一体化管控平台，利用车路协同、北斗高精度平台、5G网络等为区域和城市交通管理带来新手段，实现"面"的优化。基于数字平台、AI、区块链等新一代数字化基础设施和平台，可全面打通各板块业务服务，实现智慧交通综合体系的管控，实现"体"的治理。可以看到，数字化技术正在助力综合交通体系实现点、线、面、体的城市交通大系统，推动综合交通生态巨系统的全面优化和提升。

第三节 交通行业数字化转型应用

在算力时代，交通行业各主体纷纷因势而谋，应势而动，顺势而为，迈出数字化转型的步伐，拥抱智慧交通。自动驾驶、实时航班、动态限流限速、路面不再有红绿灯、汽车无须等待就能畅行……数字化转型将给传统交通带来颠覆性改变。可以看到，在航空、城轨、铁路、公路、港口、物流等交通行业子行业已经充满了数字化的身影。

在智慧公路上，自动驾驶的汽车可以自动避让、减速、泊车，行驶轻松自如。借助传感技术，路面在雨雪天会自动消冰除雪、大雾天有警示灯、桥梁损伤会主动报警；汽车既能感知车速、车流等信息，也能感知雷、雪、雨、雾等复杂天气状况。利用5G，能满足车—车、车—路通信的低时延要求，实现车辆的高精度定位。通过云端支持，能在空间上实现超视距的感知。这些能力的实现有助于对行驶车辆、道路、环境等各要素进行全局、全程把控，实现车道级控制，解决车辆行驶盲区的控制问题等，为自动驾驶的可靠性、安全性、畅通性提供重要保障。

在未来航空的想象中，围绕优化乘客出行体验、优化资源配置等目标，将有大量创新空间。例如，空管、航空公司、机场实现空地一体化大协同，以SWIM共享数据+AI实现三方及更多方参与者业务流数据无缝流转，空中航路管控、场面航班保障及排序更顺畅高效。乘客出行模式也将发生变化，机场的大量业务操作和服务环节将在场外完成，乘客场外值机成为常态。应用智能机位分配等方式，可突破物理空间的限制，提高机位资源利用率，提升机场运行效率、服务水平。

在未来的智慧物流领域，从仓储到运输、再到终端配送的全流程，都将发生全新变革。利用AI、物联网等技术，物流园区实现了仓储无人化、产线自动化。机器人在仓库内井然有序地装卸货物正在成为新的景象；AGV无人小车成为智慧物流园区不可缺少的一员；利用卫星定位系统、面部识别系统等技术，机器人快递员将会把物品送到客户手中。企业物流从运输需求到最后一千米配送，全程无纸化、数据共享化，货物流、数据流、资金流在不同利益相关人间流转更顺畅，多式多程联运更灵活，资源配置全局最优化。

智慧高速则以提升路网承载力、（准）全天候通行为目标。借助数字技术，能够提升高速公路的建设水平、运营能力、养护水平、应急能力等，从而提升路网承载力，达到（准）全天候通行目标。高速公路ETC的普及疏通了高速公路口的堵点。在智慧服务区，既有智能停车引导等数字化系统，也有智慧充电桩、信息查询终端等数字化设备，让乘客出行更便捷舒适。利用边缘计算、雷视拟合算法等技术，高速公路偷逃费行为无所遁形，实时稽核、精准计费能力大幅提升。

以上是交通行业数字化转型的一些代表性场景。在综合大交通体系内，智慧交通是一个纵横联合的庞大系统。它既包括智能化的载运工具，如无人驾驶汽车、AGV无人小车；也有智能化基础设施，如车路协同、船岸协同、空地协同；也包括交通一体化方案，如一票通、一码通行、一站达、跨省公交线路等。总体上说，智能化、协同化、无人化、自动化、个性化、按需匹配、跨界使用等，都是智慧交通的主要特征，真正实现以人为本的综合大交通，让每个人都享受到高质量的智慧交通服务。

第三章
数字时代的中国交通机遇

5G、云计算、大数据、物联网及AI等数字技术的不断涌现，正引领交通行业进入数字时代。交通强国总目标的确定、新基建政策的发布带来发展契机，中国交通行业迎来了数字化转型的拐点。

第一节　全球竞技，智能取胜

交通数字化已是全球趋势，并成为各国发展的共识。放眼世界，各国都在发力交通数字化，陆续在数字化、智能化上做出尝试，取得新的突破。美国、日本等国家依靠标准化、信息化程度较高的优势，都在积极推进交通数字化进程，积累了丰富的技术研发和应用经验。

20世纪70年代起，日本就进入智能交通系统（Intelligent Transport System，ITS）的初始研究阶段，是全球最早研究ITS[1]的国家。其中，道路车辆信息通信系统（Vehicle Information & Communication System，VICS）是日本道路信息系统的重要产品。通过无线数据传输、FM广播系统等，可将实时路况信息和交通诱导信息即时传达给交通出行者，从而实现车辆引导，更好地满足乘客出行要求。2003年2月开始，VICS在日本各都道府县全面展开服务。这意味着，所有高速公路及主干道均能收到VICS信息报道。

日本的自动驾驶技术一直处于世界前端，并在既有技术的基础上，从2019年开始展开了一系列自动驾驶车辆服务的试点试验和应用。例如，日本政府已经在一些特定场合中投放中型自动驾驶巴士和观光型小型巴士，以此提供地区交通的运营服务。2020年，日本在高速公路场景下，进行了无人驾驶车队跟随卡车驾驶的测试。

在太平洋的另一端，借助领先的IT，美国交通数字化建设仍走在前列。

20世纪90年代初，美国就提出了公路现代化系统，利用传感、通信等技术使交通信息在人、车、路间进行交互，提升交通运输安全水平和运输

---

[1] ITS是一套基于IT、数据通信传输技术、电子传感技术、电子控制技术及计算机处理技术与整个交通运输管理体系融合而建立起来的综合运输和管理系统。

效率。2011年，美国交通部将IntelliDrive扩展为智能互联汽车研究（Connected Vehicle Research，CVR），对自动驾驶车辆的发展进行了部署。按计划，2024年在主要道路布设智能路侧设施3万套，2030年达到15万套。

此外，美国在高级驾驶辅助系统（ADAS）和自动驾驶技术方面的研究与部署亦领先于世界。美国车企特斯拉（Tesla）最早量产、配置并落地了高级驾驶辅助系统Autopilot。而美国谷歌公司作为最先发展无人驾驶技术的公司，在2016年12月，将其自动驾驶汽车项目重组并独立为一家专注于无人驾驶的公司Waymo。2019年3月，Waymo对外宣称，将开始在美国两个州的商业路线上测试其自动驾驶卡车Waymo Via。

在智能轨道交通领域，欧洲一直处于前沿位置。例如，出行即服务（Mobility as a Service，MaaS）[1]系统在欧洲的研究和应用就十分超前。芬兰首都赫尔辛基便是率先应用并实施该系统的代表，通过集成大数据和相关运输基础建设，让用户享受到"无缝的端到端"服务。在全球城市出行领域，赫尔辛基已形成了超高影响力。

位于赫尔辛基的MaaS Global公司，开发出了名为Whim的数字平台。在这一平台上，用户可以实时获取所有轨交列车的时刻表、路线、票务及其他出行信息。结束一段轨道交通行程后，系统便立刻与下一程公共交通或预付费出租车、自行车等进行无缝联接，为乘客选择最佳路线。出行即服务的推行让人们在芬兰的出行变得更加舒适、可持续且高效。

2020年7月，荷兰当局发出许可，允许荷兰国家铁路运营商（Nederlandse Spoorwegen，NS）、阿姆斯特丹市营交通公司（Geminate Vervoerbedrijf Amsterdam，

---

[1] 出行即服务，是指将各种交通方式进行整合，从而为出行者或所运货物提供一站式按需出行的服务。这时，处于MaaS系统核心位置的出行者不再需要割裂地搭载各种交通工具，而是依据其出行需求，通过单个应用程序（App）一次性购买经过优化匹配后由不同运营商提供的从起始点（Origin）到目的地（Destination）的全过程OD出行服务。

GVB)、HTM客运公司（HTM Personenvervoer NV，HTM）及鹿特丹电车运营商（Rotterdamse Elektrische Tram，ET）共同建立一个全新的数字运输平台。该平台将通过整合多种交通方式，从火车、巴士、城市有轨电车到共享汽车和共享自行车，为客户提供一站式出行服务。

全球各国在交通数字化领域的角逐已经开始，交通行业的竞争者们摩拳擦掌、跃跃欲试。这必定是一场在技术、标准、应用、速度、制度等多方面、全方位的激烈竞赛。

第二节　中国加快交通行业数字化转型

浪潮已至，趋势已来。中国交通行业数字化转型正在加速前进。

首先，在国家政策层面，交通行业数字化转型的目标明确、路径清晰。

2019年7月25日，交通运输部发布的《数字交通发展规划纲要》明确提出加快交通运输信息化向数字化、网络化、智能化发展。推动交通基础设施规划、设计、建造、养护等全周期数字化，构建覆盖全国范围的高精度交通地理信息平台等，为交通强国建设提供支撑。

2019年9月，中共中央、国务院印发《交通强国建设纲要》，将智能化列为交通强国的重要目标之一。这意味着，交通智能化首次列入了国家最高发展目标，在国家规划中的地位明显提升。

同年，交通运输部印发《推进综合交通运输大数据发展行动纲要（2020—2025年）》，指出要以数据资源赋能交通发展为切入点，以实施夯实大数据发展基础、深入推进大数据共享开放、全面推动大数据创新应用、加强大数据安全保障、完善大数据管理体系的"五大行动"为主要任务。有力推动大数据与综合交通运输深度融合，有效构建综合交通大数据中心体系。

2020年8月6日，交通运输部印发的《关于推动交通运输领域新型基础设施建设的指导意见》指出，要围绕加快建设交通强国总体目标，以技术创新为驱动，以数字化、网络化、智能化为主线，以促进交通运输提效能、扩功能、增动能为导向，推动交通基础设施数字化转型、智能升级。

其次，各地相关政策的出台，加速了交通行业数字化转型相关政策的落地执行。

2020年6月，《重庆市新型基础设施重大项目建设行动方案（2020—2022年）》提出，到2022年，重庆市将基本建成全国领先的新一代信息基础支持体系，筑牢超大城市智慧治理底座、高质量发展基石。

2021年3月，浙江省交通运输厅印发了《浙江省交通数字化改革行动方案》（简称《方案》），明确以"一年出成果、两年大变样、五年新飞跃"为工作目标。《方案》提到，到2025年前，数字交通统一基础平台全面支撑交通各类应用；数字化改革场景更加丰富，应用更加广泛；交通数字化改革制度规范体系成熟定型，交通数字化改革成为交通强省建设的重大标志性成果。

2021年4月，上海市交通委、上海市道路运输管理局发布《上海市交通运输行业数字化转型实施意见（2021—2023年）》（简称《意见》）。《意见》提出了上海交通行业数字化转型的任务，包括建设高品质智慧交通、建设数字化政企监管系统等，并列出了60项数字化转型项目清单，包括智慧高速、智慧轨道、智能驾驶、智慧港航、MaaS等。

另外，交通行业与数字技术企业、研究机构的合作越来越频繁，合力推动数字化转型。例如，2020年12月，甘肃省公路交通建设集团有限公司、兰州大学、华为技术有限公司三方共同正式成立"甘肃省智慧交通重点实验室"，并以此为起点，开启了甘肃省智慧交通新基建的建设之路。为加快甘肃智慧交通的建设发展，三方明确共同打造"甘肃省新基建智慧交通产业港"。通过大力发展智慧交通，让其成为"数字甘肃"建设的"新名片",推动甘肃省跨越式发展并为传统产业转型升级赋能,为区域经济高质量发展注入新动能。

中国正用行动表示,未来,以5G、云计算、大数据、物联网等数字技术为核心的新基建,将与传统基建深度融合,为践行交通强国历史使命添砖加瓦。

第三节 中国交通的数字化超越

中国在20世纪70～80年代就开启了智能交通的探索历程。改革开放后,我国开始对城市交通信号控制进行了一些基础性研究。20世纪90年代,北京、上海等一线城市尝试引进国外先进技术,并在学习基础上进行创新开拓。"十五"期间,智能交通在关键技术上取得突破,并建立了电子收费系统、交通管理系统等一些示范点。"十二五"期间,国家用千亿元投资推动智能交通体系发展,对智能车路协同、区域交通协同联动控制等先进技术进行了部署。"十三五"期间便强调,信息化是实现智慧交通的重要载体和手段,智慧交通是交通运输信息化发展的方向和目标。在"十四五"规划纲要中,更是将智能交通摆在重要位置,提出发展自动驾驶和车路协同的出行服务,建设以智能铁路、智慧民航、智慧港口等为代表的数字化应用场景。

总体而言,我国智能交通行业发展较快,但与发达国家相比,仍有一定差距。国外交通行业在标准化、规范化方面具有数字化转型优势。不过随着5G时代来临,物联网、大数据、AI等新技术的应用尚在探索阶段,这意味着中国与发达国家在数字化转型上站在了同一起跑线。

过去,中国一直在通信技术领域奋起直追。而这一次,率先发力5G通信的中国有了超越的可能。2019年6月6日上午,工信部正式发放5G商用牌照，标志着中国正式进入5G时代。不管是布局时间，还是建设规模，或者技术能力，中国都走在世界前列。至2019年3月之时，中国申请的5G专利数量首次反超，排名世界第一。而在全球企业中，根据德国专利统计公司IPlytics发布的报告，截至2020年1月1日，华为拥有的5G标准专利项声明位居全球第一。在物联网通信技术NB-IoT的标准制定中，华为贡献了最多的标准提案，位居全球第一。这些都彰显了中国技术的实力。

随着产业话语权的提升，并借助国内大规模应用市场，中国通信业很有可能在数字时代实现"超越式追赶"。这就意味着，在数字化浪潮中，中国拥有技术优势和场景应用优势，两者互为有利。一方面，技术优势能够推动数字化进程；另一方面，丰富多样的数字化应用场景将支持技术的快速迭代更新，巩固并扩大技术的优势地位。

具体到数字化领域，交通行业实现弯道超车具有一些优势条件。

首先，中国交通行业具有敢于创新变革的魄力。西方发达国家的交通体系相对完备、成熟，考虑到改建成本、风险等因素，对数字化的态度更为保守。而中国仍有大量新建设施，对数字化的拥抱程度更高，数字化转型也更快速。

其次，中国交通行业在数字化转型方面以行动为引领，推进速度更快。我国交通行业能充分调动各方资源并融合跨领域、多部门的合作，加快全行业数字化转型的速度。可以看到，数字化转型之花正在交通行业绽放。在智慧机场、智慧城轨、智慧公路、智能铁路、智慧港口、智慧物流等交通子行业都有了颇多成果。深圳机场、成都机场、延崇高速、湖南高速、天津港等都是数字化转型的先行者。

另外，在标准制定上，中国也在积极探索，以加快规模化复制的速度。想要实现全行业数字化转型，就必须建立各行业的数字化转型标准。例如，在城市轨道交通（简称城轨）行业数字化转型方面，由中国城市轨道交通协会的专家和学术委员会牵头，历经两年探索，在2019年推出《智慧城市轨道交通信息技术架构及网络安全规范》，为行业数字化转型指明道路，为开启中国城轨交通数字化做出了必要的准备。

交通行业数字化转型是大势所趋。然而，中国600余座城市的基础情况各不相同。在面对数字化交通时，沿海城市与内陆城市，经济发达城市与欠发达城市，平原地区城市与高原等地形条件复杂的城市，都需要根据自身实际条件进行设计。

一般来说，经济发达和土地面积较大的城市对交通行业数字化转型的需求更为迫切。其一，经济发达的城市要走在交通行业数字化转型的前列。经济高度发达，吸引大量人口集聚，城市交通运行压力增大，倒逼城市交通往更高水平发展。基于此，以实现更快速、更高效、更安全的人流、物流位移，成为这类城市发展的需求。其二，土地面积大的城市更需要进行交通行业数字化转型。土地面积大意味着管辖范围大，传统方式会耗费大量人力物力。数字技术能够提高管理的主动性、扩大管理范围、减少人财物的成本投入，实现交通精细化管理的目标。

交通行业数字化转型的大门已经打开，令人产生无限想象。对于交通行业来说，创新、变革将创造全新的未来；对于城市来说，意味着通畅的道路、有序的车流、高效的流通，还有蔚蓝的天空和清爽的空气；对于每个人来说，则是更加安全、舒适、愉悦及确定的出行体验。

02
第二部分

价值为纲，搭建数字立方

随着交通行业数字化转型进入深水区甚至无人区，拿着"旧地图"找不到"新大陆"，如何实现突破式创新成为新问题。华为联合生态伙伴推出综合大交通解决方案，通过智慧交通数字立方，将ICT与业务场景深度融合，构建行业数字化转型新范式，实现"人悦其行、物优其流"的数字化愿景。

第 四 章

一体化综合大交通：未来交通蓝图

从交通行业数字化转型目标来看，交通的未来并不仅仅是铁路、公路、水运、航空等几个垂直领域独立领域的转型，而是围绕着出行、货运形成的海、陆、空、铁一体化综合大交通。其在解决乘客门到门出行、物资端到端流转的同时，可实现更高效、更安全、更低成本及更好的体验。

第一节　城镇化与交通发展

在《城市发展史》中，城市研究理论家刘易斯·芒福德认为，现代城市的基本特点是交通导向性日益增强。交通发达带来社会边界的重构、社会纽带的转移。由此可见，交通对城镇化发展具有支撑和引导作用。

一条河流、一条铁路、一个机场，都有可能让一座城市从寂寥变得繁华兴盛。交通，让城市的"性格"不再孤僻，各地之间的联系愈加紧密，成为城市兴起与发展的重要标志，同时也推动了城镇化进程。

中国的城镇化发展与交通运输现代化建设密不可分。一方面，伴随着城市的崛起，交通运输体系会变得愈加发达。例如，据广东省交通运输厅数据，2020年底，广州的高速公路通车总里程在全国率先突破1万千米；铁路运营里程达4869千米，全省20个地级以上城市通高速铁路；城市轨道运营线路达31条，运营里程达1021千米。这些都是城市发展带动交通发展的结果。

另一方面，城市发展离不开发达的交通运输体系。以上海为例，作为华东地区的核心城市及长三角城市群的中心城市，上海担负着周边各大城市之间和出口贸易的交通中转任务。2019年，上海两大机场（上海浦东国际机场和上海虹桥国际机场）的乘客吞吐量超1.2亿人次；[1]根据上海市政府发布的消息，2020年，上海轨道交通运营里程达729千米。另外，上海在口岸货物贸易领域也取得了骄人的成绩，据"2020年上海市国民经济和社会发展统计公报"显示，2020年全年上海口岸货物进出口总额87463.10亿元，继续保持世界城市首位。2020年，在全国GDP超万亿的城市中，上海

---

[1] 蔡丽萍.上海机场2019年旅客吞吐量超1.2亿人次[N].浦东时报，2020-01-02(2).

名列首位。发达的交通运输体系推动着城市经济的繁荣。

交通主导的开发（Transit-Oriented Development，TOD）的兴起，是城镇化与交通发展紧密交融最具代表性的创新结果。TOD以公共交通[1]为中心，以400～800米（步行易达路程）为半径，建立城市中心或中心广场，集工作、商业、文化、居住等于一体。这种模式改变了传统城市"摊大饼"的规划局面，重塑了城市的空间生态，受到各大城市的欢迎。其一，TOD模式可以提高城市的消费能级，其站点通常是客流的高度集聚地，可以将来往的客流转变为消费人群，打造出新的商业场景，提升城市的消费能级。其二，TOD模式提高了土地利用率，提供便捷的交通方式，不仅优化了公共交通的出行体验，也助力了城市的绿色发展。

城镇化发展虽然促进了社会经济的发展，但也带来了一系列负面效应。就交通来讲，传统的交通方式及设施已越来越难以满足城市互联的诉求及人们对高效出行的需求。原本宽敞的道路被车流占据，私家车的密集出行增加了道路运营的负担。"拥堵"成为人们口中的高频词，出行体验大打折扣。另外，现有交通工具和枢纽的效率均未完全释放，并且存在资源浪费问题。随着社会生活节奏加快，交通不畅、环境污染等将造成更多损失。

城市规划者不可能采取无限制物理扩容的方式解决此类问题。在我国新型城镇化建设时期，在朝着打造城市群、都市圈等新目标奋进的同时，交通发展也必须跟进——更发达的交通基础设施、更确定的出行体验、更美好的环境、更以人为本的交通体系，让各层级城市之间经济、文化等联系更紧密，以匹配城镇化发展需求。

未来，对城镇化发展的要求不再仅限于人口集中度，而是追求高质量

---

[1] 公共交通主要指火车站、机场、地铁、巴士等干线。

发展。不管是打造都市圈，还是建设城市群，都意在由集聚型向扩散型转变，使城市发展达到平衡。随着城市范围越来越大，交通规划者定会深入探索，采用更高效的交通方式，让交通体系的运行更加顺畅。基于此，一体化综合大交通建设迫在眉睫。建立从枢纽到城市再到都市圈的"空中、水上、地面、地下"一体化综合大交通，成为城镇化发展的新需求。通过一体化综合大交通建设，人们的出行选择会更多样，货物流通更高效。不管是否身居城市，都能享受到安全、高效、便捷、舒适的交通运输服务。

第二节　用数字技术实现目标

实现一体化综合大交通，实际上是解决交通运输体系的统筹、融合与互联互通的问题。虽然我国基础设施网络基本形成，但依旧存在着不充分、不平衡的问题，甚至存在交通网络混乱无序的状况。无论在空间，还是在时间上，如果传统交通行业通联性低，"大城市病"就会愈发明显。

在数字化的浪潮下，依靠数字技术的力量，能够打破传统交通体系内的"壁垒"，增强交通枢纽内外部的衔接，让多种运输方式联接、融合一体，解决交通一体化发展问题，实现综合大交通的目标。

一方面，交通枢纽本身需要数字化手段助力，让内部的业务衔接得更为紧密，以提高系统运行效率。例如，城轨云平台就能够提升地铁的运行能力。通过融合数据，达到统一指挥、管理的目的，优化地铁运营和经营。再如，利用数字技术，能够打通不同城市之间的高铁系统，乘客乘坐高铁出行不再依赖购票平台，而是能够像坐地铁一样，可以随时出发。

另一方面，数字技术推动不同交通运输方式、不同交通枢纽的融合。例如，只需一张卡或刷脸就能在地铁、高铁、公交之间随意通行。以安检环节为例，在上飞机以前，乘客的行李已经过机场安检人员的检查，但下飞机后在机场换乘地铁时，会再次核查行李，这就降低了换乘效率。数字化能够实现不同交通方式之间的安检结果互认，联通机场、地铁的安检系统数据，就能避免类似的重复检查，从而实现更顺畅的换乘衔接。再如，乘客从高铁换乘地铁时需要重新购买地铁票才能通行，这也降低了乘客换乘的效率。针对这样的问题，可以开发类似"一卡通"的系统，实现高铁与地铁之间的无缝换乘。

面对综合大交通的发展趋势，我国已有多个城市通过建设交通运行协调指挥中心（Transportation Operations Coordination Center，TOCC）来提高综合运输协调、应急指挥、交通综合治理等能力。

TOCC拥有多重角色：交通行业数据共享交换中枢、综合运输协调运转中枢、信息发布中心、安全应急指挥中心。首先，TOCC接入了城市海、陆、空、铁所有数据，包括营运车辆动态、停车场、城市轨道运行、铁路、气象、港口运行等。其次，TOCC集多种交通方式的监测、指挥等管理职能于一体，实现了城市综合交通运输的统筹、协调和联动，服务于政府决策、行业监管、企业运营、乘客出行。例如，通过对出租车的实时监测，了解其运营分布及运行轨迹，再结合人流密集区监控情况，指挥中心可提前引导出租车前去载客，达到人、车供需平衡。通过收集和分析车流量、客流量、货运量等数据，能够精准分析公众出行需求、枢纽客运规模等，为交通运输规划、建设、运营和经营提供决策依据。未来，随着交通行业数字化转型的推进，当交通基础设施和业务流程完成相关数字化之后，TOCC基于这些数据，将在综合大交通发展中发挥更大价值。

利用数字技术推动一体化综合大交通建设，不仅能提高交通运输效率，也能提升人们的出行体验。更重要的是，随着各种运输方式融合发展，交通基础设施网络和服务网络、信息网络的融合发展实现后，各个城市、区域间的交通协调发展也会顺利推进，同时，交通与旅游、现代物流、装备制造等相关产业也会走向融合。

第三节 综合大交通蓝图

数字化、信息化技术在交通行业的持续深化，提升了交通系统的运行效率、运营安全，减少了交通系统整体的碳排放，改善了交通出行体验，增进了社会公平。交通行业数字化转型的本质是要解决业务问题，改善安全、效率及体验，释放和激发生产力，通过构建全流程、全架构、全生命周期的综合大交通，实现行业高质量的发展。

华为联合生态伙伴推出的综合大交通解决方案——将以5G、云计算、大数据、AI为代表的ICT与业务场景深度融合，可实现"人悦其行、物优其流"的数字化愿景，全面提升交通行业的安全、效率及体验，构建全业务流程、全业务架构、全生命周期数字化的综合交通。

如图4-1所示，智慧交通数字立方的核心是一个综合大交通，X轴代表全生命周期数字化，Y轴代表行业全业务流程数字化，Z轴代表行业全业务架构数字化。

1个综合大交通：综合大交通发展蓝图

2个数字化：基础设施数字化和业务流程数字化

交通数字化包括基础设施数字化（Digtazation）及业务流程数字化（Digitalization）两个层次，其中，基础设施数字化是业务流程数字化的前提和基础，而业务流程数字化则是打通"断点""堵点"，解决痛点、难点问题的关键。

3个业务流：乘客流、货物流、载具流

交通行业有3个业务流：乘客流、货物流和载具流。首先，面向乘客流，提供个性化、差异化、更便捷的出行体验是各类交通行业企业永恒不变的追求；其次，面向货物流，流畅的货物运输可提高物流效率、降低社会成本；最后，面向载具流，将人、货、路、车、场、站等元素关联起来，就可实现资源与需求的匹配和优化。

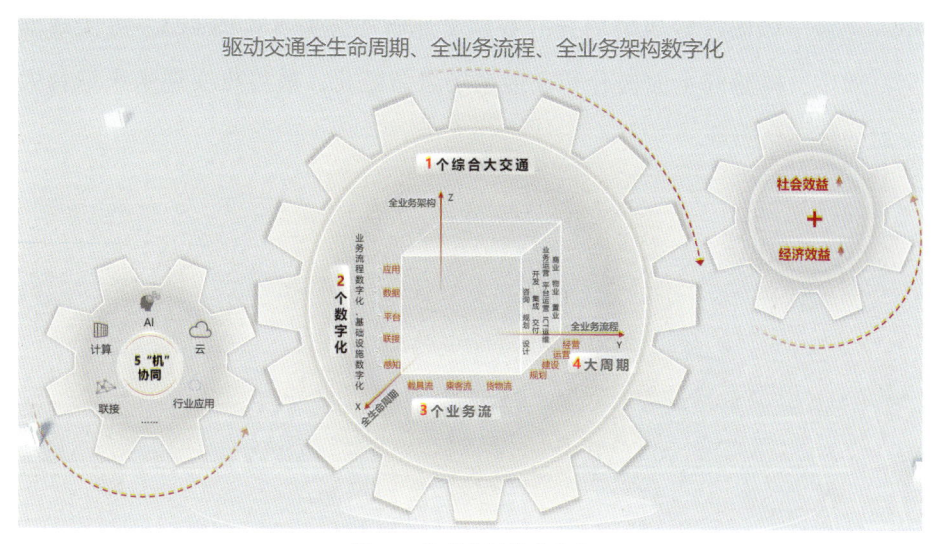

图 4-1 智慧交通数字立方

4个阶段：规划、建设、运营、经营

交通行业的数字化赋能应渗透到规划、建设、运营、经营4个阶段并进行全生命周期的统筹部署和迭代创新，每个阶段均需进行缜密的规划及充分利用数字化技术。规划、建设、运营和经营4个阶段要实现全流程打通，才能获得完整的数字化洞察，辅助规划决策，实现全流程、全场景、全要素的综合调度运营，验证和探索创新的经营模式。

总的来说，"1"是数字化愿景目标，后三者是数字化实现路径。智慧交通通过基础设施数字化及业务流程数字化，将参与交通运输的每个人、每件货物、每个交通工具及每个业务流程数字化，通过跨部门的信息互通、数据融合，面向规划、建设、运营、经营全周期业务，用算力驱动运力，达到以人为本的交通和谐。基于数字立方的三轮有序运转，一端连接社会需求，一端则连接实现手段，实现联接、计算、云、AI和行业应用5"机"协同。

华为围绕乘客流、货物流、载具流，打造的"出行一张脸、货运一张单、运行一张图"等典型场景的智慧交通解决方案（见图4-2），可实现安全、效率、体验的全面提升和交通全场景智慧化，最终将实现未来综合大交通的数字化愿景。

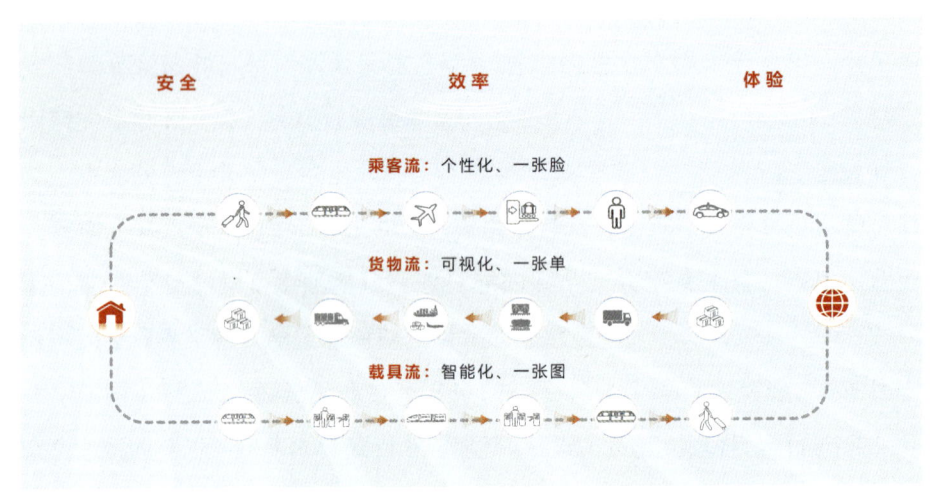

图 4-2 三个业务流：寻求安全、效率、体验的最大公约数

"出行一张脸"

在出行服务方面，利用AI算法、人脸识别、语音识别等新技术，乘客可"刷脸"乘坐飞机、高铁、地铁等。例如，在机场，从进航站楼到离港都可以"刷脸"通行，包括托运、过闸、安检、中转登机甚至商业消费等。在"出行一张脸"解决方案应用后，机场可实现全流程无感自助服

务，有效减少乘客丢失票证的风险。通过"智慧航显"系统，乘客还可以"刷脸"获取航班信息、室内路线导航等资讯，提升出行幸福感。在新冠肺炎疫情期间，于机场、地铁等场所部署"戴口罩刷脸识别系统"，可减少接触风险。

"货运一张单"

在货物运输方面，"货运一张单"以提升物流效率、降低物流成本为目标。所谓"货运一张单"，即货物运输全流程节点可视化、透明化，信息能够实时交互。对于货主来说，能够掌握从出货到最终交付消费者的全过程，及时处理意外状况，并且为消费者提供更安心的物流服务。对于货运代理公司及物流公司而言，"货运一张单"可以实现货物流、信息流在不同运输主体及运输方式间更灵活地选择模式，以及全程无断点地高效中转，降低物流运输成本。

以航空货运为例，由于机场枢纽的数字化程度不足，货运代理公司在交货后无法知晓后续流程的进度、效率等信息，甚至不能及时获知货物是否顺利"登机"，信息滞后让货运代理公司的处境很被动。实际上，无论机场，还是港口、铁路，各行业若要解决此类问题，首先要进行全流程数字化，货物进闸口、安检、理货、装机等所有环节都要透明可见，而且能进行信息实时交互。如此，货运代理公司就能随时掌握物流运输状态，及时采取应对问题的措施，变被动为主动。

在各枢纽实现全流程数字化之后，再延伸到智能化、协同化，最终枢纽之间相互连通，从而实现"货运一张单"，让资源得到最优配置。

"运行一张图"

在运营方面，通过汇聚建设、运营、经营、物业等各业务领域数据，一张图运行调度、一张图联动指挥、一张图资产管理、为交通行业客户构建一个全局可视、协调运行、全网智能的集团指挥中心，实现更安全、更高效的运营。

运行一张图充分考虑不同角色、不同领域的业务需求，是"全场景、全要素、全流程"的业务展现。通过数字平台，融合大数据、AI、融合通信、视频云等多项新ICT，支撑实现"运行一张图"。

以铁路运行一张图为例，基于云化平台，融合大数据、AI、视频图像处理等技术，可构建铁路运行一张图，覆盖建造、装备、运营、安全等多个领域，包含铁路周界入侵报警、智能机务、智能客站、智能货场等子场景解决方案，实现铁路运行安全的智能监控、运输生产的提质增效、客货服务的优质体验，让铁路生产更加安全高效、让乘客出行更加便捷畅通。

第四节 演变路径：从枢纽到都市圈

一体化综合大交通该如何实现呢？

总体而言，打造一体化的综合大交通并非一蹴而就，它必须经历一个较长的阶段，循序渐进地打通不同维度、不同层级、不同环节的"堵点"与"断点"，最终将各种交通方式与地区相融合，实现真正的"综合大交通"。

具体来看，实现综合大交通需要经历"枢纽—区域—城市交通—智慧城市—都市圈"五个阶段。这一基本路径由点及面、由易及难，一圈一圈地将综合大交通运转起来。但是，这并非实现综合大交通的直线途径，由于各阶段并不是完全独立的，所以在实际的发展过程中，存在同步发展的情况（见图4-3）。

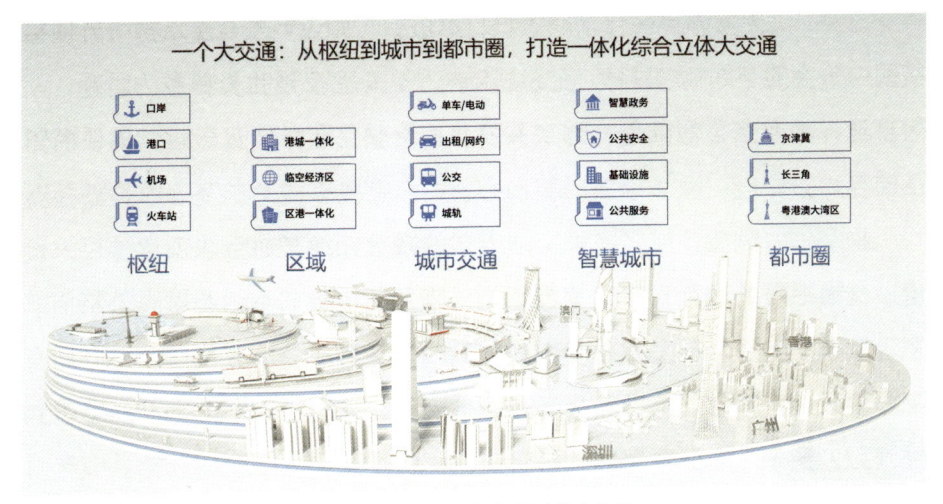

图4-3 一体化综合大交通基本路径

枢纽

如《交通强国建设纲要》呈现的，枢纽的主要交通功能是集疏运，即联接多种运输方式的平台和纽带，是进行一体化运输组织的关键，对整个交通运行系统有推动作用。但是，传统的枢纽各自独立，仅关注自身发展，彼此之间联接性差，致使周转效率低下。

基于此，《全国城镇体系规划（2006—2020年)》首次提出，要建设全国综合交通枢纽体系，促进多种交通方式之间的有机衔接，加强以客运为主的枢纽一体化衔接，完善以货运为主的枢纽"集疏运"功能。自此，汇聚不同交通方式、辐射一定区域的客货转运中心的综合交通枢纽概念诞生了。

要达到综合交通枢纽一体化的目的，必将经历数字化过程。

以深圳宝安国际机场为例，近年来，它一直在推动各种运输方式的融合发展，包含机场、码头、地铁、公交等不同的交通方式，是中国典型的集海、陆、空、铁于一体的综合交通枢纽。

为提升乘客出行体验，深圳机场集团与深圳巴士集团强强联手，以提供国内一流的"绿色+智慧"空路联运一站式综合交通出行服务为目标，共同打造深圳航空枢纽陆侧交通"共享化、网联化和一体化"运营的民航示范样本。

数字化的赋能，加之多种交通方式的融合，给交通枢纽创造了巨大价值。交通枢纽的融合一体化建设，不仅降低了运输成本，还提高了整体效率，推动了交通运输发展的战略性转型。

区域

我国正大力发展区域经济建设，而交通一体化建设将助力区域经济一体化发展。一方面，交通将分离的区域连为一体；另一方面，交通是区域经济发展的牵引力。尤其是在以空港区、临空经济区等为代表的区域经济建设中，交通处于核心地位。

当前，区域交通体系正在发生变化。一方面，区域发展对综合交通的通达性要求越来越高；另一方面，传统的区域交通体系暴露出许多弱点，如跨行政区域会存在不同程度的障碍。数字化手段可以让区域内的交通运行体系更为顺畅，通过区域内的数字化交通网建设，将铁路、公路、航空等数据资源进行整合与开发，持续带动区域内的产业与经济协同发展。

例如，港区一体化就是实现一个地理区域内不同港口一体化发展的策略。在深圳，东部的盐田港与西部的前海湾保税港区，是最具代表性的两个港口。盐田港因有容纳大型船舶的能力，成为与欧美国家货物来往的首选港口，前海湾保税港区拥有保税地区、前海合作区与前海蛇口自贸区的政策优势，可以在很大程度上降低货物的成本。

本是两个分割的枢纽，如何通过数字化的步骤实现一体化发展呢？这就要利用数字化手段搭建承载港区一体化的业务平台，在此基础上利用数字化手段对现有的业务系统进行互联互通的改造，实现不同的港口对结果互认，再通过数字化实现港区一体化的经济效益与社会效益的统一。

盐田港与前海湾保税港区正是采用数字化，将两者的优势加以融合：当货物到达盐田港时，可以直接被运转至前海湾保税港区，实现跨港区货物"先入区，后报关"，节约了大量的通关时间，实现了降本增效，促进了港口之间的良性循环，进一步带动了整个区域的发展。

城市交通

交通是城市发展的动脉系统。但这条动脉正遭遇着"堵塞"的巨大困扰，给人们的生活带来不便，增加了环境污染，也成为城市发展的阻碍。基于此，城市交通一体化建设已迫在眉睫。

在通勤高峰期，面对超大规模的路网，以及复杂的车流、客流变化，城市道路的运行经常面临"瘫痪"的风险。无法高效换乘极大损伤了乘客的出行体验，降低了城市运行效率。更重要的是，日渐庞大的城市交通体系，令城市交通管理越发吃力，让交通管理部门十分棘手。

对此，诸多城市正利用大数据、AI等新技术，持续提升交通管理的智能化水平。对车辆不避让行人、行人闯红灯、车辆拥堵等不规范行为，都实现了智能化手段的监督治理。

智慧城市

智慧城市正处于高速建设状态。2012年，我国发布《国家智慧城市试点暂行管理办法》，正式拉开了智慧城市建设的序幕。根据《2020中国智慧城市发展研究报告》，到2018年之时，中国在建智慧城市数量已占全球的48%。发展到2019年，全国所有副省级以上城市，95%以上地级市及50%以上的县级市都提出要建设智慧城市。

智慧城市充分利用IT与通信智能，来提高城市的感知、预测及分析能力，并帮助城市及时指出发展的核心问题及方向。具体而言，智慧城市包括智慧政府、智慧安防、智慧社区等落地场景。例如，上海在智慧城市建设上走在前列，已建成"双千兆宽带第一城"，至2020年8月，已建成5G基站超过3.1万个，打造出"政务服务""一网通办""城市运行""一网统管"等智慧城市场景。

智慧交通是智慧城市的重要一环。智慧城市，交通先行。一方面，交通作为城市体的大动脉，是智慧城市建设中的核心地带。另一方面，传统交通带来了道路拥挤、环境污染等问题，需要在智慧城市建设中去重点解决。

例如，在智慧城市打造中，将交通系统与医疗系统联动，可以为救护车提供一路绿灯通行的服务；与环保系统联动，有助于空气污染防治；城市交通枢纽的业务联动，通过汇集所有交通方式的数据，进行融合加工，达到提升枢纽运行效率、出行安全、辅助交通管理决策等目标。

都市圈

2019年，国家发展改革委印发的《关于培育发展现代化都市圈的指导意见》，宣告中国新型城镇化建设迈入"都市圈时代"。都市圈即指在城市群中出现的以大城市为核心，周边城市共同参与分工与合作的一体化圈域的经济现象。它的建设对于打破行政边界，构筑跨区域联动协调机制具有重要的意义。

在都市圈的建设与发展中，交通具有类似"地基"的作用。交通为都市圈搭建好了脉络与框架，使其人流、物流、信息流等互相联系。可以说，交通发展水平是体现都市圈经济发展水平高低的重要指标。要想形成区域竞争新优势，就要着力打造好交通这一主动脉，实现都市圈产业、人口协调融合发展。

在众多交通方式中，轨道交通是都市圈发展的重要支撑，具有先导性作用。国家发展改革委印发的《关于培育发展现代化都市圈的指导意见》明确指出，在推动基础设施一体化上，要打造轨道上的都市圈，推动干线铁路、城际铁路、市域（郊）铁路、城市轨道交通"四网融合"。例如，深圳地铁就建立了"四网合一"（国家铁路+城际铁路+城市地铁+有轨电车）的轨道交通发展模式，让城际轨道公共交通化，实现人流、物流、信息流的综合，为轨道上的大湾区提供有力支撑。

粤港澳大湾区通过轨道建设，实现立体综合交通体系，进而提升区域整体的竞争能力。在具体建设中，广东修建了"穗—莞—深"城际轨道，全线北起新塘南站、南至深圳机场站，全长76千米，是珠江西岸"科技走廊"重要的联接通道。为使乘客有良好的出行体验，"穗—莞—深"城际轨道不仅可以通过深圳机场站实现与深圳地铁11号线的换乘，同时还预留了与其他多条地铁线路换乘的设施，确保乘坐该城际列车到达深圳的乘客能够享受及时、高效的市内轨道交通服务，方便乘客到深圳机场乘坐飞机。未来，"穗—莞—深"城际轨道可延伸至前海枢纽，与多条城市轨道线无缝换乘，实现有效换乘。

一体化综合大交通的实现，是由点及面的推动过程。它不仅是人类在新时代交通发展背景下所做出的重大战略，还蕴含着人们的美好期许——"人悦其行、物优其流"。

第 五 章
两个数字化：物理世界的数字映射

从数字化转型路径来看，在人、车、路、货等基础设施数字化基础上，能更好地实现业务流程数字化。从效用来看，两者并非前后递进关系，也不是加减关系，而是乘数关系。也就是说，数字化能力是两者数字化效用交叉相乘的结果。

第一节　从物理世界到数字世界

基础设施数字化与业务流程数字化两大过程，是每个行业从物理世界转向数字世界的必经之路。交通行业数字化转型也是如此。

基础设施数字化是第一步，同时也是交通行业数字化转型的基础。交通行业企业原本并非数字型企业，与大部分传统行业一样，交通行业在很长一段时间内并未挖掘数据的巨大潜能，并未真正实现数字化。譬如港口行业，在维修港口相关设备之前，需要在Excel表格中输入相关的维修详情，有人认为这就是数字化的体现。但其实并非如此。其一，Excel表格中的数据并未输入系统，没有进行数字化处理；其二，数据没有结合业务需要进行融合加工，无法作用于实际的生产、流通、服务等工作中。因此，这仅仅是手工记录的计算机化，并不是数字化。

对非原生数字型企业来说，其数字化转型需要利用视频、IoT等技术实现从物理世界迈向数字世界的第一步：感知。继而采集数据信息，形成数字孪生；同时需要建设IT基础设施、网络及数据中心，实现数字信息的链接和存储。如此，将现有物理世界的基础设施（人、货物、交通工具、路、业务流程等）进行数字化，搭建起两个数字化世界之间的通道，将收集到的数据汇入数据湖，并进行治理。例如，高速公路实现基础设施数字化后，通过三维高精度地图，对路面、桥梁、隧道、边坡等的运行状态进行感知，可使高速公路"开口说话"，提前进行危险预警处置。再以港口行业为例，无论作业现场的工作设备运行，还是工作人员的工作，都要将过程乃至结果录入相关系统，再进行数字化的处理，确保物理世界与数字世界中的工作记录能够实现一对一，甚至一对多。

在基础设施数字化基础上，才有可能通过业务流程数字化去解决行业发展的疑难杂症，最终实现数字化转型。基础设施数字化强调横向的数据融合，而业务流程数字化更强调垂直纵深发展。从基础设施采集、上传数据到数字平台，深度结合业务流程进行数据融合与加工，从而获得用于业务的行业资产，实现业务流程数字化。

交通行业的数字化从高速度发展转变为高质量发展，追求更高效、更安全、更便捷。基础设施数字化与业务流程数字化作为实现行业数字化转型的必经之路，不仅在技术上各有侧重，其意义与实际运用场景也各有不同。它们共同作用，才能使综合大交通得以构筑，实现数字赋能并推动行业的高质量发展。

第二节 基础设施数字化：夯实地基承载力

基础设施数字化是进行交通行业数字化转型的牢固根基，只有将交通行业中的基础设施进行数字化，再对其统一进行数据联接、管理与更新，才能为业务流程数字化提供纵深发展的基础，最终实现综合大交通的美好愿景。

国家高度重视基础设施数字化，这一点在相关政策中得到了体现。2019年，交通运输部正式印发的《数字交通发展规划纲要》提出：到2025年，交通运输基础设施和运载装备全要素、全周期的数字化升级迈出新步伐，数字化采集体系和网络化传输体系基本集成；到2035年，交通基础设施完成全要素、全周期数字化，天地一体的交通控制网基本形成，按需获取的即时出行服务广泛应用。

如何实现交通基础设施数字化呢？

基础设施数字化意味着交通行业内的人、货、车等可以通过"数字"语言"说话"，让不同物体实现交流。为达成此目的，华为认为，交通的基础设施数字化主要通过感知层面和联接层面来实现，技术上主要依赖于高分辨率视频（HDV）和分析、5G、光传送网（OTN）等。

首先是感知层面，从人的角度来说，感知是人的意识对外界信息的察觉、感觉、知觉等一系列过程，人们可以通过此过程，知道事物的具体形状或运动状态。交通基础设施数字化中的感知，是建立在全要素、全周期的数据采集体系基础上的，由基础设施采集完成。

例如，在桥隧边坡场景中，当基础设施数字化还未正式实行数字化时，年久的桥隧边坡很容易发生滑坡事件，造成人员伤亡。一旦该环节实现数字化，如人们将其在三维仿真模型中建造出来后，每一个细节都成为一个对象，就可以直观发现需要改进的地方。同时，还可以通过在桥隧边坡上安装位移传感器的方式，赋予基础设施感知能力，一旦有出现滑坡现象的征兆，传感器就会发出预警。

其次是联接层面，即通过网络联接已经数字化的设施设备，实现数据交互，让能够"开口说话"的基础设施产生交流，进一步增强智能网联、精准管控、协同服务的能力。例如，在城市交通中，联接可动态管控道路的设施，可以为车辆提供个性化的信息服务。

基础设施通过HDV和分析、5G、OTN等技术的数字化赋能，能在很大程度上解决"哑巴设施"与"数据烟囱"的问题。例如，在机场实现全景可视化后，就实现了基础设施"说话"和数据汇聚融合的目标。最初，机场只能依靠人工在塔台上，来观察整个机场的飞机运行情况；后来，摄像头的出现减少了人工的工作量，但摄像头的布局较为零散，同时也存在一些硬件问题，如由于清晰度不够，无法传输精准数据，所以很多时候还得依靠工作人员去塔台观察；在实现全景可视化后，通过在机场内布局架设捕获飞机运行动态的摄像头，然后采用软拼接技术，就能将各摄像头捕获的视频内容拼接在同一个视频画面里。经过基础设施数字化赋能，工作人员可以在视频界面中看见航班的所属航空公司、所载乘客等基础信息，实现了虚实结合。

基础设施数字化，为交通行业实现数字化转型提供了稳健有效的数据，让传统的基础设施的状态呈现在数字世界，实现了万物的感知与联接，实现了物的数字化，为综合大交通的实现打下坚实的基础。

案例：高速公路ETC自由流

中国拥有世界上最庞大的高速公路网。尽管高速公路的运行有效缩短了城市之间的交通时间，为实现小时内或数小时内的交通圈提供了有力保障，让人们的出行更为便捷，但依旧存在不少问题，高速公路收费环节作业低效就是其中之一。过去，我国大多数收费站采用传统人工收费的方式，车主缴纳通行费往往需要等待较长时间，以致大量车辆堵在收费站处，降低了道路的通行能力。车辆的停靠也会增加废气排放，造成环境污染，不利于构建低碳生活目标的实现。另外，人工管理存在徇私舞弊、侵占国家或司机财产的风险，不利于管控和治理。

因此，为提升车辆的流通能力，早在2004年，我国就已推动实施了省内联网收费，逐步取消各地省内的主线收费站。但省域间的路网依旧被省界收费站物理隔开，分省计费、收费。

随着全国高速路网建设速度加快，各省之间的高速公路收费站成为阻碍高效、安全、便捷收费的难题。基于此，2019年，国务院常务会议明确政策举措，要求在2019年底基本取消全国高速公路省界收费站。是年，交通运输部主导完成了全国取消省界收费站的项目。

为实现取消省界收费站、实现自由流收费的目标，就要对收费技术进行重构，对道路及车辆、收费站、ETC门架系统等进行基础设施数字化的改造。在政策推动下，截至2020年1月1日，全国487个高速公路省界收费站全部撤销，建设完成24588套基于ETC技术、视频AI及边缘计算技术形成的自由流门架系统，改造完成48211条ETC车道、11401套高速公路不停车称重检测系统。ETC推广发行了1.23亿户，累计用户达到2.04亿。据测算，在正常通行情况下，客车通过省界的平均时间由原来的15秒减少为2秒，货车通过省界的平均时间由原来的29秒减少为3秒，效果显著。[1]

高速公路通过基础设施数字化实现自由流收费，提高了车辆在收费站的通行效率，缓解了拥堵，节省了能耗，对形成一张统一的高速路网车流数字化网络有强大的促进作用。

案例：机场智慧助航灯

国际民航组织（ICAO）在2004年提出了A-SMGCS[2]概念。2019年4月，中国民用航空局（简称中国民航局）下发《关于推进A-SMGCS系统及配套设施设备建设应用工作的意见》，要求各机场、地区空管局等单位加快推进A-SMGCS系统建设，充分发挥A-SMGCS在提升机场运行安全、效率和效益方面的作用。

按照ICAO Doc-9830中的规定，A-SMGCS按功能可分为5个级别[3]。其中，IV级为自动引导，即中线灯完全由系统自动控制，实现自动的灯光滑行引导[4]。中国民航局明确提出，对于多跑道大型枢纽机场，在新建或改扩建

---

[1] 齐慧. 全国487个高速公路省界收费站全部撤销[EB/OL]. 2020-01-02 [2021-02-19]. http://www.xinhuanet.com/fortune/ 2020-01/02/c_1125413094.htm.

[2] A-SMGCS（Advanced Surface Movement Guidance & Control System 高级场面活动引导和控制系统）是对机场场面航空器、车辆等目标提供监视、控制、滑行路径规划及引导服务的综合集成信息处理系统，通过处理机场场面各监视源信息及控制灯光系统为空管塔台管制与航空器机坪管制提供服务。

[3] 5级分别为监视（I级）、告警（II级）、自动路径选择（III级）、自动引导（IV级）及在第IV级的基础上，将有关引导飞机和车辆运动的信息和指令，通过无线方式（如5G传输）传入飞机和车辆的驾驶舱内，在适当的位置进行显示的功能（V级）。

[4] 灯光滑行引导，指飞机在落地后跟随绿色中线灯的引导滑行（Follow The Greens，FTG），直至停机位。在这期间，需要在飞机前方保持一个由多盏灯形成的灯带：随着飞机的位置变化，在飞机前方逐个点亮，飞机滑过以后灯自动熄灭。

时，建议助航灯都按照 A-SMGCS IV 级运行要求进行配置。

助航灯的动态特性决定了它对于通信线路有所要求。尤其 A-SMGCS IV 级灯光滑行引导需要精确控制单个灯具，对于单灯通信的可靠性要求更高。但业界一直在复用供电回路，使用窄带电力线载波通信（Power Line Communication，PLC）方式进行单灯通信，没能取得良好的通信效果，主要原因有以下两点：

第一，窄带 PLC 的回路通信带宽只有 1Kbps 左右，时延在 2 秒以上。但按照 ICAO 要求，从控灯指令下发到灯具做出响应，延时应控制在 500 毫秒以内。

第二，载波信号需要穿过隔离变压器，变压器作为感性器件，会导致信号严重衰减；同时，隔离变压器的工作环境恶劣，易老化。老化后会导致通信效果变差，甚至不可用。

受限于窄带 PLC 的通信能力，业界未实现灯光滑行引导的广泛应用。在深入调研客户需求和当前业界厂商通信痛点问题之后，华为基于自身在通信方面的积累，针对不同的部署需求，创新地提出宽带 PLC 和无线两种单灯通信方案。

1. 宽带 PLC 通信方案

宽带 PLC 通信方案采用专利设计，利用屏蔽线构建通信回路，减少信号因传输距离过长导致的衰减；改进后回路具备中继功能，结合华为海思 PLC 芯片能力，通过中继功能满足长距离传输要求；采用多个载波频段，并可根据线缆情况调节使用频段；单灯控制器与信号耦合模块分离设计，可根据现场需要按需安装，灵活度高，经济性好。

宽带 PLC 通信方案在实际部署时具备典型值小于等于 200 毫秒、最差值小于 400 毫秒的通信时延，完全满足标准要求，并且还为系统处理预留冗余量；同时具备百 K 级别的通信带宽，可满足一条助航灯光回路上同时有 10

架飞机滑行的极限需求。

2.无线通信方案

长期以来，业界一直没有找到合适的助航灯无线通信方案。原因主要有以下三点：一是机场助航灯数量众多，并且要求能够实时控制，对同时单基站在线用户数及覆盖范围有较高要求（否则飞行区内要建设众多基站），常见的微波、Wi-Fi、4G等无线方案都不能满足要求。二是无线控制器需要安装在带铁盖的密封铁质灯桶中，需要解决天线如何伸出灯桶进行通信的问题。三是在灯桶的日常运维中，可能会出现车辆碾压桶盖、割草机割到桶盖等情况，需要保证桶盖天线不会被损坏。

为实现无线方案的快速验证，华为基于5G，选用成熟的eLTE-U无线通信方案，与民航二所完成联合创新。测试证明，eLTE-U无线通信方案可以满足灯光滑行引导对单灯通信的要求。该方案操作性较强，且部署工作量低于宽带PLC通信方案。不过，eLTE-U无线模组存在工作温度不符合工业集成要求、基站容量不足等问题，导致eLTE-U无线通信方案无法进行商用。

5G时代的到来无疑为无线助航灯提供了解决方案。首先，5G网络广联接、低时延的特性完全契合助航灯的通信需求。其次，4G所不具备的网络切片又可充分保证助航灯通信业务的优先级和可靠性。再次，eLTE-U无线模组也借助5G达到了商用条件。华为推出的行业5G模组基于工业标准设计，在工作温度要求等方面完全满足产品集成的要求，可基于该模组进行5G通信方案的集成开发。

未来，在大规模部署中，宽带PLC和无线通信方案将组合使用，实现智慧助航灯。基于智慧助航灯的单灯精准控制能力，未来场面滑行控制，结合空地一体化的智能指挥调度，飞机的起降排序将更加科学高效。

第三节 业务流程数字化：解决业务痛点

业务流程数字化是实现行业数字化转型的另一个关键步骤，它不是简单地对行业现有业务流程做数据处理，而是重新设计行业运营的模型、组织架构，调整并重建数据模型，这是数字化技术与运营操作技术的融合。

为实现此目的，华为认为，交通行业的业务流程数字化可以从平台与智能两个方面入手，其实现的技术主要依赖云计算、大数据、AI等。相较于基础设施数字化，业务流程数字化更强调融合、智能与可视。而且至关重要的是，业务流程数字化一定要深入业务，才能驱动业务增长。

首先是平台层面。数字化转型是一场巨大的系统化工程，如同建造一座城市的地标性建筑，平台底座尤其重要。在业务流程数字化方面，平台承担着把业务操作流转换成数据流的重要任务。由于交通的智慧化场景涉及多源数据融合与各种ICT的运用，所以对平台的融合、协同、共享能力要求更高。以机场为例，将原有的数十个IT系统整合至统一的数字平台，打通了流程断点，实现了航班运行业务流程一张图可视可管，提升了精细化、协同化和全面化管理能力。

其次是智能层面。数据是生产要素，计算则是算力时代的基石。智能的产生与发展，离不开这两者的结合与迭代。通过AI、大数据等技术作用于业务流程，能让人类从高频、重复的场景中解放，实现丰富的智慧应用。例如，在机场安检业务环节，利用生物识别技术，依托视频AI+大数据技术，能对佩戴口罩的乘客提供刷脸安检服务。

以下选择机场、港口两个子行业相关案例，展示业务流程数字化的具体实施过程。

案例：深圳机场航班保障节点采集

2018年6月27日，中国民航局印发《机场协同决策（A-CDM）实施规范（试行）》，明确提出要通过对航空器地面运行保障节点的有效管控，优化地面资源配置，完善航班地面过站和离港排序，实现机场地面运行效率的全面提升。

其中，地面运行保障节点是指从航班落地到起飞，在地面保障过程中涉及的相关节点。具体包括前站起飞、落地、进港航班地面移交、挡轮挡、靠桥/客梯车对接、开客舱门、开货舱门、开始保洁、完成保洁、开始加油、完成加油、开始配餐、完成配餐、开始登机、完成登机、关客舱门、关货舱门、机务放行、离桥/客梯车撤离、撤轮挡、离港航班地面移交、起飞等。

在业务流程数字化实施以前，机场的航班节点均由人工采集。但由于数据整理过于复杂，导致许多节点的数据出现不准确或不及时的现象，甚至某些节点的数据被漏掉。

为解决航班节点采集的痛点，华为基于数字平台，运用视频AI分析算法，已实现自动获取其中部分航班保障节点信息的采集。指挥员通过视频显示，不仅可以看见航班的实时录像，还可以精确知道航班号、航班所在机位，以及精确到秒级的保障节点。

图 5-1　航班节点自动采集解决方案

精确的节点采集打破了人工采集的局限性，使运行指挥中心和地服部门可实现精细化运营。

案例：智慧港口业务流程数字化

智慧港口聚焦船舶流、货物流、集卡流三大业务流程，梳理各流程关键节点，进行数字化场景打造，疏通流程"断点""堵点"，以提升港口作业效率。

具体到船舶流，全程采集航次的锚地、进港、拖轮、靠泊、离泊、离港等19个节点，基于AI+大数据分析，实现全流程可视化作业、智能泊位分配等数字化场景。泊位一键自动分配利用智能化操作代替人工，不仅节省人力，而且大大提升了泊船时的资源效率，并将泊位分配时长从小时级压缩到分钟级，大大减少了等待时间。

在集卡流方面，为提升运行效率，华为从自动集卡、场桥、闸口、港口道路四个节点入手，通过实现智慧闸门、外集卡管理、自动编队、无人驾驶等数字化场景，进行全程智能化调度、智能化集卡管理。其中，外集卡自动识别与理货功能使用AI算法取代人工审核，有效地改善了过去车辆滞场时间过长的问题，将平均车辆滞场时长降低了15%。内集卡无人驾驶可直接取消人的参与，利用车路协同执行既定指令。

围绕货物流，梳理出外集卡、道闸、堆场等业务流程节点，可实现箱损识别、堆存优化、集卡满载优化、配载优化等数字化场景，达到加速货物位移、提升周转效率的目的。例如，通过堆存智能优化，人工调配变为智能制定，能够大幅降低翻箱率。单船智能配载则用智能操作代替人工，使单船配载时长由4～10小时降为分钟级。

同时，集卡流和货物流又大多是在并行状态。这就意味着，船公司、货运代理公司、货主企业、拖车公司、司机、政府、港口码头的多方协同、高效合作成了至关重要的问题。华为建立起立体集疏运平台模式，利用大数据、车货匹配算法、OCR 技术、IoT 技术，打造出双重配载平台，提供到端柔性服务。尽可能满足船公司提高集装箱周转率；货运代理公司降低成本，箱源可控；货主企业降低运输采购成本，实现"下线即装车"；拖车公司提高信息管理能力；高效运输，增加收益；节能减排，改善居住环境，提升区域影响力；港口码头数据资产变现，延伸服务范围，实现闭环服务多对象、全方位的要求。

第六章
三个业务流：一切价值活动的原点

　　站在业务角度，交通行业有三个业务流：乘客流、货物流和载具流。首先，面向乘客流，提供个性化、差异化、更便捷的出行体验是各类交通行业企业永恒不变的追求；其次，面向货物流，流畅的货物运输可提高物流效率、降低社会成本；最后，面向载具流，将人、货、路、车、场、站等元素关联起来，就可实现资源与需求的匹配和优化。在数字化转型中，需要沿着三个业务流去寻找全业务流程的关键场景，找到转型突破点。

第一节　人与物的位移

交通一词，最早可追溯至《易经》，其中有言"天地交而万物通"。而后，便有《桃花源记》中的"阡陌交通"，与《玉台新咏》中的"叶叶相交通"等词句。

古时交通与如今虽有差别，但都有人与物的位移这一含义。追溯交通行业的演变历史，不难发现，交通的本质就是人和物在空间位置的移动。因此，在运输体系中，无论陆地交通的人力车、马车、火车、电车、动车、高铁，还是水路交通的轮船、货船，或者是空中交通的飞机，总是绕不过三个业务流：乘客流、货物流、载具流。

在交通运输中，一切有价值的活动都围绕三个业务流进行。并且，乘客流与货物流的路径变化与载具有紧密的关系。载具流的效率对乘客流、货物流具有直接影响。依托载具进行人和货的运输，其构成了交通行业的运行基础。

更重要的是，社会上几乎所有产业的发展，都离不开交通行业的支持与推动。三个业务流的每一次跃迁，都会对社会发展产生影响。提升人与货的位移效率会加速地区之间的交流、城市的进步，也推动了商业的创新发展。

迪拜正是因为修建了拥有强大客货流承载能力的机场，才从阿拉伯湾南岸的小渔村变成"贸易之都"。每年数千万乘客到迪拜进行旅游、贸易等活动，为当地经济繁荣做出了重要贡献。美国的亚特兰大最初是两条铁路的交汇点，在美国南北内战期间，大量的军事物资通过铁路运输到这里进行集散，促进了城市繁荣。亚特兰大建设了完善的铁路运输网络，逐渐成为美国重要的铁路枢纽。便捷的交通让亚特兰大经济迅速发展，人口攀升、城区面积不断扩大，如今已发展成为美国的第9大都市区。

在数字时代，乘客流、货物流、载具流将有可能发生颠覆性创新变化，并推动社会经济、思想、结构等各方面的改变。在交通数字化转型中，从各行业三个业务流着手，不仅能促成数字化技术与业务场景的精准结合，而且能够从它们的改变中洞见未来社会之变。

第二节　乘客流：优化乘客体验

乘客流或旅客流，可以统称为客流。从工业时代、电气时代、信息时代，再到数字时代，科技浪潮汹涌澎湃，深刻地改变了商业社会和人们的生活方式。随之而来的是人们对出行的便捷性、多样性、安全性的要求发生变化。客运行业迎来数字新时代，乘客流的想象空间被放大无数倍，但归根结底在于为人们提供安全、便捷、个性、舒适的出行体验。

此时，交通行业面对的问题是：在数字时代，如何通过数字手段优化乘客流？在这一方面，国内已有"刷脸出行""出行即服务"等代表性案例。

机场"出行一张脸"

人脸识别技术已全面应用于自助值机托运、刷脸预安检、精准航显、高舱服务、快速登机等机场通行环节，极大提升了乘客出行体验。机场"出行一张脸"，成为行业数字化发展的新方向。"出行一张脸"方案的价值是合理优化乘客乘机流程，加大对乘客刷脸自助和智能服务设备的投入，实现服务自助化、乘客乘机智能化。

当然，方案的关键之处在于打通公安与安检系统的数据通道，采集人员脱敏信息、乘客数据，辅以航站楼乘客出行关键环节的人脸采集，建立机场人像库，为乘客持续提供更定制化的服务。

机场出行一张脸业务场景：聚焦乘客出行的8个子业务场景，一张脸走遍机场

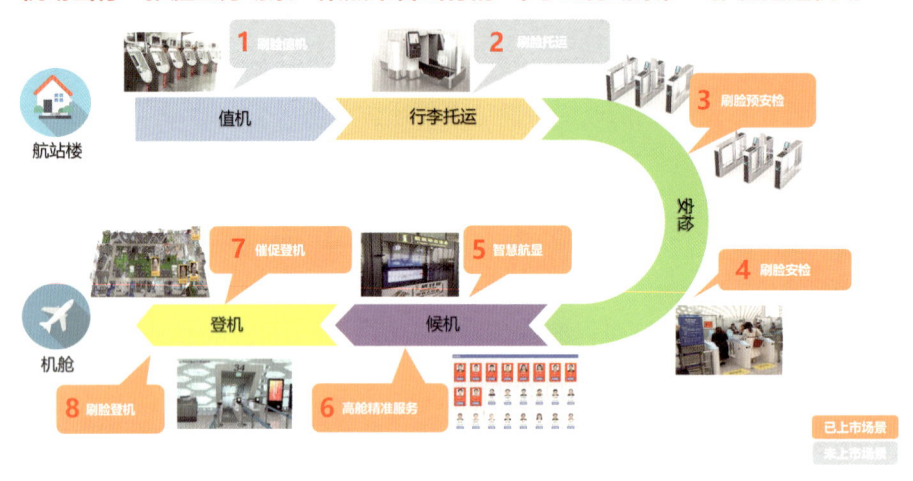

图6-1 机场"出行一张脸"流程

出行即服务（MaaS）

乘客出行可以看作从A地到B地的位移。随着数字经济与科技的不断发展，出行方式更加多元。但是，即便是A、B两地的单点位移，仍然摆脱不了多种出行方式的复杂切换。出行即服务（Mobility as a Service，MaaS）便是通过联接多种出行方式，为乘客打造一站式智慧出行服务（见图6-2）。

简单理解，MaaS是集成多种出行方式，整合轨道、公交、网约车、停车等各类动静态交通出行的基础数据信息，搭建智慧出行服务平台，实现运营调度、支付清分、信息服务等体系的一体化。

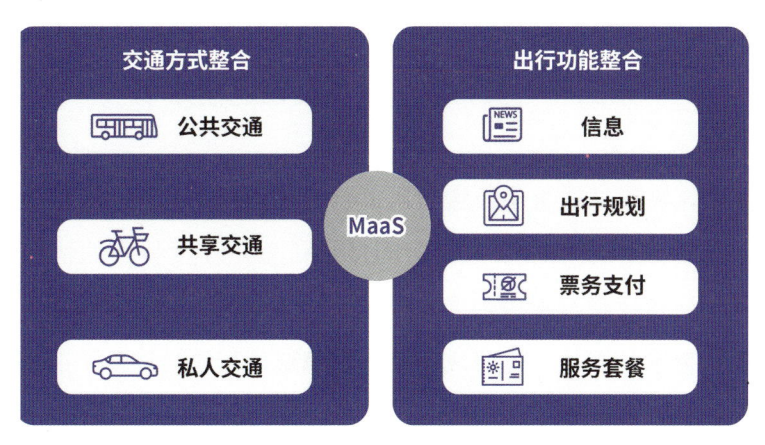

图 6-2 MaaS 概念构成

在 MaaS 场景下，多交通方式出行方案制定和打通支付最具代表性。基于智慧出行服务平台，乘客在出行时可以结合天气情况、计划到达目的地的时间、航班或高铁时刻、交通路况、公交信息等，设定躲避拥堵、舒适、快捷、少换乘、成本低等优先目标或组合目标，再通过大数据等技术，智慧规划公交、地铁、火车、出租车等整合多种交通方式的一站式出行方案。同时还可定制公共交通点到点一站式出行方案，并根据情况变化对方案进行互动式修改。

打通支付则指实现一卡通、银行卡、刷脸等多种支付方式的一站式支付。也就是说，多种交通方式间可实现联合通票。例如，在芬兰首都赫尔辛基，每个月花费499欧元，就能够无限乘坐地铁、公交、有轨电车、火车、共享汽车等交通工具。在中国，公交、地铁换乘出行，市郊铁路换乘地铁等场景也出现了打通支付的MaaS服务。

MaaS 就在眼前。一场颠覆行业的技术革新正在徐徐拉开帷幕。MaaS概念在2014年兴起后，迅速在全球走红，尤其盛行于欧洲和北美地区的发达国家。中国也以此为交通行业变革的目标，积极推进"一站式"出行服务体系建设。

第六章　三个业务流：一切价值活动的原点

第三节　货物流：提高货物运输效率

近年来，物流运输量不断增长，市场规模持续扩大。尤其随着电子商务的发展，快递市场迅猛发展。但即便是信息化程度较高的快递物流行业，在其全流程运输过程中仍严重依赖人工作业。对于快递公司来说，人力短缺的形势愈加严峻。物流成本高、利润低是行业长期以来的困扰。随着人口红利的消失与人力成本的上升，物流成本难控给企业造成巨大压力。

与此同时，物流业结构性矛盾凸显，导致货物流的通畅度不足。具体涉及运输能力结构性矛盾、供应链结构性矛盾、仓储能力结构性矛盾等多方面。市场客户对物流服务的需求越来越高，但物流运输能力难以跟上需求升级。

行业面临的诸多挑战倒逼着产业升级。发展高效物流新模式、新业态，加快实现物流活动全流程的数字化，成为物流行业迫在眉睫的发展方向。例如，在国际铁路运输中，通过建设数字口岸系统，铁路部门与海关、货运代理公司的数字化信息实现互联互通，电子信息替代人工申报和纸质单据填报，能够大幅缩短货物申报放行时间，有助于解决境外车辆周转时间过长、货物运输组织不畅等问题，提高货物通关效率。

以下则以多式联运为例，谈谈未来货物流的数字化趋势。

在过去多年时间里，我国在铁水联运[1]、空铁联运等方面取得了诸多成果。以集装箱的铁水联运为例，根据交通运输部公布的数据，2010年，我国铁水联运量为162.7万标箱。到2020年，全国已形成沿海与内河相结合的双

1　铁水联运是一种将铁路运输和水路运输有机结合起来的多式联运运输方式，具体指货物由铁路运到海港再由船舶运出，或由船舶运到海港再由铁路运出的过程。

效集装箱铁水联运方式，其中，沿海港口集装箱铁水联运量已完成668.5万标箱，内河港口集装箱铁水联运为18.69万标箱。

不过，在发展的同时，我国多式联运面临着交通基础设施衔接不便、制度规则相互割裂、信息化及信息共享水平低、平台建设严重滞后等"软硬件"难题。例如，铁路、公路、水路等不同运输方式在运单、关检规则等制度上各不相同，但彼此之间却无法互认共享。每更换一次交通运输方式，就需要重新开具运单，再重新通关过检，这些问题阻碍了多式联运的实现。各种交通运输方式看似相接，其实还有很多环节没有打通：管理体制相互割裂、信息无法共享互通，没有实现无缝衔接。

因此，首先，推动多式联运发展要解决信息资源交互不足的问题，打通物流运输信息链。利用数字化技术推进铁路、公路、水路信息系统互通，促成货运单证电子化和共享互认，提供全程可监测、可追溯的"一站式"物流服务，将推动多式联运发展。例如，电子导航封条、区块链技术和电子数据交换等技术，都能运用到多式联运中，打破各环节割裂的瓶颈。

其次，数字技术能够提高多式联运的资源配置效率。在多式联运过程中，会产生大量货物运输信息，既会有水运信息，也会产生公路仓储、铁路通关过检等信息，如果将这些信息数字化，再通过AI算法，能够提高物流效率。例如，大数据技术能够预测运输价格、运力变化，从而提供多式联运的最佳方案，以减少成本、提高效率、增加效益。而且，大数据还能预测一些突发情况，以便提前做好应对措施，提高风险把控力。

第四节　载具流：资源与需求高效匹配

载具是实现人与物位移的载体。载具流又称运行流，其发展目标是以载具为主线，协同人、货、路、场、站等对象，实现运送资源和需求的高效匹配。

通过数字技术,能够让载具运行更高效、调度更精准合理。以地面滑行智能协同系统、智能机位分配、智慧车辆调度、智能机务、港口智能泊位等为代表的载具流数字化,能够保障安全出行,提升运行效率,改善出行体验,在综合大交通发展中起到重要作用。例如,在进行城市公交数字化转型时,可利用数字技术优化公交调度排班、实现电动公交充电实时优化等。

以城市公交数字化为例。随着城市发展,公交线网愈加复杂,面临着线路调整优化、乘客体验升级等诸多新问题。同时,提高城市公交出行率是解决道路拥堵问题的重要手段之一。利用数字技术有助于解决公交发展问题。例如,智能公交调度系统能够改变过去"盲调"的状况,通过电子地图实时监控,及时掌握公交车序、进出站等信息,做到及时调度指挥。尤其在高峰期,精准调度能减少乘客等待时间,让人感受到"随叫随到"的公交体验。另外,随着公交电动化的快速推进,充电成为一大难题。将数字技术运用到城市公交充电站规划建设、充电实时优化中,能够保障电动公交系统的顺畅运行。

在机场,载具流数字化非常常见。由于机位和跑道分配的动态性,每个航班的地面滑行时间也有较大差异,如果能够较为精准地测算出每个航班的地面滑行时间,那么就能更加高效地匹配机场保障资源。

基于数字平台的可变滑行时间预测(VTT)智能算法,华为打造出地面滑行智能协同系统,成为解决这一难题的密匙。它帮助运行指挥中心进行决策,实现对进港航班的落地、滑行、入位,以及出港航班启动、滑行到起飞时间的精准预判。

结合航班类型、起降跑道、方向、机位,以及天气情况、场面车辆等各种复杂因素,基于智能算法进行深度学习,能提高VTT预测精度,解决了过去人工判断不准确的问题。另外，基于VTT还可实现对后续一系列业务场景的优化，如航班的地勤高效维护、提升航班准点放行率、高效利用跑道滑行道、减少飞行区场面的冲突隐患等。面对复杂场面环境，该方案能提供最优的运行指挥决策，具有重要意义。

第 七 章

四大领域：全生命周期数字化

　　从时空维度看，交通行业企业及机构涉及的业务通常涵盖规划、建设、运营及经营四个阶段，四个阶段有着密切的联动关系。若要真正实现联动效应，需要依靠数字化技术将规划、建设、运营、经营打通，获得完整的数字化洞察，辅助规划，实现全流程、全场景、全要素的综合调度运营，探索和验证创新经营模式（见图7-1）。未来，我们应从全生命周期数字化出发，为交通行业数字化转型指明路径。

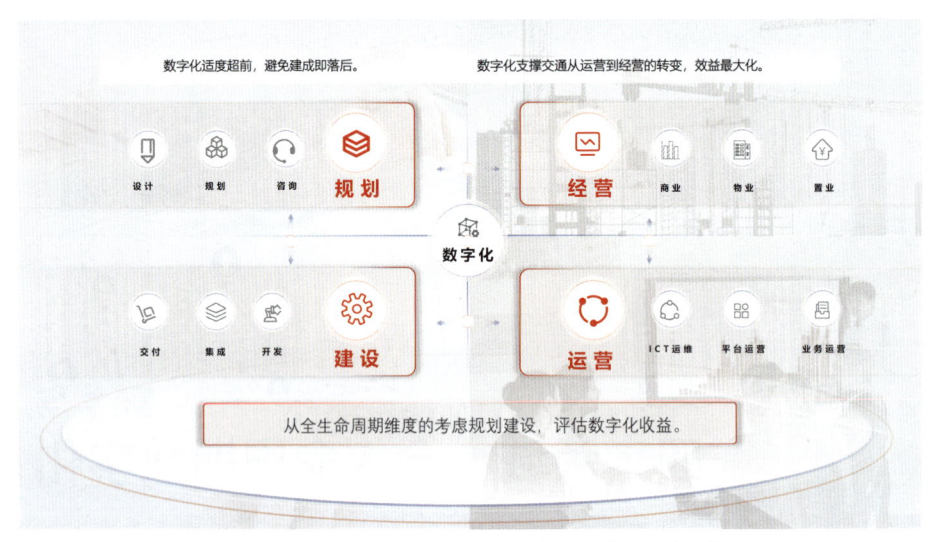

图 7-1　数字化贯穿规划、建设、运营、经营全生命周期

第一节　规划：做优顶层设计

交通行业数字化转型是一项系统性工程，规划是一切的起点。利用数字化技术进行顶层规划设计，将减少建设、运营等环节的不确定性，增强对交通业务的把控度，保障业务的可持续发展。在交通行业，规划的重要性可从以下两个方面来看。

首先，交通规划事关城市发展，具有重要战略意义。码头、车站、货运、道路网……作为城市发展的底层骨架，规划的线路和走向影响了城市未来的谋篇与布局。在现代社会，不能将交通设施简单地理解为载人运物的设施，而是要将其作为引导城市发展的重要力量。如果交通规划不佳，系统无法有效协同，必然会让城市发展遭遇瓶颈。

其次，交通设施的长运营周期特性对长远规划提出了要求。在建设之前就要看到未来几十年甚至上百年的发展，不能囿于眼下、走几步看几步。

如果规划不当,三五年后就可能因为跟不上时代发展而被淘汰。尤其在数字时代,技术更新迭代极快,交通项目建成即落后的风险较大。

例如,在传统的规划思维下,有不少交通项目提前10年就在做一些路线的部署,但建设完成后,技术早已更迭多次。以高速公路为例,机电系统的收费中心监控从规划到落地,往往需要三四年时间,但建成以后却沦为一个崭新又落后的交通基础设施。

那么,在规划时,如何在过度超前和建成即落后之间找到平衡?如何化解动辄运行上百年的交通工程和频繁迭代的数字化技术之间的矛盾?这就需要结合交通项目建设周期长和技术迭代快的特点,在规划阶段用数字化手段打破时空局限,对全生命周期进行预判和成本设置,并预估运营和经营阶段的需求,做到适度超前。尤其在数字系统的架构设计上,要进行通盘考量,使构架拥有迭代更新、自动造血的能力,以更好地适应技术迭代和未来变化。

规划不仅是全生命周期的起点,更是在建设、运营、经营中需要不断更新的"To-Do-List"(待办事项清单),发挥着未雨绸缪的重要作用,以帮助企业获得更多收益、提升管理效率、实现更好的发展。

用数字化打破规划局限,做好顶层设计,助力城市百年发展大计,是交通行业数字化转型必须重视的第一步。规划好比打地基,把确定性的技术趋势通过统筹方式快速落地,搭建稳定的航空母舰式平台,就能在高阶上确定架构、路线和远景。未来的房子不管修成什么样,都只是在地基上构建。规划就像搭建一艘航空母舰的骨架,之后再在架构上不断更新,匹配不同的舰载机型号,这样既能增强整体战斗能力,又能持续迭代。

案例:重庆交开投,打造城市公共交通数字化转型标杆

重庆城市交通开发投资(集团)有限公司(简称重庆交开投),主要负

责重庆市公交、轨道、枢纽站场、市域铁路等交通基础设施投融资建设、运营管理和资源经营管理等，是全国首个将多种交通方式整合为一体的企业。

在发展过程中，重庆交开投面临诸多压力与挑战。

一方面是重庆市发展战略要求。比如，2019年，《重庆市综合交通体系规划（2019—2035年）》要求，主城区公共交通占机动化出行比例在2035年达到70%。《重庆市新型基础设施重大项目建设行动方案（2020—2022年）》提出，融合应用基础建设，实现"一网调度"。

另一方面是重庆市交通的压力。重庆市地理条件特殊，山城地势复杂，交通出行与规划都面临较大挑战。

与此同时，重庆交开投基于增强盈利能力、提高运营效率，以及更好地针对乘客需求提供优质服务等多种需求，与华为合作，积极开展数字化转型。

2019年，华为帮助重庆交开投进行数字化转型规划：明晰转型目标、识别现状差距、形成蓝图架构、构思落地方案、规划转型路径、形成治理框架、导入专业方法、培养数字人才、树立转型样板。

根据顶层规划，具体行动分为三个阶段。

第一阶段是统筹规划、速赢建设期，在此阶段陆续开展各业务板块的数字化转型规划，并搭建云化、服务化的ICT基础设施和数字平台，实施速赢项目，为后续工作打基础。具体而言，一体化城市公共交通数字化转型规划工作内容有洞察和差距分析、顶层蓝图规划、企业架构规划、路标规划等。还要依据咨询形成的速赢项目方案开展速赢建设与实施，通过速赢的快速见效让大家树立信心。在此阶段，要搭建云化、服务化的ICT基础设施和数字平台，为各业务领域的数字化转型变革提供"黑土地"。

第二阶段是业务专业化梳理、核心业务数字化期，本阶段以核心业务领域转型为核心开展工作。例如，公益类业务（轨道、公交、铁路运营等）数字化转型变革；关键资源经营类业务数字化转型；大数据专项设计与实施，数字化治理机制方案实施等。

第三阶段是全面数字化、持续优化期，旨在对综合管理业务、其他非主营业务进行数字化转型。包含设计咨询等资源经营类业务数字化转型，以及人力资源、财务、资产管理等综合管理业务数字化转型，并在此过程中持续优化。

在咨询规划过程中，华为与重庆交开投项目团队通过联合办公、共同规划统一思想，有效助力重庆交开投数字化转型。首先，通过数字化转型的培训与变革管理，让企业转变思想，深度参与。其次，搭建双方联合办公机制，包括项目团队的选拔、入场管理、考勤管理、任务管理，以及重庆交开投项目团队成员的绩效管理等。通过联合办公、辅导、培训、共同规划、甲方汇报等多种方式，让重庆交开投项目团队成员学会数字化转型方法。通过300多场汇报、研讨，重庆交开投内部不仅达成广泛共识，还深化了对数字化转型的认识。

最终，项目助力重庆交开投规划形成愿景图、全景图、路线图，获得一致好评。

第二节 建设：赋能信息化洼地

怎么保证在建设、实施过程中规划蓝图执行无误？如何实现规划的超前性，做到在建设过程中不跑偏？对此，在交通建设中先行利用新技术，成为数字化赋能全流程、全生命、全周期的关键步骤。

交通建设是一项复杂的工程，不仅周期长、投资大，而且管理复杂。首先，交通建设中常见翻山挖隧道、跨海架大桥等复杂作业场景，安全隐患比较高。其次，无论铁路、城轨还是工地建造场景，都涉及设计单位、设备和材料供应商、施工承包商和监理机构等众多参与方。要统筹协调庞大的项目群，这对于建设主体而言无疑是重大压力。另外，在建设监管场景中，施工单位需要安排大量人工巡检，但因为项目跨度大、工点多，分布广、距离远，人工巡检工作量大、周期长、失误多，难以全面覆盖监管要求。

这些问题急需通过数字化手段来解决。例如，通过数字化手段对施工过程进行全方位、实时监控，并对事故进行预警，可降低安全风险，减轻人工巡检的负担。

也正是由于建设场景复杂，所以工地施工的信息化建设难度较大，一直是信息化的洼地。在数字时代，信息化程度低给交通建设的数字化转型带来不少挑战。但交通建设是百年大计，用数字化为建设赋能，是面向交通行业全生命周期管理的必然选择。对此，华为在智慧建设方案中，着重智慧组织、智慧设计、智慧制造和智慧施工，以实现更加融合、更加智慧、更加高效的建设过程管理。

例如，以BIM、大数据、物联网、云计算等最新技术为支撑，对车站、码头、机场等设备进行集中管理；利用数字沙盘技术，对现场施工过程中的资料进行建模处理，生成与施工现场对应的1∶1数字模型，实现施工场景虚拟还原。这样，在建设时就能看到未来的改进空间，以便及时调整规划设计。数字化赋能建设，能实现从"人管"到"技管"的转变，从手工报表到远程数字化监控的转变，全面把控建设工程的综合概况、投资、进度、参建单位、安全、质量、人员、设备、绿色施工等信息。通过视频+AI等技术手段，实现对施工现场人、机、料、施工工艺和施工环境的智能控制，从安全违规行为警告、准入控制、远程设备操控和质量监管等环节着手，保证项目建设的安全。

第三节　运营：抓稳数字化转型重心

十年建设，百年运营。在交通全生命周期中，运营是最耗时耗力的阶段。当前，运营也是交通行业数字化转型的重点阶段。从世界交通发展的总体进程来看，大规模建设时期已过，运营维护成为交通发展的核心。

交通最根本的作用是服务人的出行和物的运输，运营阶段十分关键。从业务范围来看，运营主要有运营控制、调度管理、票务管理、新线管理、车站管理、乘客服务、运维管理等业务板块。可以说，运营涉及全流程、全场景、全要素。

运营对数字化转型的需求极为迫切。第一，交通行业需要降低传统运营工作的烦琐程度。第二，交通行业各子行业的系统或多或少存在严重的信息"烟囱"和壁垒，需要用数字化打破束缚，使运营业务从基于流程的普通协作变为基于数字化平台的精细化协作，突破资源约束边界，大幅提升交通产业协同能力和产业竞争力。第三，利用数字化技术能显著降低运维成本，并提高资源利用率，提升资源配置能力。第四，数字技术能够降低运营环节对人工的依赖。

以机辆运维管理为例，因为缺乏全面的状态监测和预测检修模型的支撑，所以轨道交通行业的业主为保障安全，会采用偏保守、传统的检修制度。这导致过度维修成为普遍现象，造成人力、物力和财力的极大浪费。我们对比一下德国和中国的动车组运维情况，前者的高级修里程间隔已经延长到165万千米，后者尚在研究里程间隔120万千米的高级修；前者的三级修检修停时为2～3周，后者则需要4周以上。两者产生差距的原因在于，前者的数据积累时间更长，拥有足够精准的运行维护模型，所以机辆运维效率更高、准确性更强。

在运营阶段，用数字技术打通全流程，获得完整的数字化洞察，上承规划建设，下启创新经营模式，实现综合调度运营，已是突破瓶颈的必然举措。

案例：高速公路道路养护

道路养护是高速公路运行管理的重要业务流程，直接影响高速公路的道路通行能力和服务水平，关系高速公路的业主单位、运营路段、养护单位和公众出行的切身利益。在运营阶段，智慧道路养护需要实现对道路全寿命周期的预防性养护管理。

通过数字化技术手段，能解决传统道路养护方式存在的诸多问题，如管理模式陈旧、传感器的数据采集与传输设施不普及、业务场景缺乏数字化支撑、公路病害检测周期长、资料存储方式落后、海量数据利用不足、资产管理粗犷、数据孤岛、可视化程度低等，实现高速公路日常养护、巡检降本增效。

具体而言，可以通过具备超高分辨率的摄像机感知、采集路面信息，提高道路病害识别的成功率和准确率；用无人机代替传统的人工视频采集，通过5G实现大带宽、低时延、不丢帧、无拖影的高清视频回传；通过AI分析实现自动巡检、智能识别，解放人力并提升效率。

第四节　经营：数字化挖掘潜力

长期以来，交通行业对经营的重视程度不足。受交通设施只是运输设施的认知影响，很多企业认为交通行业就是买资产、卖服务，只有建设和运营两条主线，至多往前延伸到规划方面，很少涉及经营问题。但实际上，经营阶段有着巨大机遇和潜力。尤其是站在自负盈亏的角度来看，在支出巨额运维成本的背景下，企业亟待提升经营能力，增加关于经营的想象。

以轨道行业为例，全球轨道交通运营主体大多数处于亏损状态。我国轨道营收情况也不容乐观，除了个别城市轨道交通企业能做到盈亏基本平衡，其余城市普遍处于亏损状态。

亏损如何补？如何做到降本增效？除了减少运营管理、运维投入等方面的开支，在经营阶段做好资产盘活也十分必要。用数字化为经营赋能，实现经营模式创新，能够提质增效、良性发展。

具体而言，经营阶段包括置业、物业管理、商业管理、安全与质量管理等几个业务模块。在经营阶段，数字化转型可以帮助企业及机构利用大数据为客户构建数据画像，挖掘业务场景中的更多需求，助力交通行业企业将人流转换为客流，探索新的商业模式和营收来源。

另外，随着我国经济高质量发展，商旅需求不断增加，消费水平逐渐提高。交通站点和枢纽早以不再是单纯的换乘点，而变成了综合服务主体。正是因为有这样的需求驱动，经营阶段的数字化转型更是大势所趋。

案例：智慧服务区

交通发展与经济发展密不可分。随着我国在生态文明、美丽中国、绿色发展、全面小康等战略层面的践行，"交通+旅游"成为一种全新且重要的经济增长方式。为让交通与旅游更好地相融，《交通强国建设纲要》明确指出："深化交通运输与旅游融合发展，推动旅游专列、旅游风景道、旅游航道、自驾车房车营地、游艇旅游、低空飞行旅游等发展，完善客运枢纽、高速公路服务区等交通设施旅游服务功能。"在"交通+旅游"模式下，我国将迎来全域旅游时代，公众将享受到更加高效、高品质、精细化的交通服务，拥有更好的出行体验，真正实现"走到哪，玩到哪"。同时，"交通+旅游"使旅游业向更高层次发展，抢占更多机遇，激活旅游市场。

未来,"交通+旅游"将进一步促进产业的融合、行业的联动与生态的构建。

在交旅融合中,高速公路服务区是一个典型场景。高速公路服务区是高速公路重要的服务窗口,反映了高速公路的社会形象。建设高速公路智慧服务区,能提高服务区的运营效率,并促使服务区从为乘客提供基本服务转变为给乘客带来美好体验。

江苏阳澄湖高速公路智慧服务区把服务区当作商业区来经营,变途经地为目的地,引发了全国高速公路服务区的经营创新变革。传统的高速公路服务区,往往配置加油站、厕所、快餐店和超市,但阳澄湖高速公路智慧服务区旁边有华谊兄弟电影世界、生态度假区、星级酒店等。苏州园林式的建筑风格让其像景区一样吸引着过往的人群停留观赏、娱乐消费。这种模式并不是偶然形成的。在规划时,阳澄湖高速公路服务区就有意识地转变传统高速公路服务区的经营理念,将服务区与周围的生态进行联接。

不过,对于其他准备建设或正在建设智慧服务区的地方来说,是推行园林式服务区,还是打造酒店式服务区,抑或让服务区具备其他复合功能,既不能凭空想象,也不能亦步亦趋,而是要从实际出发,借助数字化力量,挖掘当地的特色资源,洞察消费者的真实需求。

高速公路智慧服务区建设需要用户思维。随着经济的发展,人均可支配收入水平不断提高,经停服务区的人群不再仅满足于简单的消费服务。在需求升级的情况下,如果建设滞后,就会错失发展的机会。这就需要相关单位把握时机,积极建设能够满足人们需求的智慧服务区,让服务区经营变得更加智慧。

案例:机场商业

商业管理是机场全业务链条中的重要组成部分,但过去机场发展重建设而轻服务,在经营上还存在很多不够"智慧"的地方。另外,机场业务增长速度很快，规模越大，出行人数越多，管理压力也越大，在经营服务上难免照应不足。

传统机场运行效率低，不仅会影响乘客的出行体验，而且对于机场商业创收也会造成阻碍。一方面，乘客将大量时间用在值机、托运行李、安检等环节，自然没有多余时间在机场消费。另一方面，商家无法精准获知乘客需求。例如，有的乘客想买衣服，但他的登机口附近只有超市，而且他无法精准获知服装店的具体位置。

基于以上情况，智慧机场建设要结合商业规划，充分考虑乘客多元化、差异化的消费需求，提供休闲、娱乐、文创等体验式商业业态和新商业模式，如新零售购物体验、门对门物流服务等。要做到这些，需要充分利用大数据、云计算等新ICT，驱动机场提供智慧的商业服务。

第一，以整合乘客、商家等机场商业的相关系统为基础，打造智能化、多元化、个性化的机场商业服务管理平台。

第二，基于大数据实现精准的商业营销。通过大数据感知客群偏好，基于乘客定位技术、客户标签与画像，借助超级App、公众号等渠道，在对的时间，给予乘客对的营销、服务或互动体验，深度经营到场乘客，促进消费转化。

第三，要区别于基于位置的场景营销，依托数据驱动广告投放，可以在任何时间、任何地点，对任意目标受众进行以品牌宣传或销售转化为目的的营销。

第四，通过对机场商业数据、室内空间数据、室内定位数据的有效聚合，将乘客在机场的商业购物行为数据化，再用大数据技术进行分析，还原真实的消费个体，并针对个性化需求，实现购物智能引导、无感便捷支付、航线消费行为与商业收益数据分析、客流与商家运营状况智能感知分析等功能。

03

第三部分

上下求索，丈量转型之路

华为致力于打造"综合大交通解决方案"，以"联接+数字平台"构建交通行业数字化转型的底座。交通行业数字化转型不是单个系统、单个项目、单个业务的变化，而是需要对全业务、全流程、全过程进行全盘考虑。仅在单点上改善，无法形成真正的智慧交通。在数字化转型的道路上，要坚持全面性、系统性和融合性。第三部分展开交通行业数字化转型架构，包括数字平台、数据、网络安全、生态、标准五大要素，它们合力支撑数字化转型，提供根本性、基础性、原则性支持。

第八章
平台之基

数字平台架构树立了未来信息化建设的标准和框架。未来，随着业务的发展，还会不断产生新的业务诉求。坚持数字平台架构，可最大限度地应用平台上已经沉淀的宝贵数字资产，最大限度地减少未来投资，并使应用系统的建设更为简单便捷。同时，新应用建设产生的新数据资产会沉淀在平台里，让这片沃土越发肥沃。

第一节　肥沃的黑土地

在探索交通行业数字化转型时，华为着重搭建数字平台，以云为基础，通过优化整合新ICT，融合数据，使能客户实现业务协同与敏捷创新，打造数字世界的底座。简单来说，各行业的数字化转型解决方案，大多基于数字平台。只有建好数字平台的底座，数字化道路才会平稳、宽阔。

华为数字平台是开放的"黑土地"，可为生态合作伙伴提供松软、有机的"土壤"（见图8-1）。构建开放的数字化生态，就是为了做大产业，形成共生、互生和再生的生态共同体，最终共同为客户创造价值。

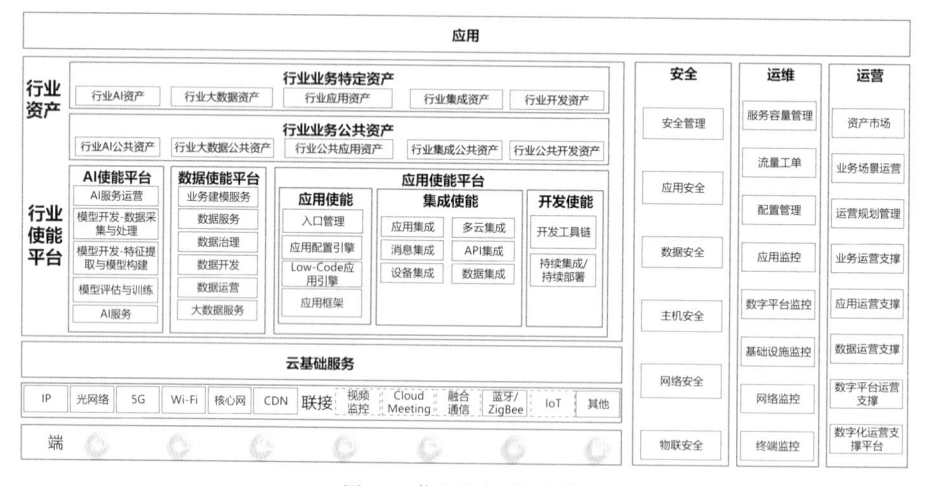

图 8-1　华为数字平台架构

为何数字平台有地基之力呢？这要从其特性和架构设计原则中寻找答案。华为数字平台基于四大特性和九大架构设计原则，向下接入各种各样的终端，向上支持应用的快速开发和灵活部署，使业务敏捷创新，为交通业数字化转型打下坚实的基础。

四大特性

华为数字平台具有积淀、融合、开放、高效四大特性。在积淀方面，数字平台最早应用于华为自身的数字化转型中，积累经验之后，再推广到若干个行业，为其他行业的数字化转型赋能。通过内部自用，数字平台不断迭代升级，积累了大量经验，在成熟度、可靠性、专业性等方面具有优势。同时，华为数字化转型的成功也能够证明数字平台的有效性。

第一，积淀。具体到行业数字化转型应用中，数字平台的构建并非一蹴而就，而是需要沉淀大量的成功经验及行业资产套件，形成业务全量数据积累，支撑决策并支持业务模式创新，快速、灵活应对多变的需求，构建更加融合和智慧的ICT基础设施，再通过能力转移释放组织资源，进一步助力业务创新。

第二，融合。首先是技术融合，数字平台最底层是云，在云底座上，数字平台实现了大数据、AI、视频、物联网、地理位置信息等新ICT的融合，同时支持区块链、量子计算等未来新技术的引入，实现新技术能力共享共用。其次是数据的融合，数字平台打通过去"烟囱式"的各个系统，形成统一的数据湖，实现数据共享，激发数据新的价值。例如，智慧机场建设借助统一的新ICT能力，统一投资规划，打通数据孤岛，平台化机场数据、视频等数字资源，实现业务共享协同与敏捷创新。

第三，开放。开放不仅是能力和态度，更是一种承诺。面对不同行业、不同客户千差万别的需求，只有开放才能百花齐放。数字平台以确定的开放性来应对行业场景多样化的不确定性。具体来说，平台开放从架构开始，其中的组件都可以开放给生态。在架构开放之上，能力也同时开放，向下接入各种终端，向上使能各种行业应用开发。

另外，数字平台的开放能力还体现在强兼容性上。对于原有的硬件设备或非华为生态的设备,数字平台也开放接口。通常,数字平台通过集成平台与内外系统联接,与既有系统共存,既要考虑系统的稳定性,又要保证架构的先进性和统一性。例如,深圳机场原有IMF、AOMDP等总线,联接生产类业务。数字平台的建设过程中,要充分保证生产业务的连续性和稳定性。因此,华为提出的具体方案为:将集成平台作为深圳机场的一级总线;核心的生产类系统通过既有的IMF总线接入集成平台;物流类系统建设二级总线,再接入集成平台;其他类别的业务类系统直接接入集成平台。照此方案,深圳机场数字平台联接了80多个业务系统,既可以利用集成平台的优点,通过消息、服务等多种形式来联通业务,又保证了既有生产业务的稳定性和延续性。

第四,高效。在数字化进程中,只有高效运营数字平台,才能使数字化转型的效能最大化。数字平台从集成效率、开发使能、数据使能、应用使能等多维度提供丰富的工具套件,大大提升行业应用的开发效率,提升整个系统集成的效率。各行业的数字化转型虽然有所不同,但是也有80%~90%的共性需求。如果在共性部分形成复用能力,可以提升行业应用开发和系统集成的效率。同时,随着数字化程度的加深,个性化需求也会被逐渐挖掘并满足。

九大原则

在数字平台的架构设计上,华为提出的九大原则保证了平台的先进性。
- 全面解耦原则
- 服务化/组件化原则
- 接口隔离及服务自治原则
- 弹性伸缩原则

- 安全可靠环保原则
- 用户体验和自动化运维原则
- 开放生态原则
- 敏捷高效原则
- 持续演进原则

九大原则体现了华为对"业务+技术"双轮驱动的坚持。只有深入理解业务诉求，融合ICT新技术，集成和整合生态资源，才能加速行业的数字化转型。

具体来看，坚持全面解耦原则能够让数字化转型的实施更为便捷。由于行业特性不一，客户需求也各有差异，所以平台的解耦能力十分重要。大家可以理解为，数字平台既要提供"满汉全席"，也要提供"三菜一汤"，让灵活解耦的架构服务于更多的业务场景，满足客户的个性化需求。

持续演进原则也至关重要。数字化转型是一个长期的过程，可能需要几年，也可能需要几十年或更久。作为数字世界的底座，数字平台要能够根据业务的变化持续迭代更新，持续实现业务价值的变现。我们以车路协同的业务场景为例进行介绍。车路协同自动驾驶是智慧高速公路未来的发展目标，但目前离实现这一目标还有较长距离。所以这对平台的长期演进能力提出了较高要求。华为数字平台架构支持迭代、增量，能够自动化运维，而且通过不断对数字平台进行治理、演进和看护的运营支撑，更加适应不断变化的业务需求，如源头活水般为数字化转型注入生机与活力。

在数字化转型解决方案中，数字平台向上为行业应用提供快速开发的能力，独立软件开发商（ISV）可以通过各种使能层，利用行业资产，快速地进行业务应用的构建，而不用深入研究基础的能力；向下能够接入各种各样的终端，对行业终端进行管理和调度，并对终端上传的数据进行管理，供给上层应用，上层应用就不必关心终端接入、鉴权、安全管理等事务了。

第二节　云基础设施与平台服务

数字平台是数字世界的底座，而云基础服务则是数字平台服务的基础。云基础服务包含私有云、公有云、混合云等形态，能够提供计算服务、存储服务、数据库服务，以及配套的计算、存储资源等。

平台服务则构建在云基础服务之上，提供通用的技术能力，包含AI、视频、大数据、IoT、融合通信、GIS、区块链等。举例来说，利用云存储、云计算、大数据等技术，可建立视频云平台，实现资源管理统一化、视频信息全局共享。具体到空管领域，空管视频云平台可为空管及其相关部门提供视频服务，包括塔台、管制中心、空管局等中心地区的全景监控。另外，为提升空管站台运营保障水平，可利用物联网平台实现全局感知，在数据融合之后，支撑上层资产和设备管理、远程运维、节能减排等智慧化应用。

第三节　行业使能平台

在数字平台中，行业使能平台的作用非常关键，它不具备行业属性，而是为资产提供运行所需的基础平台。下层单元技术选型不同，接口也不尽相同，这为上层应用的开发适配带来了困难，而使能平台能够配合相关的资产需要屏蔽这些困难，实现应用与底层技术解耦的效果。

行业使能平台分为AI使能平台、数据使能平台和应用使能平台三大部分。

AI使能平台

华为孵化AI使能平台的目的是实现AI开箱即用，面向行业场景快速孵化算法，提供AI服务。AI的全流程是从业务理解、数据理解、数据预处理、特征提取、模型构建、模型评估、模型应用到应用效果评估的过程。

例如，华为AI使能平台已用于机场、铁路、物流等园区场景中。基于该平台打造的园区数字化方案，能够为用户提供接口功能明确、简单易用的应用程序，利用高精度的人脸检测与识别服务，提供安全可靠的人脸布控、轨迹追踪、人脸搜索等服务。例如，利用人脸检测和识别技术精确识别来访者的身份，快速返回识别结果，提高门禁通行吞吐率，加强园区的自动化管理等。

机场智能分配系统也是AI使能平台的典型应用。该系统能够让每个航班在60多种复杂规则下秒级实现最优的机位分配处置。具体来说，要在机场统一的大数据平台上，搭建一个AI平台，实现机器学习、强化学习、线性规划、进化学习、搜索与推荐能力；基于AI平台，构建各类引擎系统，包括预测引擎、智能规则引擎、智能调度优化引擎及推荐引擎，实现机位资源的智能调度；在顶层建立统一的开放、可交互的平台，实现机位资源管理的智能化、可视化。

数据使能平台

数据使能平台能够面向数据集成和数据分析应用提供能力，通过集成整合全域数据，形成反映全景业务的数据视图，并在此基础上，为其提供全面、强大的数据开发、数据治理、数据运营和业务建模服务能力，同时为应用提供数据服务，为数字化业务降本增效提供数据决策能力，实现数据驱动运营。

例如，华为在为中国民航局空管局设计数字化转型方案时，就针对中国民航局空管局空管系统应用存在的系统间信息资源共享困难、系统数据资产流失严重等问题，通过统一数据标准、数据流闭环持续更新等数据治理方式，在数据标准、数据质量、数据安全、数据共享服务等领域展开数据治理，根据业务需求建立数据模型，快速构建端到端的数据使能生态体系，帮助中国民航局空管局加速数字化转型。

再如，面向机场，数据使能平台可提供全面的数据集成、数据开发、数据治理及数据分析应用能力，整合机场全域数据，集成机场内部各个业务系统的数据及外部数据，为业务可视、分析、决策等数据消费提供数据底座支撑，实现机场数据资产的数据化运营与价值挖掘变现。

应用使能平台

从华为数字平台的整体架构来看，应用使能平台是行业使能平台中非常重要的一环，可以看作联接物理世界和数字世界的桥梁，能够快速支撑应用的开发、部署和管理，使用工具快速实现系统间的数据、服务、消息流通与融合，使开发工作更便捷、高效。

应用使能平台又包括应用使能、集成使能和开发使能。以集成使能为例，它的功能包括应用集成、消息集成、设备集成、数据集成等，让使能系统间的数据、服务、消息流通与融合。

例如，在机场行业，集成平台已成为数字化转型过程中的核心平台，如深圳机场已在生产业务领域大规模应用集成平台，实现了跨应用、跨设备、跨网络、跨云、跨企业的集成，并为上层应用提供各种接口的适配，从而提高系统集成效率，降低开发成本。

第四节　行业解决方案资产

在数字平台架构中，行业资产套件与行业使能平台同属于行业使能层。行业解决方案资产分为知识资产和软件资产两大类。

知识资产以系列文档、网页等显性方式存在，由项目等工作所产生的各类原始知识（经验教训、工作方法和过程、专业讨论等）提炼集成得到，是经过本领域权威认可后发布的普适性强、结构清晰、内容深入、讲述清楚的各类精华知识（标准、指引、最佳实践、精华案例等）。

软件资产是可独立运行、部署、升级的软件交付件，包含创新资产和套件资产。

其中，创新资产是场景化创新（0~1）的软件交付件，待成熟、可复制后，可以转换为套件资产，可将项目开发、交付中产生的不能复用的软件包资产（含工具、SQL脚本等），作为传统意义的知识资产进行管理。

套件资产是基于生命周期管理的可复用、能独立部署、升级的软件交付件。可复用是指，不需要资产提供者修改代码，就可以在不同场景中使用，否则只能称之为分工协作或代码共享，不能称作套件资产。

基于行业使能平台层构建的资产，可以是通用资产，也可以是具备行业属性的资产；可以是针对某种能力（如AI）的资产，也可以是跨能力的组合资产（如AI+视频）。这些资产是构建上层应用的基础模块，独立软件开发商可以利用这些资产快速构建上层应用，而不必考虑底层基础的AI、视频、大数据、IoT、融合通信、GIS、区块链等技术，从而提升业务应用的开发效率、降低行业数字化转型的难度。

以智能运营中心（IOC）为例，从本质上来说，机场、地铁、城轨等子行业的IOC项目，都是在为客户提供数据资产模型+指标体系，满足其各种业务系统的数据需求。因此，首先要解决数据的采集和汇聚问题，汇聚和融合多种类型与来源的数据；其次，要解决数据治理问题，构建数据分析模型，打造标准化、模型化的基础数据中心库；最后，解决数据的分析挖掘问题，将数据变成知识，继而发挥数据的价值，为决策分析提供有价值的信息。

以华为与中国铁路西安局集团有限公司（简称西安铁路局）的合作为例。

在机务数字平台的版本开发中，华为通过采集离线和实时数据，将汇聚的数据进行融合，梳理出安全、运用、检修、人员、燃料等主题库，以及司机画像、司机报单、机车质量、走行部健康等专题库，进而建立指标，使能应用，实现了ICT能力的按需调用，降低了客户和独立软件开发商驾驭技术的难度（见图8-2）。

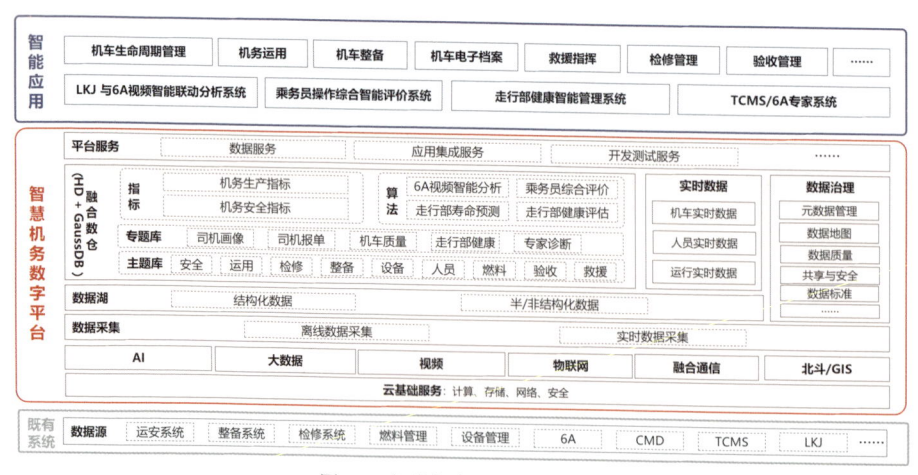

图 8-2 智慧机务数字平台架构

过去，一个应用需要从多个组件分别获取能力。通过平台能力整体打包、封装，基于业务应用优化组合，能实现统一接口，按需调用。最终，该机务数字平台实现了数据融合、标准统一的目标，数据高效共享，构建了弹性扩展、统一协同的数据底座，持续沉淀数据资产。

随着数字平台的广泛应用，大量分散在各个"烟囱式"系统中的数据被聚拢在一起，通过数据治理、服务、建模等方式实现数据业务化，而由此积累的行业资产成为滋养业务数字化的肥料，支撑智慧应用百花齐放。可以预见，集合了AI使能平台、数据使能平台和应用使能平台的华为数字平台，会沉淀更全面、更丰富的行业解决方案资产，从而提升行业应用的开发效率，增加平台生态的黏性。

第九章
数据为魂

数据是土地、劳动力、资本、技术之外的第五种生产要素，与其他要素不同，数据取之不尽，用之不竭，而且越被分享，价值越大。转型成功的企业，无不是将数据转换成支撑业务变革的资产。

第一节　以数据确定性应对业务不确定性

数据正在让世界变得确定。例如，电商可以基于用户数据，精准推送符合用户喜好的商品；用户可以实时查看订单状态，掌握商品的出库、配送、到达等信息。体育赛事也可以根据多维度的历史比赛数据，预测比赛的胜负。基于数据，世界模糊的轮廓正变得清晰，不确定因素正在逐步变得可控，预测未来、超越时间成为可能。

交通行业的不确定因素较多，如大雾天气影响航班出行，道路拥堵打乱汽车的正常到达时间，交通事故等突发事件，都让行程极具多变性。此外，车辆检修、道路养护等，亦是让交通处于动态变化中的因素。总体而言，在交通面前，无论出行方还是管控方，很大程度上都在与"不确定"打交道。

但是，随着时代的不断发展，通过数据采集和分析，交通行业迎来了一个更加确定的时代。

数据让出行更具确定性。常见的场景是，乘客在出行时拿起手机查询路线，预估到达时间。平台则基于大量数据，综合考虑乘客出行时间、道路拥堵情况等，提供几种出行方案，如时间最短、换乘最少的方案等，甚至可以为用户自动切换最佳路线。

在机场场景中，VTT（可变滑行时间预测）基于大量数据分析，解决了人工预测不够准确的问题，最终提升飞机滑行效率及准点率。机场管理井然有序，乘客出行准点率提高，数据带来的确定性由此可见。

数据也让载具更具确定性。以地铁为例，每日巡检维修是工程师的日常工作，但人工巡检不可避免地存在漏报、误报等情况。如今，基于大量数据进行分析，不仅减少了漏报、误报情况，增强了维修的准确性，还可取代部分人工工作，提高工作效率。

数据的确定性减弱了业务的不确定性，同时使世界朝着更加井然有序的方向前进。不过，在数据发挥价值的同时，还必须重视数据安全。与土地、劳动力等具有专属性、有限性的生产要素不同，数据具有共享、复制、无限增长和无限供给的特性。虽然数据资源的无限性具备诸多优势，但这种看似无边际的资源，其管理难度往往更大。因此，关于数据的产权界定、数据安全等内容，还需要由具体细则落实。

不难想象，被誉为"石油"的数据将会带来诸多机遇。新技术迭代，新商业形态涌现，风口之下的市场将会呈现另一番景象。加强数据共享、开放和流通，同时保证数据安全，是充分发挥数据的基础资源作用和创新引擎作用的前提。

第二节　数据驱动业务流

数字化转型需要围绕基础设施数字化和业务流程数字化两个层面进行。基础设施数字化是底层支撑，通过5G、机器视觉、雷达等感知及联接技术汇聚数据。业务流程数字化则是打通"断点""堵点"，解决痛点、难点问题的关键，通过云计算、大数据、AI等技术进行数据治理、数据融合和数据服务。可见，数字化转型以数据为切入口，并基于数据价值来驱动业务。例如，高速公路在进行基础设施数字化时，需要围绕人流、车流和物流服务进行感知及传输；业务流程数字化则需要高速公路将一切数据业务化，将数据用起来，以数据驱动业务。

过去，许多企业把数字化转型归为IT部门的事情。但事实上，数字化转型不是单纯的技术问题，而是业务问题。可以说，如果数字化技术与传统基建的运营操作技术无法深度融合、双向互动、实时耦联，数字化转型就无从谈起。数字化技术必须对准企业的业务目标，要驱动业务的变革、使能业务的变革，但是变革的原动力还是业务。为此，业务专家与IT专家需要深度碰撞，共同探讨、选择能产生"化学反应"的场景，找到交通行业业务流程中的痛点和难点，再利用数字化技术解决问题，最终保证安全，提升效率、体验。

在交通行业，对完整业务流进行精细化管控，满足交通业务"更安全、更高效、服务更优化"的业务诉求，才是数字化转型的核心。只有针对业务进行数字化升级，才能为客户创造价值，实现数据驱动业务的转型目标。如果只是简单地搭建信息化系统，无法真正作用于业务，数字化转型就无从谈起。举例来说，许多机场其实已经搭建了多个信息化系统来支持其业务操作，如地服系统、航显系统、离港系统、集成系统等，但这并不代表其已经实现了数字化转型。实际情况是，仅有这些系统并不能满足复杂场景下的秒级协同与调度需求。相关工作人员需要面对多个系统、多台终端，在多个信息源中由人工进行分析比较，然后再通过手持设备、对讲设备、电话下达相关的指挥调度指令。可以说，搭建信息化系统仅完成了数字化转换，距离数字化升级还有一定距离。

数字化转型不是简单的数据交换与集成，而是需要基于数据驱动的业务场景化解决方案，以满足业务发展的需求。那么，如何让数据与业务融通，形成数据资产，再作用于业务呢？这就需要搭建数字资产平台，将IT语言变成业务语言。通过在数据汇聚、数据治理、数据融合、数据服务等各个层面上对准业务场景与需求，沉淀行业洞察，才能打造可信、可用、可管的数据资产平台，将数据转换为资产。

数据浩瀚如海洋，混乱如沼泽。唯有将数据资产平台化，数据才能成为资产，为企业创造价值。另外，从数字平台的定义中也可以看到，数据的汇聚、加工和应用是其核心能力之一。那么，数据使能的竞争力如何构建？这一问题可从以下四个层级展开回答：数据汇聚——批量数据全面汇入平台；数据治理——让数据可信、可用、可管；数据融合——打造行业数据资产平台；数据服务——以数据驱动业务。下文将对各层级逐一解读。

第三节　数据汇聚：打破孤立"烟囱"

数据汇聚是把分散到单个应用子系统的数据（包括结构化、半结构化和非结构化数据），实时或批量地汇聚到大数据平台上，构成大数据的源数据。这是大数据平台的数据基础。

在谈论数据汇聚之前，通常不能忽视已经存在的问题。在实际转型中，许多挑战首先来自数据汇聚的环节。常见的现象之一是，企业多个系统之间常呈现隔离状态，累积各种数据信息之后，彼此没有交互，"烟囱式"的建设降低了数据融通的可能性。如果不能把数据汇聚进来，大数据项目就是"无米之炊"，不可能形成数据服务的能力。

以地铁为例，地铁系统十分复杂，由大小不同的多个系统组成。同时，其设备种类多，线路规模大，增长速度快。加之信息化的覆盖程度不高，数字化水平低，造成地铁各个子系统的信息比较孤立。再如，机场的地服系统、集成系统等也基本处于隔离状态。此外，还存在数据量大、类型复杂、时延高等情况。

基于此，解决"烟囱"问题，融合全域数据就是数据汇聚的首要任务。另外，在将采集到的数据汇入数据湖时，数据的准确性、实时性需要得到保证，达到精准采集、毫秒级采集的目标。需要特别注意的是，要避免过度的汇聚数据。适量汇聚数据可以恰到好处地对业务产生正面作用，过度汇聚数据反而需要耗费财力去"伺候"。

具体怎么做呢？以机场为例，可通过视频捕获保证数据的准确性。一般来说，飞机从进港到起飞会经历数十个环节，每一个环节由不同的公司完成服务与保障工作。这意味着，机场管理部门必须掌握全链条的情况。过去，各环节基本依赖人工进行数据交接。例如，飞机加完油后，员工通过手机终端或指示键上传数据。而如今，华为通过视频捕获方式抓取数据，在保证准确性的同时还保证了实时性，数据汇聚的效率得到提升。此外，应遵循"复制"而非"剪切"的原则，即拒绝"一刀切"，提倡适量原则。

第四节　数据治理：让数据可信、可用、可管

将数据汇聚到数据湖后，数据治理成为一个重点工作。可以想象一下，国家图书馆的4000多万册图书汇聚一处后，如何存放或分类才能方便借阅者获取？

针对不同类型、不同价值的图书，《中国图书馆分类法》将其细分为22大类，上千小类，以实现图书分类的规范化、标准化。同样，针对多源异构的数据，也需要梳理、规整，使其规范统一。

数据治理关系数据质量，影响业务流程数字化的有效性。在数字化转型中，这样的场景并不少见：企业意识到数据正成为自身发展的核心价值，便纷纷从内外部收集数据。但是因各个部门独自发展，反而阻隔了数据收集与数据共享。例如，在机场日常运营中，因数据不完整、不准确，数据跨部门共享性不高等问题，作业效率常被拖累。究其根本，是由于企业内外部没有建立有效的数据治理机制，导致数字化进程中缺少清晰的任务分工和职责权限界定，缺少必要的数据搜集、传递与使用的法定程

序与机制。

总体而言，数据治理就是解决数据的安全性、准确性、可用性等问题。具体来说，数据治理领域包括以下内容：数据标准、元数据、数据模型、数据分布、数据存储、数据交换、数据生命周期管理、数据质量、数据安全及数据共享服务治理。

在进行数据治理时，需要做到以下三点。

第一，解决有同种数据的问题。通过从下到上盘点数据资产，建立数据资产目录，让数据变得可看，实现分层、分级、分域的可视化管理。通过数据图谱化，管理海量、多级数据，并做好元数据管理，厘清数据的"血缘关系"。

第二，解决数据准确性、可用性、安全性方面的问题，确保数据质量和安全。数据质量需要持续运营，可建立数据质量工作平台，做到事前监测、事中反馈、事后管控。数据安全问题也不容忽视。在数字世界里，边界非常模糊，这意味着数字世界主权意识不清晰。数据属于谁？如何应用数据才合法合规？这些问题不容忽视。在数据治理过程中，事前安全策略、事中数据流程管控和事后审计分析都是重要环节。

第三，建立数据标准。设立管理标准、业务标准、技术标准，并对名称、定义、规则、标准四个层面进行统一。数据标准管理是指基于数据集成、数据质量管理等，实现标准创建、标准管理及映射管理，通过数据稽核规则选择符合数据标准的数据，保障数据的规范性。

具体到机场的数据治理中，要求从集团层面对各种业务数据达成共同理解，然后将这些理解确定下来，作为企业内部共同遵守的标准。例如，对航班信息的数据标准定义项包括航班号、航班属性、航季、航班班期等；对乘客的数据标准定义项则是乘客姓名、性别、国籍、联系电话等。各种数据标准对业务数据语言、业务规则等进行了统一，将有助于改善数据质量，提高数据治理的效率。

第五节　数据融合：以业务流为目标，深挖数据价值

在唤醒90%沉睡数据的征途中，数据融合具有举足轻重的作用。大量数据进入数据湖，经过数据治理的标准化运作后，需要经由数据融合挖掘其价值，才能沉淀数据资产，实现与业务的连通。这一环节最为关键的就是数据和业务深度关联、融合。

在数据融合过程中，基于行业洞察进行数据建模变得极为重要，数据治理、数据质量、作业流程都依赖数据建模。也只有对每个业务领域建模，才能够确保数据加工的业务价值。也可以说，这是一个"数据映射业务"的过程。具体方式包括"V"字模型、3NF建模方式、维度建模[1]等。

为建立懂行业的数据模型，华为提出的具体方法论包括建立分层数据模型，构建主题库、专题库，建立指标体系、算法模型等（见图9-1），每一层都考验着建构者对业务的理解力。

例如，针对机场，华为便构建了易管理的数据模型分层（见图9-2），包括贴源数据区、操作数据层、基础数据明细层、数据汇总层、数据集市层，且每个层级下面细分了具体的子目录。建立数据模型分层，有利于屏蔽业务变化的影响，屏蔽原始数据的异常，使数据结构更清晰，利于追踪数据血缘等。

机场行业的数据模型设计来源于对机场业务流、数据流、操作流的深入分析与洞察。将对机场行业数据的理解力固化在数字平台上，落地为机场主题库、专题库模型，同时将行业通用的运行规则数字化，沉淀为数字

---

1 通过3NF或维度建模方法调整、优化实体间的关系，以确保数据不遗漏，并在冗余和弹性间保持适当的平衡。

平台上通用的机场指标体系等，能够构筑机场数字平台的数据使能能力。

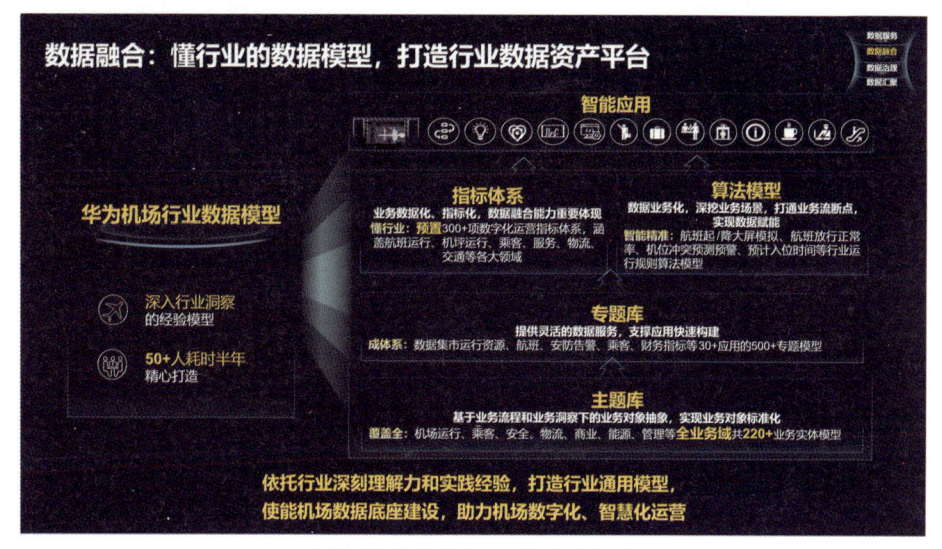

图 9-1　懂行业的数据模型，打造行业数据资产平台

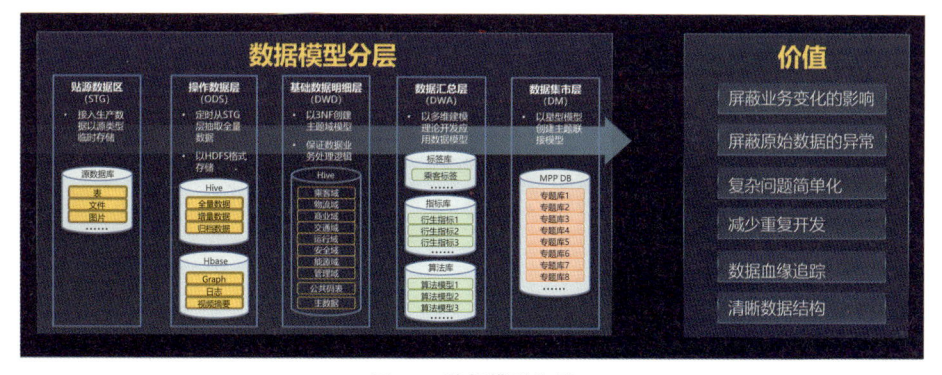

图 9-2　数据模型分层

- 机场主题库模型（见图9-3）：规划开发机场运行、乘客、安防、物流、能源、管理、交通、商业8大主题域300多个业务实体模型，支撑构建依托机场业务洞察的数据资产模型，助力机场数据资产体系化梳理；支撑依托数据的机场运营。

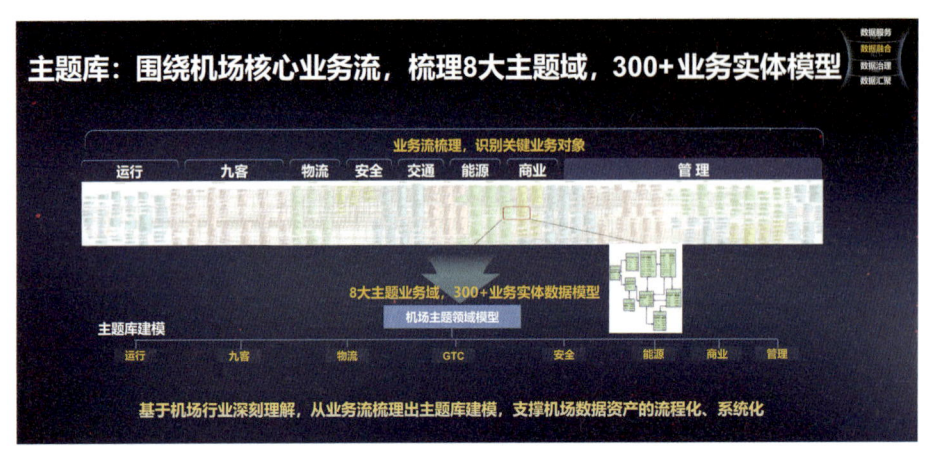

图 9-3 机场主题库模型

- 机场专题库模型（见图9-4）：面向一张脸走遍机场、智能机位分配、机场IOC、综合安防等众多创新场景化应用开发孵化，规划开发运行资源基础信息专题、运行资源动态信息专题、安防告警专题、乘客信息专题、航班信息专题、航班货邮信息专题等19个通用化80+专题宽表模型，为机场应用提供便捷的数据融合支撑服务，支撑机场的创新应用快速孵化上线。

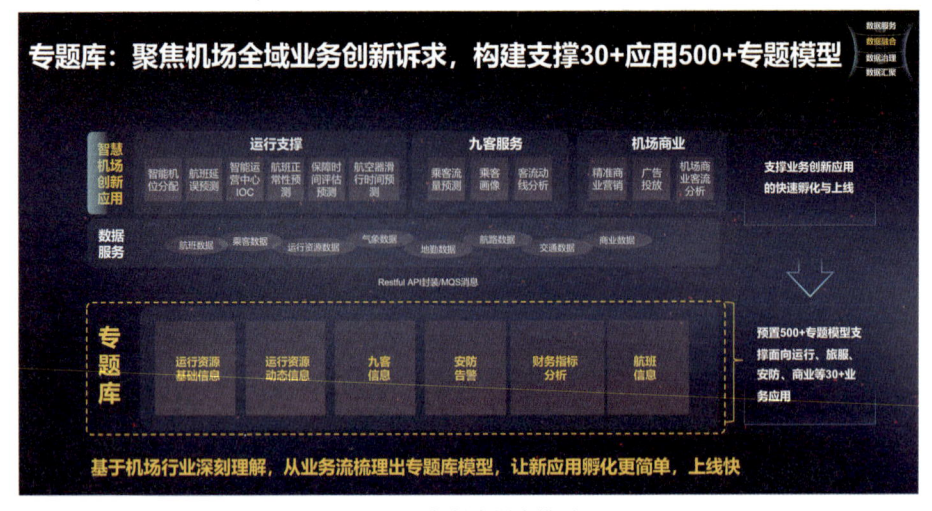

图 9-4 机场专题库模型

- 指标体系构建（见图9-5）：预置300多个机场经营类、业务类指标，实现业务数据化。具体包括三个方面：基于业务流程，梳理指标体系；通过指标固化业务规则，实现业务可衡量；通过指标体系，实现业务数据化、可视化。例如，直观看到生产运行综合指数。

图 9-5　指标体系构建

指标体系构建为业务赋予了更大的价值。例如，机场业务多维度的实时监测和管理的指标化，突发情况下的应急指挥调度。通过运行监测、风险预警、辅助决策、指挥调度等多种手段，促进资源合理调配，提高运行效益和管理水平。

第六节　数据服务：沉淀资产，服务应用

如何提供数据服务，是数字平台重点关注的内容。未来，数据作为企业资产，不仅可供内部使用，也可以对更多第三方开放，这需要有灵活的

数据服务能力。实际上，数据服务即将平台沉淀的数据资产服务于应用，是数据汇聚、治理和融合后输出的结果，使数据与业务真正结合在一起。

具体来看，在监管层、运营主体层、服务对象层，数据都可发挥不同的作用。例如，通过数据分析预测节假日客流，可为城市道路交通服务。基于历年数据，可以预测当年五一劳动节的客流增长幅度。基于增长幅度的预测值，城市便可以提前准备相应的接待事宜，增加热门路线的车辆和人员，从而避免排队等待、道路拥堵等状况，减少安全隐患。

在服务对象层，数据则直接服务于乘客，优化其出行体验。基于数据计算，乘客不仅能选择最优的路线，而且能体验自动驾驶的乐趣。例如，在数据合理合规采集的前提下，将城市人群路线数据与交通管理系统相融，就能提前告知市民路况，让其尽量避开出行高峰、易堵路段，从而缓解城市交通压力，提升人们的出行体验。

我们以一个更具体的例子进行介绍。深圳机荷高速在建设上下双层8+8车道时，就利用车辆OD数据分析过往车辆的行驶方向，引导车辆行驶。如果车辆只是路经市区，就被引至上层车道；如果要在市区穿行，就会被引至下层车道。如此，上层车道匝道出口数量减少，通行速度加快，而下层的市区道路也减少了拥堵风险。交叉出入口减少后，车辆行驶的安全性也得到了提高。

第 十 章
安全护航

在数字化环境下,网络安全风险挑战增加。这要求交通行业企业在进行数字化转型时,不但要通过ICT助力业务发展,还要利用SDN(软件定义网络)、大数据、云计算、AI等技术做好网络安全防护,为数字化转型保驾护航。

第一节　网络安全成首要问题

高速发展的IT正带领世界步入数字时代。实体经济和数字经济的深度融合，缔造了数字世界的新时空。网络空间已成为海、陆、空、太空之外的第五空间。人们利用互联网、大数据、云计算、AI等现代信息技术，极大地提升了生产力水平，改变了生活方式。

在享受网络便利的同时，人们也面临着不断演进和加剧的网络安全威胁。例如，随着智慧型业务提倡的基础设施数字化，带来物联网规模成几何级发展，物联网设备接入关键信息基础设施的安全性受到重点关注。另外，对于政府和企业等机构而言，受到网络攻击的频率与强度同过去相比大大提高，其安全风险挑战日益增加。再如，随着企业业务大量上云，传统数据中心安全防护的方法和经验已无法指导云数据中心安全能力的建设。

网络安全关乎国家的安全和发展。对于国家而言，掌握信息的数量和质量对国家软实力和竞争力意义重大。但由于网络信息能够跨国界流动，所以面临的环境非常复杂。近年来，国际形势错综复杂，导致国家层面的网络安全攻击与对抗越来越频繁。随着数字经济在社会经济中的占比逐步提升，各国都在加大对网络安全的重视程度。只有奠定网络安全的牢固基础，为数字世界构筑安全的护城河，才能在数字经济发展的道路上行稳致远。

一直以来，中国政府高度关注网络安全。自2014年中央网络安全和信息化领导小组第一次会议召开后，网络安全上升至国家战略的高度，被各行各业高度重视。此后，国家相继出台了《中华人民共和国网络安全法》《信息安全技术—网络安全等级保护基本要求》《信息安全技术—网络安全等级保护安全设计技术要求》《中华人民共和国数据安全法》《关键信息基础设施安全保护条例》《中华人民共和国个人信息保护法》等重要文件，不断提升网络安全的规范化、法制化程度，加快构建网络安全体系。

对于任何国家和地区来说，交通行业都是不可或缺的，与其他行业相比，交通行业在受到攻击时面临的风险更高。因为威胁实施者对运输行业的攻击，可能会波及其他依赖运输服务的领域，甚至对人身安全造成威胁。因此，在交通行业的数字化转型过程中，网络安全是很多负责转型的一把手重点关注的领域。

此外，交通行业企业保存的大量用户数据资产也具有极高的价值。这些数据资产包括个人身份信息、生物特征信息、行程信息、支付数据等。通过网络攻击运输组织的威胁主体，既有想获得经济利益的网络犯罪团体，也有企图造成破坏的国家级对手。

作为关键的基础设施行业，交通行业覆盖面广、从业人员网络安全意识不足、系统繁多且存在安全漏洞，无论国家层面的网络安全对抗，还是网络犯罪团伙或个人的觊觎，都会对交通行业造成不可估量的损失。

根据 IBM X-Force 威胁情报平台的调查数据，近年来，交通行业处在最易受到攻击的十大行业之列。2019 年，运输行业遭受攻击数量的占比为 10%，在各行业中排名第三。

以航空公司和机场为例，黑客希望跟踪目标乘客，或在暗网上出售乘客的个人信息来获得利益。例如，据英国航空公司披露，英国某航空公司因官网被攻击，泄露 380000 笔乘客交易信息，被处以 1.83 亿英镑罚单。[1]

此外，其他交通行业子行业同样受到网络安全方面的威胁。例如，2020 年 12 月，勒索软件 Egregor 攻击了加拿大温哥华市公共交通机构 TransLink，迫使该机构的正常运营中断了两天，当地市民无法使用 Compass 地铁卡和通过 Compass 售票亭购买车票。

---

1 苏芳. 英国航空公司因数据泄露面临 1.83 亿英镑巨额罚款 [EB/OL]. 2019-07-09 [2021-03-20]. http://m.people.cn/n4/2019/0709/c57-12921328.html.

为应对网络安全风险，交通行业企业高度重视并愿意在网络安全建设上投入大量资金。2017 年中国民航局起草的《民航网络信息安全管理规定（暂行）（征求意见稿）》中，提出新建系统中网络信息安全建设经费的实际投入应当不低于系统建设总经费的 15%。此外，根据《Air Transport IT Insights 2020》提供的数据：在航空领域，94% 的机场首席信息官（CIO）将网络安全作为首要 IT 投资方向，96% 的航空公司 CIO 将网络安全作为首要 IT 投资方向。

第二节 网络安全建设的挑战和机遇

安全是交通行业企业数字化转型的前提。数字化使网络安全环境发生了巨大的变化，大量的数据突破传统的安全边界，在边缘节点、本地终端、数据中心等处流动，云端甚至汇聚了大量的核心敏感数据。随着数字化转型的不断深入，信息系统的数量和复杂度日益提升，安全隐患及风险暴露面呈几何级增长。面对海量联接、数据融合和应用云化建设的变化，交通行业企业在提升数字化水平的同时需要保障网络空间的安全性。

过去，网络安全建设滞后于信息化建设，往往采用"事后补救、局部整改"的模式，导致能力碎片化、协同性差。数字化转型在提升各行业管理水平、决策效率、公共服务水平的同时，也使传统网络安全建设存在的问题暴露出来。

一次验证，访问控制难

交通行业企业都面临多样身份人员的接入访问，并且接入网络方式多样，设备类型丰富。但传统的白名单、黑名单验证机制非常单一，只对设备、用户进行一次验证，这种非黑即白的安全准入机制难以识别合法的接入对象。

静态授权，数据管控难

传统的授权控制是通过静态策略实现的，但设备安全性、用户身份合法性都在动态变化，静态策略难以控制异常终端对应用的访问，内网威胁易扩散。

边界防御，威胁闭环难

传统的安全防御体系往往将安全设备部署在网络边界，而非法访问、攻击一旦突破安全边界，很容易就在企业内网泛滥而难以控制。

云、大数据、移动互联等技术的不断引入，也为网络安全带来了新的挑战。具体表现在以下四个方面：

（1）云安全。业务系统上云，不仅使虚拟管理层成为新的高危区域，并且打破了原有物理数据中心各不同类型业务子网之间的隔离模式，需要基于业务流和数据流，在云上重构系统之间的安全隔离和交互机制。

（2）大数据安全。大规模数据共享，打破了原有生产、办公之间的数据流动边界和安全控制逻辑，引入新的风险，数据泄露的可能性提升。

（3）移动互联安全。传统以面向内部员工为主的业务系统逐步对外开放，在为用户提供更多服务体验的同时，增加了互联网带来的风险。

（4）终端安全。基础设施的数字化将引入大量物联终端，这些物联终端自身的系统缺陷和使用协议的低安全性，加剧了终端自身及借助其入侵核心系统的风险。

数字化已是大势所趋，而IT的更新迭代，在为网络安全建设带来挑战的同时，也创造了新的机遇。例如，与过去相比，在软件定义网络、云计算、AI等新ICT的作用下，网络安全防护能力也得以明显提升。

数字世界，网络安全的风险和挑战无处不在，利用好IT，打好SDN、大数据、云计算、AI等新ICT的组合拳，变过去"事后补救、局部整改"的安全防护模式为同步甚至前置防御模式，才能在数字化浪潮中勇立潮头、奋勇向前。

第三节　网络安全解决之道

交通行业对信息化的依赖性日益提升，诸如大数据、5G、AI、物联网等新ICT被越来越多地应用于交通领域，催化了行业的数字化浪潮。

无论政府不断出台、完善与网络安全相关的政策法规和技术标准体系，还是航运企业加大资源投入、建设专业人才队伍、提高网络安全总体管控水平，抑或是航空公司越来越重视安全服务和安全优化，积极营造运维终端的独立环境，并强化对关键基础设施的保护、提升检测安全漏洞的能力……种种现象表明：网络安全成为政府和交通行业企业高度重视的问题，并为此纷纷投入大量资源，推动网络安全体系建设。

作为非数字原生企业，华为在数字化转型过程中积累了丰富的网络安全体系建设经验，并针对数字化带来的种种网络安全挑战，积极研究、制定相关解决方案。其中，华为云Stack安全解决方案（见图10-1）就是根据云计算面临的威胁与挑战而制定的。

华为云Stack云平台的安全能力和机制，分为物理网络安全和安全管理、宿主机及虚拟化安全，以及云服务安全。

首先，华为云Stack能够针对不同的云服务模式提供基础虚拟计算、虚拟存储和虚拟网络等基础设施即服务（IaaS）资源，以帮助客户基于这些基础资源进行企业应用的开发和生产。

其次，客户可以基于容器构建的平台即服务（PaaS）能力，开发微服务化的应用，降低开发周期和成本。

最后，客户可以借助数据即服务（DaaS）的基础组件化、模块化能力，充分挖掘数据价值、提升业务水平。

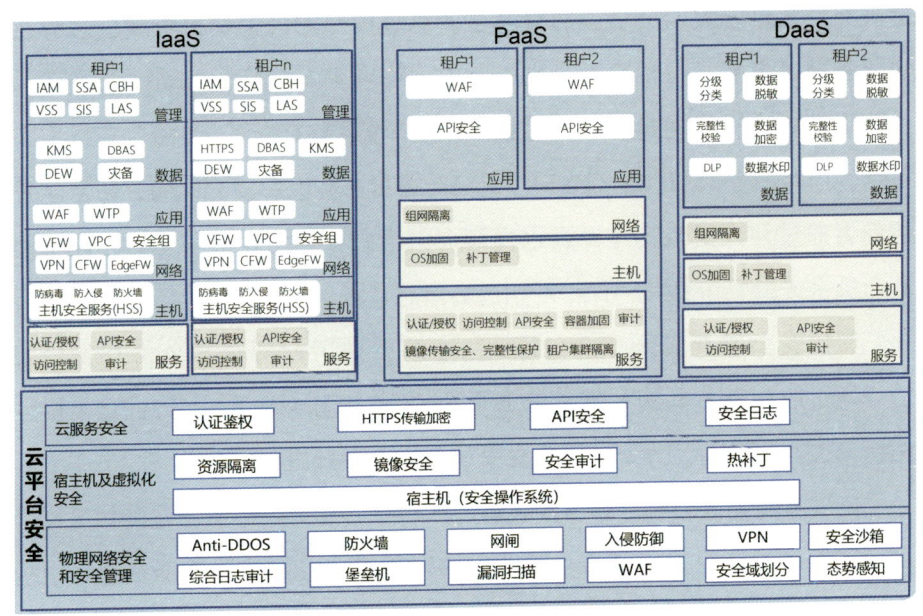

图 10-1　华为云 Stack 解决方案的安全架构

在具体应用中，华为云 Stack 解决方案能够从云基础设施安全、租户安全服务、应用集成安全、EI 安全、数据库安全等方面为用户提供网络安全保障。

以交通运输领域政府机构的网络安全运营平台建设为例。交通行业涉及城轨、铁路、公路、航空、港口、物流等多个业务领域，数字化转型覆盖面广、复杂程度高。各层级政府管理部门为实现政务管理与服务职能，均建设有繁多的信息系统。但是这些系统数据利用率不高、运行效率低，亟须搭建云平台，实现业务上云。

但是业务上云后，传统安全设备在云环境下存在技术障碍，租户的安全需求日益增加。同时，安全策略部署复杂、安全事件多、误报率高、缺乏有效的分析手段等问题也为租户带来新的挑战。

在云平台安全管理方面，华为云Stack可以提供统一管理能力，包括身份认证、资源管理、编排策略等，简化管理复杂度。在租户安全管理方面，华为云Stack提供租户安全服务，秒级部署，包括主机层安全HSS主机安全服务，应用层安全WAF、网页防篡改、数据库审计，安全管理层态势感知、漏洞扫描等。

华为云Stack解决方案中，较为典型的安全服务有以下几种：

（1）Web应用防火墙（WAF）。具备丰富的Web威胁检测能力，防止恶意访问者通过注入式攻击和网页木马等攻击手段入侵网站，防止其窃取重要商业机密或敏感信息等，保护网站远离信息泄露风险。

（2）安全态势感知服务（SSA）。能够帮助用户理解并分析其安全态势，通过收集其他各服务授权的海量数据，对用户的安全态势进行多维度集中、简约化呈现，方便用户从大量的信息中发现有用的数据。

（3）漏洞扫描服务（VSS）。具备Web漏洞扫描、操作系统漏洞扫描、资产内容合规检测等五大核心功能，能够自动发现网站或服务器在网络中的安全风险，为云平台侧服务提供多维度的安全检测服务，满足合规要求，让安全弱点无所遁形。

在交通行业的智慧化浪潮中，华为积极地与客户、供应商等合作，共同提升行业的网络安全水平。针对数字化转型过程中的新挑战，华为面向未来搭建网络安全架构，推出HiSec安全解决方案。这一方案可服务于交通行业企业，为其搭建一个智能分析、动态检测、全局防御的安全网络，助力交通行业网络安全体系建设。

（1）智能分析。传统威胁分析依赖人工，分析效率很低，往往无法及时处理新发生的威胁。智能分析通过威胁模型自进化，大大提高了威胁的处置效率，可以由传统的数天乃至数十天缩短到几小时。威胁检出率也更高，整体可以达到96%。

（2）动态检测。传统的静态检测无法实现权限的动态调整，一旦被突破首道防线，很容易被攻击者长驱直入，造成严重的破坏。动态检测通过对设备终端信息、用户身份信息、流量信息和业务应用信息等进行关联分析，动态评估对象的安全性，实时刷新对象的评估结果（可以理解为"网络安全码"）并调整相应的策略和权限。

（3）全局防御。传统的安全防御主要是单点防御，需要在每台设备上单独配置策略，各个设备之间也没有联动配合。发现威胁后需要人工分析，设备上的策略调整也完全依靠人工，效率很低。全局防御通过"云网安"（云、网络、安全设备）协同，可以实现对威胁的智能分析和自动化处置，秒级处置威胁事件。

交通行业企业能够通过华为HiSec安全解决方案构建全网主动防御体系，让威胁检测、威胁处置及安全运维更智能，企业网络和电信基础设施抵御威胁能力更强，安全运维效率更高、成本更低。

以机场行业为例。我国的机场信息化发展历经"分立型机场""协同型机场""智慧型机场"几个阶段，与此相对应，各个阶段对网络安全的要求也在不断演进、提升。

阶段一：基础边界防护。以边界防护为核心，主要是防火墙和终端防病毒保护。

阶段二：单点业务防护。偏重单点技术产品防护，如WAF、漏扫等，未形成防护体系。

阶段三：体系化防护。从组织、技术、管理体系满足业务安全及等保类合规要求。

阶段四：主动性防护。多维分析、实时检测、快速响应闭环，实现主动威胁防护。

阶段五：内生安全。网络安全能力与信息系统及ICT基础设施深度融合，数据驱动智能化的态势感知及自动响应，安全体系随业务变化持续演进。

从网络安全在不同阶段的演进可以看出，机场网络安全建设模式从被动的、碎片化的、事件驱动的模式，渐渐转向与信息化建设同步的、基于系统工程的、体系化的模式。

在安全技术体系方面，华为积极发挥所长，通过云网安协同、纵深防御、微分段隔离等手段，为机场的网络安全保驾护航。

（1）外网防入侵。机场与外部交互的通道有内联专网、外联专网、互联网通道等，在机场边界，可以通过统一内、外出口，收窄攻击面，加强入侵检测等方式进行防御。

（2）终端防私接。在接入安全上，可以借助SDN控制器根据用户、网络策略进行分组，并对策略统一管理，可基于业务访问需求动态调整。

（3）内网防扩散。在网间防护上，通过防火墙（FW）分区分域、云上云下专线互通等措施，避免攻击者从低安全区（如办公）为跳板，向高安全区（如生产）横向扩散。

（4）云上微隔离。在云数据中心，能够基于不同业务和数据价值，结合云上SDN能力，通过虚拟私有云（VPC）、子网、安全组机制进行精细化分区，实现微隔离。

（5）零信任访问控制。利用上下文访问智能分析、动态访问权限控制、专有DNS解析、单包授权双向认证等技术，实现访问权限细粒度控制、单次访问动态授权，保障从源端到目的端的实时安全访问。

（6）全网统管。参考自适应安全体系架构，构建整体安全态势感知能力、安全设备策略集中管控和策略协同处置能力，形成信息安全事件事先预测、事中检测和事后调查取证闭环。

通过以上方式，华为与生态伙伴共同为机场的网络安全提供了有力保障，进而为机场的数字化转型提供了牢固支撑。

第十一章
生态制胜

行业的数字化转型需要协同才能创造价值，才能有生命力。要真正实现数字化的商业成功，需要全行业的共同努力。只有行业统一标准和共建生态，打造良性发展的生态圈，才能实现全行业的协同分工、优势互补、蓬勃发展。

第一节 独行快，众行远

在数字化转型过程中，总会出现各种问题。仅靠一家数字技术企业，无法实现数字化转型目标。解决此问题最有效的方式之一，就是构建数字生态体系。华为以成就客户为使命，积极搭建生态体系（见图11-1），呼吁更多生态伙伴共创共赢。

图11-1 华为搭建的生态体系

这一使命体现在两个维度上：在业务层面，为满足企业数字化转型的需求，华为拥有较齐全的产品支撑行业数字化转型；在时间层面，为帮助企业在不断变化的数字时代中更好地发展，华为坚持推进从规划、建设、运营到经营的全流程行业数字化转型服务，持续的时间跨度较长。

华为长期深耕于信息技术领域，在联接和平台层都具有一定的优势，但在应用层面临挑战和不确定性，于是联合生态伙伴协同作战，积极主动应对数字化转型的挑战，以满足客户的需求。

相较而言，生态伙伴长期耕耘在交通行业，专业性强，对行业应用和业务的了解较深入，在洞察、挖掘场景和沟通与完善解决方案方面具有较强的优势。华为与生态伙伴强强联合，能够共同打造优秀的企业数字化转型解决方案。

从业务出发，华为致力于打造开源、开放、应用驱动的数字平台，构建数字世界的坚实底座，为生态伙伴的发展培育肥沃的土壤，同时提供行业通用层面的能力支撑与行业相关的业务场景。例如，在实现机辆智能运维时，华为整合自身5G优势，以及云、AI、大数据等平台能力，不断将机辆核心的数据资产沉淀到数字平台中。同时，通过行业使能平台，为机辆运维领域的业界生态伙伴提供服务。此后，如果生态伙伴需要在别的项目中交付，也可以基于华为的使能平台和相应的服务，轻松部署行业应用系统，避免重复开发。

在时间维度上，华为联合众多生态伙伴提供从规划、建设、运营到经营的全生命周期数字化转型服务，一起挖掘用户更深层次的需求，帮助客户提升综合实力，共同探索、推动数字化转型。

无论从业务全面性来看，还是从服务全生命周期来看，华为始终秉持"以客户为中心"来打造生态圈，助力客户在数字化转型之路上创造更大的价值。

第二节　寻找生态合作伙伴

在数字化转型的浪潮中，华为秉承着开放、包容的态度，呼唤生态伙伴，共同开创更多资源，将数字化转型的蛋糕做得更大，并基于数字平台优势，在开放、合作、共赢的生态理念下进行全产业链布局，与众多生态伙伴合作，推动数字化转型。

在交通行业，华为通过整合数字基础设施、业务能力平台，结合生态伙伴创新智慧应用，打造"未来交通数字化平台"，即数字化转型的核心能力层。同时，利用云计算、大数据、AI、物联网IoT平台、视频监控等数字平台的融合能力，构建交通行业的方案设计类，系统集成、工程类，应用开发类，平台组件类端到端的新生态。

数字化转型的生态伙伴主要有三类，分别是解决方案伙伴、销售伙伴和服务伙伴。

解决方案伙伴

解决方案伙伴是华为生态系统的重要成员，具体可划分为四类：应用开发伙伴、平台组件伙伴、咨询规划伙伴、方案设计伙伴。

（1）应用开发伙伴：基于华为数字平台架构，开发行业应用，与华为数字平台对接并调用其能力，为客户提供场景化行业应用的合作伙伴。

（2）平台组件伙伴：基于华为数字平台架构，开发数字平台组件，或者按照华为规划的具体行业场景开发行业套件，提升数字平台竞争力的合作伙伴。

（3）咨询规划伙伴：使用华为数字平台架构，与华为携手向客户提供战略与业务规划咨询，双方一起洞察更广的行业趋势，锁定更大的机会空间，助力整个生态创造更大价值的合作伙伴。

（4）方案设计伙伴：基于华为数字平台架构，为客户提供相关应用运行环境、基础设施、弱电设施等规划设计的合作伙伴。在交通行业中，此类伙伴通常是专业设计院。承接设计工作的单位不仅要具备行业资质，还要具备一支项目经验丰富、资质要求合格的专业人才队伍。

销售伙伴

销售伙伴的伙伴子类是系统集成伙伴，主要负责销售华为数字平台解决方案及服务最终客户，并进行集成交付和项目管理。

服务伙伴

服务伙伴的伙伴子类是平台运营伙伴，职责主要是在华为数字平台项目验收上线后，承担客户现有业务的应用迁移，以及新业务的应用导入，同时负责系统的维护和数据的运营等工作，服务伙伴可以让数字平台持续创造更多价值，使数字平台上产生更多应用，为客户运营提供更多的信息化手段。

随着行业数字化进程的发展，未来华为需要更多伙伴加入。例如，投融资类的伙伴，深入到交通行业的规划、建设、运营、经营等多个业务的细分场景，通过优势互补，为客户创造更大的价值。

第三节　开放共赢

在"地球村"时代，人类命运共同体的理念深入人心。在数字化的漫漫长路上，只有坚守自己的优势，"团结一切可以团结的力量"，保持开放、合作、共赢的生态理念，才能创造共生、共创、共享的数字生态，发挥全球一体化和规模效应带来的优势，实现共同繁荣与发展。

华为采用多种方式召集生态伙伴，如"鲲鹏展翅伙伴计划"[1]"昇腾万里

1　鲲鹏展翅伙伴计划：围绕鲲鹏系列产品（含鲲鹏部件、TAIShan服务器、openEuler等）推出的一项合作伙伴计划，将向合作伙伴提供培训、技术、营销、销售的全面支持，帮助合作伙伴基于鲲鹏系列产品进行开发、应用移植等，助力合作伙伴实现商业成功。

伙伴计划"[1]等。此外，还通过建立Marketplace网站，展示了与生态伙伴合作的大量实践案例，为行业提供更多可行性的方案建议，期望促进与各种解决方案伙伴密切合作，构建"开放、协作、共赢"的生态系统。

在具体实践中，华为会通过多种途径，与行业内拔尖企业进行商洽，让众多伙伴有机会加入其中；当解决方案的最终版本发布时，会公开部分内容，并根据具体业务需求，请相应的伙伴负责执行。对于任何一个行业数字化转型的长期化方案，其固化的合作需求会向行业开放，伙伴们可以基于此来打造行业的应用。

为了营造良好的生态，华为全力利用技术优势，打造最具差异化与核心竞争力的平台，让生态伙伴与客户有更好的发展空间。同时，也将恪守边界，扮演好"土壤"与"能量"的角色，为伙伴提供充足的发展空间。首先，让专业人做专业事。其次，始终考虑谁能做好这件事情，谁能高效完成，谁的投入最有效，以及谁能真正解决客户的痛点。综合思考这些问题后，再进行合作。再次，重视生态伙伴的新技术创新与研发，以及提供综合解决方案的能力，并充分尊重生态伙伴的知识产权。最后，在合作方式上，秉持中立、客观的态度，让他们能够在健康、开放的环境中，实现可持续发展。

长期以来，联合生态伙伴，通过多种合作模式，聚合端边感知、软件开发、数据治理、智慧应用等多元伙伴的能力，开创共生、共创、共享的新局面。面对未来的各种挑战与不确定性，华为将更加开放与包容，与生态伙伴紧密相连，实现优势互补，为客户创造更大价值，推动行业可持续发展。

---

[1] 昇腾万里伙伴计划：围绕基于华为昇腾芯片的Atlas人工智能计算平台推出的一项合作伙伴计划，旨在促进更多的合作伙伴产品和方案适配到Atlas人工智能计算平台上，共建昇腾生态。

第十二章
标准为向

在技术领域,标准是非常重要的,通过它能够提炼经验和共性、整合分散的需求、降低规模复制成本、加快推广速度。标准对整个行业发展起到推进作用,让行业朝着一个共同的方向前进。至少在探索的过程中,让该行业既百花齐放,又有一个相对明确的方向。通过树立标杆,形成经验后再制定标准,然后进行规模化复制推广,推动交通行业数字化转型。

第一节 用标准开拓前路

"不以规矩,不能成方圆",交通行业的数字化也需要有一套行业标准来对其进行规范。尤其是交通行业正处于数字化转型的关键起跑阶段,面对层出不穷的新技术、新模式、新方法,标准具有指明方向的重要作用。

首先,从宏观角度来看,行业标准是行业发展的顶层设计,拥有统筹全局的指导作用。交通行业高度重视安全,尤其需要标准的引领和指导。就像是铁路上铺设的轨道,行业标准决定了行业列车的行进路线、前进方向。如果连基础的轨道都没有铺设好,那么列车行驶就会存在很大的风险。统一标准能够为交通行业的数字化转型提供依据,让交通数字化进程更加规范、安全。

其次,标准制定后,能加快规模化推广,降低行业数字化转型成本。如果行业没有形成统一标准,大家各行其道,都按照自己的标准开发产品,就会导致成本上升,增加数字化转型的难度。

对于数字技术企业而言,数字化标准的规范约束作用也是必需的。无论硬件,还是软件,都要把标准定清楚,否则会给集成带来巨大麻烦。制定数字化标准像修一条马路,各主体要在上面跑小汽车、大货车、大巴车,虽然不能规定大家都开同一种车,但每种车的左灯、右灯、方向盘和刹车等基本配件都要求在固定位置、发挥固定功能。

另外,如果没有标准引领总体发展,交通软硬件设备提供商"七国八制",必定会给数据统一汇聚、融合造成阻碍,重蹈过去"烟囱式"建设的覆辙。对于数字产业来说,制定数字化标准规范,也能促进产业良性发展。在整体方向、路径上具有行业一致性,在业务模式上鼓励百花齐放、良性竞争,才有利于行业可持续发展。

对于交通行业数字化转型来说，建立标准是必要环节。业内有一些子行业，凭借自身丰富的实践基础，在标准制定方面已经做出了尝试，走在了数字化转型标准制定的前列。

第二节　城轨行业的标准引领

当前，以信息化促进城轨发展成为世界共识。信息化已覆盖城市轨道交通的建设、运营、管理、安全、服务等各个方面。中国也强力推进"互联网+城市轨道交通"战略，信息化建设进入大规模开发和应用阶段。有许多新信息技术已经在实践中铺开，云计算和大数据等技术更是应用得如火如荼。

但是在城轨信息化和数字化发展过程中，还面临着诸多问题，如城轨信息化面临着顶层设计缺乏、系统架构陈旧、信息孤岛严重、安全基础薄弱、标准规范缺失等问题。为充分借鉴国内外的成功经验，进一步规范城市轨道交通信息技术系统的建设，弥补信息化规范缺失，由中国城市轨道交通协会牵头，国内开始逐步建立城轨行业数字化转型的标准体系。

2016年是城轨行业数字化转型的关键之年。这一年，大数据、云计算等新技术发展迅猛，奠定了数字化转型基础。中国城市轨道交通协会和学术委专家们，在深刻分析国内外城轨现状和信息技术发展趋势后，提出了我国城轨信息化"13531"的发展蓝图，即：打造1个门户（智慧地铁的门户网站），构建3个中心［生产（应急）指挥中心、乘客服务中心、企业管理中心］，拓展5大领域（运营生产、运营管理、企业管理、建设管理和资源管理），依托3张网络（安全生产网、内部服务网和外部服务网），搭建1个平台（城市轨道交通云平台）。在城轨行业，"城市轨道交通云平台"为首次提出，得到了业界的普遍认可和广泛应用，开启了城轨云研究应用的征程。

2017年初，城轨行业数字化转型标准继续推进。中国城市轨道交通协会和学术委专家们在《市域快轨交通技术规范》中，首次将信息化列入城轨技术规范。并在此基础上，牵头启动了《智慧城市轨道交通信息技术架构及网络安全规范》（简称《规范》）研编工作。研编工作由华为、武汉地铁、呼市地铁、中铁四院等全行业100多个单位联合参与，160多位专家、领导共商共议，献计献策。

《规范》在2019年7月发布，于12月1日正式实行。这是中国首部关于城轨行业数字化转型的团体标准，开启了城轨交通信息化、规范化建设与标准化运营的新篇章。

《规范》分为总体需求、技术架构、网络安全三部分。在第一部分总体需求中，规定了智慧城市轨道交通信息技术的总体需求，包括各信息系统的构成和功能、对云平台的需求、数据接口要求、网络要求等；在第二部分技术构架中，规定了智慧城市轨道交通信息技术系统的云计算平台架构、大数据平台架构、网络架构、数据中心及环境要求、运维体系；在第三部分网络安全中，规定了智慧城市轨道交通信息技术系统的网络安全架构、边界安全要求、云计算环境安全要求、主要业务系统安全要求。

在呼和浩特城轨云工程实践中，《规范》的先进性、指导性和实用价值得到了充分显现。城轨行业数字化转型的标准从实践中来，同时也运用到实践中去。在呼和浩特地铁项目建设中，按照1个控制中心、1个车辆段、20个典型车站的规模，华为以《规范》为指导，在城轨云平台基础上，结合轨道交通行业需求和行业特性，与8个应用系统的30多个主流厂家进行了大范围、深入的联合创新、开发和测试。同时，基于大量的实践分析，对《规范》的相关标准进行更新。为推动《规范》在呼和浩特地铁项目建设中成功应用，中国城市轨道交通协会和学术委先后召开6次专家咨询评审会，进行把关指导，最终树立起城轨云建设的标杆。

《规范》发布实施后，得到各方的肯定和推广。作为中国城市轨道交通协会的示范工程，武汉地铁的数字化转型也以城轨云建设标准为指导方针，采用了基于云平台、大数据的新IT架构，构建了异地双活的数据中心，将新建线路和既有线路的信息系统全部纳入和迁移到云平台中。中国城市轨道交通协会在武汉举办《规范》宣贯培训班，并在标准落地实践过程中因地制宜，结合武汉地铁的具体情况，实时跟踪《规范》落实进度，详细研究《规范》在实施中遇到的适应性、个性化等问题，及时指导《规范》的完善优化。

2020年10月19日，中国城市轨道交通协会批准发布《城市轨道交通云平台构建技术规范》《城市轨道交通大数据平台技术规范》《城市轨道交通云平台网络架构技术规范》《城市轨道交通云平台网络安全技术规范》《城市轨道交通线网运营指挥中心系统技术规范》5项团体标准，标准于2021年3月1日起正式实施。

全国对城轨云的运用研究方兴未艾。截至2020年，已有20多个城市接受了城轨云标准，并针对自身城轨的建设情况，有序推进上云工作。通过不断实践，城轨行业数字化标准体系将得到不断完善，支持中国城轨进入高质量发展阶段。

第三节 机场行业的标准探索

经过深圳机场、北京首都国际机场、北京大兴国际机场等机场数字化转型标杆的引领，我国在智慧机场建设方面已有一定的经验总结，在标准制定上进行了初步探索。如2021年初，中国民航局机场司为进一步推进智慧机场建设，组织编写了《智慧机场数据关键基础设施技术指南》（简称《基础设施技术指南》）与《智慧机场数据规范与交互技术指南》（简称《数据交互技术指南》）两部行业标准，已形成征求意见稿，引起行业内相关单位的重视。

《基础设施技术指南》意在指导国内各机场高效协同地利用云计算、大数据、物联网、AI等新技术，为数据共享和融合提供基础设施支撑，避免"烟囱式"建设的重复投资，确保智慧机场理念落地。中国民航局协同华为技术有限公司、深圳市机场（集团）有限公司、西部机场集团有限公司、北京首都国际机场股份有限公司等单位成立课题组，进行该指南的研编工作。

具体来看，《基础设施技术指南》分为总则、术语和缩略语、基本规定、总体技术架构、网络联接要求、云平台要求、通用能力层要求、信息交互平台要求、网络安全要求、运维及运营管理要求十大板块，从各个方面对智慧机场数据关键基础设施技术进行了规范指导。

在总体技术架构方面，首先要以《四型机场建设导则》[1]中的智慧机场全量化建设参考框架为依据，定义机场部署数据关键基础设施的架构组成；然后实现机场内部、机场之间、机场与外部单位间的数据融合共享，解决此前业务系统"烟囱式"建设导致的投资浪费和信息孤岛等问题；同时遵循技术架构，统一规划部署智慧机场业务创新；最后应符合普适、开放、解耦、共享、安全等原则。这些是对总体技术架构的一般规定，此外，还有总体技术架构组成、应用建议等方面的具体细则。

在通用能力层要求上，首先做出一般规定，然后具体对大数据、物联网、视频服务、融合通信、GIS、BIM、AI和其他新技术等做出要求。针对各个技术，再做进一步说明，如明确大数据基础设施的原则、功能、接口和适用场景等。

---

[1] 2020年，中国民航局发布《四型机场建设导则》指出，要建设以"平安、绿色、智慧、人文"为核心的"四型机场"，依靠科技进步、改革创新和协同共享，通过全过程、全要素、全方位优化，实现安全运行保障有力、生产管理精细智能、乘客出行便捷高效、环境生态绿色和谐。其中，"平安"是基本要求，"绿色"是基本特征，"智慧"是基本品质，"人文"是基本功能。

《数据交互技术指南》则意在指导机场在智慧机场建设中打破信息孤岛，实现机场信息的统一管理、统一共享、深度整合和创新应用，明确智慧机场数据规范与交互的总体和各部分技术要求，确保四型机场理念落地。这一标准的提出，为支撑智慧机场的业务创新奠定了良好基础。

该指南从总则、术语和缩略语、基本规定、总体技术架构、智慧机场数据治理要求、智慧机场数字平台要求、智慧机场数据分类及描述定义、智慧机场数据共享与交互要求、智慧机场数据安全保障要求九大板块对智慧机场数据规范与交互技术进行了标准化指导。

智慧机场数据分类及描述定义是该指南的重点与核心，包括一般规定（如数据分类目标、数据分类类别、数据项编码规则定义等）、乘客服务、生产协同、安全安保、综合交通、商业管理、能源管理、航空物流八方面的标准要求。其中仅乘客服务一项，就包括乘客数据要求的十二方面及行李数据要求的七方面。至于生产协同、安全安保、综合交通等七方面，也各有详细要求。

标准是创新的重要抓手，能够引领时代进步。尽管我国机场数字化标准的制定还处于起步阶段，但行业已经意识到建立标准的重要性，并在此方面展开积极探索。相信在政府的领导和市场主体的广泛参与下，机场行业数字化标准将会不断完善和丰富，推动机场行业数字化转型快速发展。

第四节　推动全行业标准落地

除城轨、航空之外，其他交通子行业也在积极探索数字化转型标准。比如铁路行业，2020年11月29号，第二届中国铁路发展论坛上颁布的《铁路下一代承载网应用技术白皮书（2020）》就对5G-R承载网提出了两种制式的建议。在公路行业，为深化收费公路制度改革，全面取消高速公路省界收费站，交通运输部印发了《取消高速公路省界收费站工程建设方案》《取消高速公路省界收费站总体技术方案》等系列标准规范，明确了技术路线，保障在2019年底前基本取消全国高速公路省界收费站，提升了人民群众的获得感、幸福感、安全感。

在行业标准探索过程中，树立标杆发挥着积极作用。一方面可以从上到下进行推广，另一方面可以先在行业内树立标杆，然后通过标杆的成功实践，去推动标准制定。标杆和标准相互印证，在标杆树立中探索建立标准，从标准制定中树立标杆。具体到交通行业，每一个子行业都千差万别，体系复杂多元。在没有明确的解决思路之前，往往各说各话。如果先树立一个标杆，大家就会更清楚地知道什么是数字化转型，从而朝标杆靠拢。

在机场行业，深圳机场的标杆实践，推动了整个行业数字化的发展；在公路行业，有延崇高速的成功实践；在港口行业，有洋山港与天津港的成功实践；在铁路行业，广铁集团是一大标杆。相信随着各行业标杆的树立，相应的标准也会加速落地实行。

04
第四部分

以行践言，探索智慧方法

交通行业数字化转型正在路上。通过数字化技术与传统基建的运营操作技术的深度融合、双向互动、实时耦联，实现交通行业的数字化转型，全面提升交通基础设施的精准感知、精确分析、精细管理能力及交通综合治理的现代化水平，将成为交通行业数字化的主要方向。面向未来，各行各业的数字化转型将开出绚丽花朵，迎接新生。第四部分聚焦交通行业数字化转型案例，以城轨、铁路、公路、航空、港口、物流六个子行业为例，从行业背景分析切入，提出华为的数字化转型解决方案，并分享各行业实例。

第十三章

两个公式：融合数字化力量

综合交通数字化需要循序渐进、分步实施、分步推进。首先，要完成航空、城轨、铁路、公路、物流、港口等若干垂直子行业里每个业务场景的数字化，再将多个数字化业务场景串联起来，形成客流、物流、载具流贯通的业务流，以实现垂直子行业的数字化。其次，再将数字化后的垂直子行业并联起来，打通断点、融合积淀，形成门到门的出行服务流，以及端到端的货物运输流，使其全程可感知、可预测、可协同、可联动，打造出面向未来的综合大交通。

第一节　垂直行业数字化

不管是出行即服务（MaaS）这样的出行方式，还是类似多式联运的物流方式，都是在强调交通各个垂直行业之间的互联互通。综合交通的数字化并非某单一行业的数字化，而是各行业的系统性数字化。既要实现垂直行业的数字化，又要将它们融合联通为一个整体，才能实现综合交通数字化。任何一个垂直行业数字化程度不足、融合性弱，都有可能影响综合交通数字化的水平。因此，在数字化转型中，航空、城轨、铁路、公路等各交通行业垂直行业需要数据互通、密切配合，才能将效果最大化。

基于此，华为提出"综合交通数字化=Σ垂直行业数字化"。实现综合交通数字化就要做到每一个细分垂直行业的数字化，再融合为综合交通数字化。其难点在于，每个垂直行业都有各自的特征，对数字化的需求也不尽相同，因此没有适用于全行业的统一解决方案，跨行业快速复制推广的难度较大。此外，各垂直行业的信息化、标准化等基本情况不同，组织文化、组织结构不尽相同，对技术能力的要求也有差异，因此在数字化转型中会有先后之分。

当前，华为重点对六大垂直行业进行"综合大交通解决方案"研究，包括智慧机场、智慧城轨、智慧公路、智慧物流、智能铁路、智慧港口。这六大垂直行业与社会经济发展关系最密切，覆盖了交通行业的主要形态。同时，华为正积极参与规划、设计、研发、实施国内多个城市的综合大交通数字化建设。

以下是对各行业数字化方案的概览。

智慧航空

利用数字化技术手段，多角度、全方位打造智慧化航空体系，协助空管、航空公司和机场提升管理水平、实现降本增效，实现民航"出行一张脸、物流一张单、通关一次检、运行一张网、监管一平台"的"五个一"，不断增强人民对民航发展的安全感、幸福感、获得感。

例如，空管部门能够利用大数据、AI、GIS、视频监控等技术，建立数字化运行指挥中心、安全保卫控制中心、远程塔台，使空管指挥更安全、高效；机场可通过搭建数字平台，融合大数据、AI、通信、视频云等多项技术，实现"运行一张图、出行一张脸"等具体业务场景的数字化转型升级；航空公司能够从数据切入，通过数据创新业务，规划数字平台，加强和ICT行业的沟通合作等。诸多数字化场景让智慧航空充满想象空间。

智慧城轨

近十年来，城轨行业发展迅速，线网规模呈指数级增长，亟待数字化赋能行业，以解决运营成本高、施工场景复杂、客流与车流匹配度较低等问题。例如，通过5G+视频+AI，实现科学运维检修，有效降低运维成本；通过视频+AI，实现施工场地的智能化管理，有力保障城轨建设的安全、进度和质量；结合大数据和智能视频技术，打通数据壁垒，对客流进行多维度精准把控和预测，辅助行车组织优化和客流疏导。随着业务场景数字化的推进，城轨行业最终能实现资源共享、按需分配，完成从高速发展到高质量发展的转变。

智慧公路

无论高速公路还是城市道路，都需要通过数字化转型来解决自身发展问题，如被动管控、道路拥堵等。充分利用数字技术能让道路更通畅、管控更主动、出行更确定、环境更美好。例如，在管控方面，通过AI云边端协同，实现收费精准无遗漏；通过云计算+视频+AI，实现城市道路区域协同、信号灯控制优化等目标。在运营方面，通过5G+云计算+AI，助力公路日常养护巡检降本增效。

智能铁路

铁路行业由于拥有覆盖范围极广的线路、站段等基础设施和数量众多的机车、车辆等移动装备，并同时承担客运、货运两大核心运输业务，目前在管理、机制、运输组织、运输供给、运输结构、经营方式等领域均面临挑战，数字化转型和变革已成为行业的基本共识。部分铁路企业已开始采用科技创新手段，逐步推进铁路行业转型升级。例如，通过应用5G+AI、AI+视频智能识别技术、"雷视拟合"技术等，铁路行业已在智能机务、车辆智能故障图像识别、智慧周界入侵报警等业务场景上，开启了铁路行业数字化转型的大门。

智慧物流

物流行业涵盖运输、仓储、包装、搬运装卸、流通加工、配送等多个环节，与公路、铁路、航空、水路、城市交通、仓储等垂直行业都有连通关系。多环节、多行业融通的行业特点，决定了智慧物流体系须融通其他垂直行业数字体系，对数据联通提出更高的要求。

同时，我国物流行业存在成本高、利润低、产业集中度低等困局，业内希望数字化技术能够带来根本性改变。通过5G、大数据、AI等数字技术，智慧物流在仓储管理、车辆路径优化、配送路径优化、释放物流枢纽能力等场景中已取得突破，显露出巨大潜力。

智慧港口

海洋运输是国际货物最主要的运输方式。我国港口起步较晚，过去数十年间走过了专业化、信息化阶段，终于走到数字化的门前。数字技术在港口的业务场景中已得到普及运用，例如，增强5G可以提升轮胎吊作业效率和安全性，降低系统建设和维护成本；远程控制技术使人员从艰苦的龙门吊作业中得到解放，并提高了作业效率；AGV小车自动行驶在港口道路上，可以大大提高货物周转效率。随着水平运输系统、泊位智能分配、堆场业务智能化等技术的应用，自动化码头、智能港口等场景一一实现数字化，智慧港口将乘风破浪。

第二节　业务场景数字化

在各个交通行业垂直行业内，数字化转型具有阶段性建设的特点。通常需要从单一业务场景数字化开始，提升局部数字化能力。然后再高效聚合各个场景的数字化能力，达到提升生产效益、改善运营管理、创新经营模式，以及提升公共服务能力的数字化转型目标。站在综合大交通角度，各垂直行业在融合联动中也会产生大量业务场景，需要进行数字化转型升级。

基于此，华为提出"垂直行业数字化=Σ业务场景数字化"，它和"综合交通数字化=Σ垂直行业数字化"是一脉相承的关系。

各垂直行业的复杂性、融合性，使其业务场景极其丰富，数字化空间非常大。以机场为例，仅在单一场景如刷脸值机等方面实现数字化，并不能提高机场整体运行效率，行业的数字化转型也就无从谈起。只有不同业务部门互联互通，通过信息通信技术紧密联系、高效运转，从整体上推动数字化深入发展，才能最终建成智慧机场。

在助力交通行业客户数字化转型的道路上，华为利用以云计算、大数据、5G、AI为代表的信息通信技术，建立各行业数字平台，以此为基础与行业业务场景深度融合，围绕运行流、乘客流、货物流，打造"运行一张图、出行一张脸、货运一张单"等典型场景的综合交通解决方案，实现安全、效率、体验领域的全面提升。

在两个等式中，"综合交通数字化=Σ垂直行业数字化"体现了综合大交通对于垂直行业的覆盖宽度、深度与融合度。所谓综合，正是在不同行业的系统互联中才能得到淋漓尽致的体现。而"垂直行业数字化=Σ业务场景数字化"则是华为深耕于交通行业数字化转型的证明，基于对具体业务场景的梳理与研究，真正将数字化技术由理论投射到现实中，实现技术落地的"最后一千米"。只有通过融合不同业务场景数字化的"求总和"，来实现垂直行业数字化的联动"求总和"，才能最终实现综合大交通数字化的构想。

第十四章

智慧城轨，云领未来

城轨交通具备绿色、便捷、准时等优势，日渐成为城市公众出行的首要选择，在城市公共交通出行中的占比不断提升。城轨交通行业数字化是城市数字化的重要部分，并将引领城市实现"数字蝶变"，释放新生活力。

第一节 城市交通"大动脉"

随着我国城镇化的快速发展,城轨行业处于"黄金时代"。城市的发展诉求和日常通勤需求促进了城轨线网规模的快速增长,各大城市轮番掀起城轨建设热潮。

"十三五"期间,城轨交通在公共交通中的地位与客流规模稳步上升。2019年底,上海、北京等6座城市已位列全球城市城轨交通运营规模的前十名。到2020年,中国城轨的运营规模稳居世界第一。根据中国城市轨道交通协会公布的数据,截至2021年6月30日,中国内地已经有49座城市开通城轨交通,运营规模达到8448.67千米,其中地铁运营线路长度为6641.73千米。

城轨在优化城市资源配置、促进都市圈发展、提升城市公共交通供给质量和效率、改善城市环境等方面发挥着越来越重要的作用。但是宝剑双锋,机遇总是与挑战并存。随着线路、车站数量增加,线网客流持续增长,城轨线网结构越来越复杂,服务、调度、运维的难度越来越大,运营压力急剧上升,全生命周期成本攀升。城轨业务的痛点和难点愈加凸显,例如,重线路、轻网络,重建设、轻管理,重运营、轻经营,重吸收、轻原创,重短期、轻长期,等等。从服务城市发展的角度看,我国主要城市的轨道交通网络规模与多制式融合距离世界级城市仍有差距。此外,随着城轨规模的不断增大,城轨企业长期的还本付息面临巨大财务压力。

从运能和运力来看,城轨日均客流量巨大,且存在明显的高峰和低谷,难以实现运能和运力的匹配。以城轨的典型代表地铁为例:一方面,近十年来,地铁出行比例持续大幅度增加,给线路运营带来压力。如根据《北京交通发展综合报告(2019)》,北京市轨道交通客运量于2017年和2018年超过地面公交,标志着北京进入了真正的"地铁时代"。北京、上海的地铁日均客流超过1000万人次。这样的日均客流量，是机场和铁路的几十倍，甚至上百倍。另一方面，在具有巨量潮汐客流压力下，运载工具的调度能力和客流匹配难度增大。

从运营方面来看，作为现代工业的集大成者，轨道交通具有专业化程度高、重资产运营、对可靠性要求极高的特点。但在线路里程爆发式增加的情况下，城轨运维能力不足，运营效率急速下降，无法支撑面向未来业务的健康发展。一方面，运维人员人力成本巨大。一般来讲，一千米轨道就需要50～70人去运营和维护相关设备。在运营里程超过8000千米的情况下，单看设备运维，城轨交通行业就需要投入数十万人。另一方面，城轨运维存在较高的技术门槛，维护人员往往需要多年经验积累才能做出准确判断，这意味着人才的培养周期长、挑战多，短时间内，难以实现人岗完全匹配。

从经营角度来看，地铁不仅仅是交通工具，还是交通综合服务体，要兼具社会效益和经济效益。由于客流量大，地铁只能为群体服务，难以实现个性化服务。地铁虽然有巨大的客流量，但经营方面所产生的实际效益并不理想，地下铁、地上城的交通综合体发展模式，仍处于起步阶段。

在管理方面，随着地铁建设的快速发展，线网开始密集化、网络化、多元化（地铁、轻轨、有轨电车、市域快轨、APM等）。这就导致管理难度增大，线网建设工点数量急剧增加，大型城市同时有400多个工点，月高峰超过7万人参与施工。过去单线建设、工点管理、线下管理的建设管理方式无法满足新的需求。

不断加速的城市化进程，给轨道交通带来了前所未有的发展机遇，但也在便捷性、舒适性、出行效率等方面对城轨发展提出了越来越高的要求。"十四五"期间，我国城轨发展的工作重点将由以建设为主，逐步转向建设、运营并重发展的新阶段。城轨交通需要因地制宜、一体融合，量力有序、固本开源，管建并重、需求导向，自主突破、智慧赋能，从而实现全行业协调、持续、高效的创新发展。具体而言，城轨交通的建设将重点聚焦于规划设计、运营管理、装备制造、施工建设4个大方向。

在此背景下，通过自身的网络化、数字化转型，针对存在的问题实施一系列改进措施，从而实现行业从重建设向重管理、从重速度向重质量的转型，成为"十四五"发展的主要目标。在新一轮产业革命到来之际，借助云计算、大数据、物联网、AI等新ICT，推动城轨交通行业数字化转型是破局的必经之路。"黄蜂衔退海潮上"，城轨交通行业已经置身于数字化转型中。这既是一种技术上的升级，也是一场产业的变革，更是一轮思想上的革命。

第二节　智慧城轨发展历程

智慧城轨的时代已经来临。

2020年3月，《中国城市轨道交通智慧城轨发展纲要》（简称《纲要》）发布，提出"两步走"战略：2025年，要实现中国式智慧城轨特色基本形成，跻身世界先进智慧城轨国家行列；2035年，我国要进入世界先进智慧城轨国家前列，中国式智慧城轨要乘势领跑发展潮流。

中国各城市已积极行动，开展智慧城轨的探索和实践。例如，武汉地铁集团有限公司（简称武汉地铁）于2020年5月与华为签署战略合作协议，一同推动城轨云平台、5G通信、大数据、物联网等新ICT在城轨行业的应用和实践，向数字化转型目标不断迈进。此后，武汉地铁又联合华为智慧城轨联创实验室，率先推出"三位一体"智慧出行方案。目前，这一方案已经取得阶段性成果，在新冠肺炎疫情常态化的大环境中发挥了重要作用，受到了乘客和行业的好评。

信息通信技术的发展，使城轨行业涌现出越来越多的智慧场景。例如，地铁行业已经在利用载客列车同步即时监测轨道、隧道与供电系统等设备状态，影像侦测技术也被推广应用至地铁行业，用来预估乘客的等车时间、侦测司机驾驶列车时的行为等。

根据《纲要》，智慧城轨是"应用云计算、大数据、物联网、人工智能、5G、卫星通信、区块链等新兴信息技术，全面感知、深度互联和智能融合乘客、设施、设备、环境等实体信息，经自主进化，创新服务、运营、建设管理模式，构建安全、便捷、高效、绿色、经济的新一代中国式智慧型城市轨道交通"。

信息化建设是智慧城轨建设的核心和基础。从本质上讲，智慧城轨是利用新兴技术集成城轨交通各系统和集成各类服务的结晶，是城轨交通领域信息化建设进入新阶段的集中体现。

从数字化角度看，城轨系统的基础设施存在部署割裂、"烟囱"林立等问题。传统城轨交通行业的业务系统采用独立建设模式，每条线路从控制中心到车站，从服务器到存储、网络等物理设备都完全独立部署，并不互联互通，导致系统间壁垒森严、信息孤岛严重。据统计，按照传统建设模式，各业务系统的IT资源利用率还达不到10%，无法针对性解决安全管控薄弱、运维体系失衡、建管统筹乏力等问题。基于此，城轨运输生产系统从各个专业系统单独组网，从单条线路独立运行到网络化联网运营，从单一的交通运输功能向综合服务的城市地铁网络转型，从运营城轨到经营城轨转型，从提供标准位移群体服务向精准消费个体服务演进等，需要以云架构为底座来支撑智慧城轨建设。

智慧城轨起步阶段主要聚焦两个方面。一是通过无线化、光纤化、IP化重塑联接。二是通过资源的云化，打破IT信息系统"烟囱"，提高资源利用效率。但聚焦基础设施的融合集成并未形成数据融合共享，并不满足其规划的统一融合平台的长远考虑。尤其是轨道交通在城市发展中承担的作用越来越大，城市轨道的管理、发展、运营已经远远超出单一行业的范畴，对企业运营管理的要求越来越高。

2019年，为适应城轨交通发展的需求和新一代信息技术发展的趋势，中国城市轨道交通协会发布《智慧城市轨道交通信息技术架构及网络安全规范》（简称《规范》），开创了城轨交通信息化规范化建设、标准化运营的历史，填补了城轨交通信息化专业标准的空白。遵循"创新、协调、绿色、开放、共享"的发展理念，《规范》按照"统筹规划、顶层设计"的"13531"信息化总体规划，实施"一云遮天"的城轨业务整体承载，统筹"一网打尽"行业应用系统的全面覆盖。

具体而言，首先，全联接特色显著，即无处不在的联接是构筑智慧城轨的基础。尤其是5G网络，通过提供新的联接通道，能够对重构轨道交通城轨云平台提供支撑，助力智慧城轨愿景目标的实现。例如，武汉地铁联合中国移动通信集团有限公司、华为等企业打造5G智慧城轨联合创新实验室，将5G创新应用于城轨云平台建设、车地无线通信、智慧运维等方面。其次，依托数字平台架构，即通过统一架构、统一数据规范，打破数据孤岛，实现跨部门数据的拉通与共享；汇聚多种ICT能力，如云计算、大数据、AI等，支持城轨多业务之间的协同；提供丰富的行业开发套件和丰富的API，支撑业务敏捷创新。最后，在"联接+平台"的基础上，结合大数据、AI等技术，打造城轨智慧八大体系的应用，在丰富智慧应用的同时，提升智能运营的效率。

2020年10月，《中国城市轨道交通发展战略与"十四五"发展思路》发布，指出我国城轨交通的具体发展目标之一是"进一步优化智慧城轨顶层设计，实现多元化智慧应用场景"。新一轮科技革命汹涌澎湃，智慧城轨发展飞速，而以城轨云平台为智慧城轨建设的基座，不断拓展多元化智慧应用，将赋予城轨行业更为宏大的想象空间。

第三节　智慧城轨解决方案

城轨交通行业数字化转型的趋势已成，契机已至。面临城轨交通行业的数字化转型需求，华为打造智慧城轨解决方案（见图14-1），通过城轨数字平台，打破信息孤岛、优化现有系统架构、承载智慧地铁业务等，助力城轨行业数字化转型。

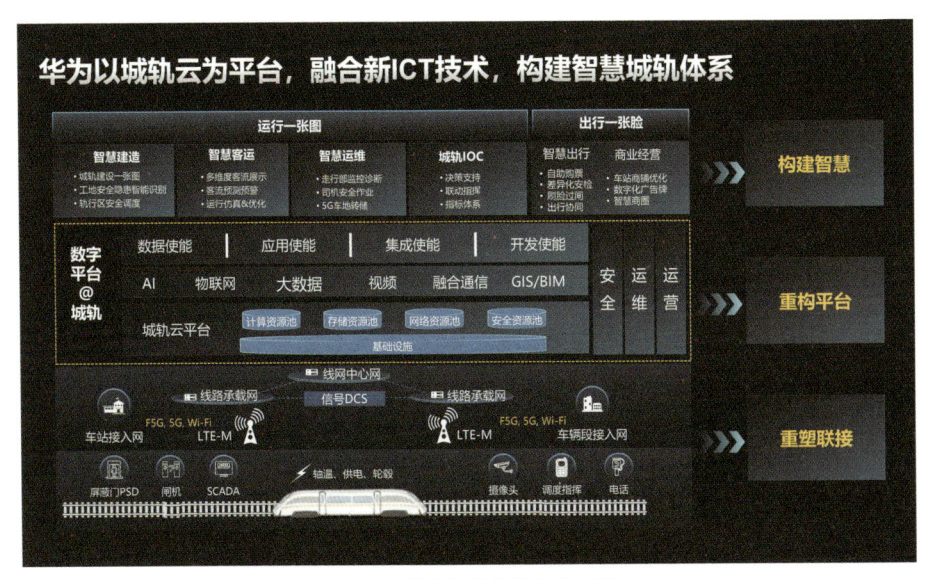

图14-1　华为智慧城轨解决方案

华为城轨数字平台通过数据服务打通城轨各部门数据，实现融合共享，以统筹建设的智慧城轨底座支撑业务高效决策和科学治理；通过云计算、大数据及物联网平台，构建城轨感知网络，全面提升乘客服务满意度，助力客户构建智慧城轨，实现"安全""效率""体验"的整体目标。基于城轨数字平台，华为联合生态伙伴实现了城轨IOC、智慧建造、智慧客运、智慧运维等关键业务场景的数字化。

城轨IOC

华为城轨IOC方案（见图14-2）聚焦地铁集团宏观、中观和微观数据全局态势，实现紧急事件的快速响应与协同联动，以数据支撑地铁规划、建设、运营、开发等各个环节的科学决策，为集团管理者提供数字地铁大脑，实现了以下目标。

集团态势可视：通过数字平台，多维度接入整个集团宏观、中观、微观数据，从建设工地到运营车站，全流程跟踪，状态监控，实时可见。

决策分析：融合的数据汇集分析，统一的AI训练，支撑专项工作和辅助决策。

应急指挥：对应急资源、风险、事件，进行呈现、预警、预测，为集团应急指挥和重大活动提供保障。

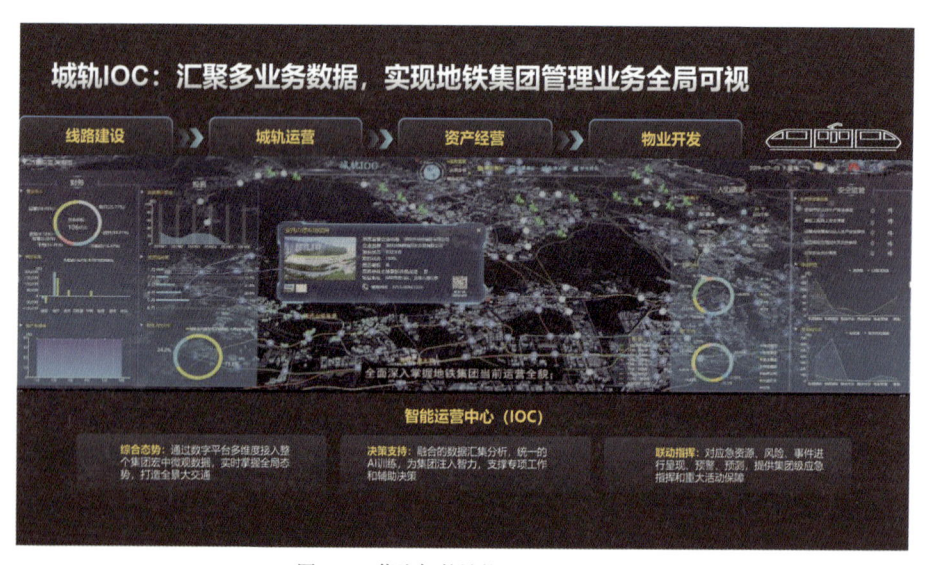

图14-2　华为智慧城轨IOC解决方案

智慧建造

城轨建造急需线网级工程数字管理平台，通过资源共享、技术共享、数据共享，可以更好地实现施工单位管理、安全管理、应急管理等职能，提高效率并保障建设安全。

华为智慧建造方案聚焦城轨建设工程集成可视化、轨行区安全调度、安全管理、辅助决策、工程信息管理等业务应用，解决当前地铁施工建设中隐患识别不全面、自动监测能力有限以及过程管理效率低等问题。

从建设集团业务全局统筹、保障城轨建设安全和质量出发，智慧建造方案可提升几大核心业务的数字化水平。第一，建设工程一张图管理：实现建设指标、综合安全、数字沙盘一体化管理。第二，工地安全隐患自动识别：实现工帽未戴、反光衣未穿、入侵电子围栏、吸烟、翻越行为等异常行为的智能分析，安全隐患识别率提升约30%。第三，轨行区[1]安全调度：实现轨行区人、车、设备的统一调度管理，事故发生率降低85%。

智慧车站

中国城市地铁规模仍在增加，地铁系统、线路、站点、设备的数量和复杂性不断提高，给轨道管理带来了挑战。车站的基层工作人员工作量增加，乘客的体验感也有所降低。

华为沿着业务流打造智慧车站：围绕乘客流提供多样化的智慧乘客服务，实现乘客无感便捷出行；围绕车站运营流打造系统集成联控、高度自运转车站管控方案，实现区域站点集中值守，远郊车站无人值守；围绕车

---

1 轨行区：为确保列车运行与人工作业的安全防护要求，设定的包络列车运行路径的封闭区域。

站设备提供设备健康管理、系统能耗最优的智能设备管理方案,实现健康车站、绿色车站。

智慧车站主要功能包括无感出行、无人值守、健康绿色等。例如:通过蓝牙、视频等多元乘客感知实现车站人脸动态缩库,支持千万级客流出行,提升精准度,降低过闸时延,实现无感乘车;集测温、防疫码检测、乘车信用积分为一体的智慧安检,实现常旅客的快速安检;一键开关站,智能化保证开/关站的可靠性和安全性;视频巡检智能执行,车站安保实时在线;车站视频智能分析,自动对电梯异常、乘客受伤等识别报警;车站设备管理业务自动化、智能化,挖掘绿色车站的创新应用,降低能耗,通过云边协同、AI联动,持续优化节能,实现降本增效等。

智慧客运

华为智慧客运方案聚焦线网中心和客运管理部门,基于线网不同时间段、不同维度的客流时空分布情况等业务场景,为城轨交通运力精准安排、运营效果分析、车站客流疏导提供数据支撑。

在客流监察预警方面,对票务、行车、视频等多源数据深度分析,可实现线网、线路、车站的客流精准监测和短时预测,做到客流可知、可视、可预警,同时为行车和客运组织优化提供数据支撑。

在行车组织优化方面,根据最新客流数据,通过智能算法自动编制运行图和仿真调优,提高运输策划部门编图效率和准确性,支撑科学运输策划。根据试点数据显示,高峰期拥挤度改善10%,空车走行率减少2%,车辆使用数量减少5%。

客运组织优化则指根据客流监测预警,及时提供客流疏导和应急处置方案,辅助客运管理部门有效进行客流管控,避免乘客集聚,提升乘客出行体验。

通过智慧客运方案，能实现客流管控从基于历史客流统计和人工经验为基础的粗略型管控，向基于客流实时监察和客流预测为基础的大数据分析型管控转变，使车辆调度和客流疏导更加高效。

智慧运维

据统计，轨道行业车辆运维成本占运营成本的30%以上，其重要性不言而喻。华为联合生态伙伴，推出智慧运维方案。该方案聚焦车辆进站/进段后的车载数据自动转储、车载视频数据的智能分析、车载走行部数据的专家诊断和维修建议、司机行为智能分析等业务场景，为车辆运维的工作效率和安全管理水平的提升提供平台支撑。

智慧运维方案从关键点突破，提升了轨道车辆运行安全和生产效率。首先，基于5G的高速数据转储，可实现高达1.5Gb/s的高速车地数据回传。其次，利用视频智能分析可实现对列车司机违章行为（离开位置、玩手机、打盹等行为）进行智能分析，通过图像视频AI分析，可避免人工肉眼抽查，解决了海量视频人工分析的难题，规范司机行为。最后，基于车辆运维大数据平台和AI算法，实现车辆走行部智能分析，取代传统人工分析，提高分析准确度。

下面将以呼和浩特地铁和深圳地铁为例，解读华为如何采用智慧城轨解决方案，帮助交通行业企业进行数字化转型。

第四节 呼和浩特地铁数字化转型

2019年12月，呼和浩特开通第一条地铁，是我国内地第40座开通城市轨道的城市。但这位后进者却很快成为城轨云1.0的标杆，受到业内的广泛关注，被争相学习。呼和浩特城市交通投资建设集团有限公司（简称呼和浩特地铁）敏锐把握住了城轨云的创新机遇，与华为合作，实现了超前布局。

2016年，在建设初期，呼和浩特地铁就超前提出并开始践行"云计算+城轨"的发展理念。恰逢华为首次推出用云计算、大数据等新技术，为城市轨道交通提供地铁运营生产、企业管理、建设管理等服务，两方一拍即合，开始"城轨云"建设尝试。

在该项目中，华为从设计、建设、运营全环节参与搭建智慧云平台，实现信息化业务全覆盖及统一运维管理、安全管控。

在项目实施阶段，中国城市轨道交通协会多次组织业界顶尖专家亲临现场办公，从单专业系统集中部署，到线路多专业系统集中部署，再到线网全系统集中部署，城轨云方案根据行业需求持续完善。城轨云方案的每一次变更，都会邀请行业专家进行评审，确保方案可落地。

在测试阶段，则采用了双保障机制。在华为苏州OpenLab城轨生态实验室内，华为与业界多家主流业务厂商进行多阶段、多批次、长时间的方案测试和验证，涉及8个业务系统、30多个主流设备厂家、6个测试方向、600多个测试用例。此外，还在呼和浩特市和林格尔县搭建了测试平台，按照项目实际需求进行全仿真模拟测试，保障了呼和浩特城轨云方案能够真正落地与成功交付，也为未来城轨云的全面普及积累了宝贵的初创经验。

呼和浩特城轨各业务系统按照1个控制中心、1个车辆段、20个典型车站部署，在线路中心&线网中心基于统一华为云平台设施，创新性地实现综合监控系统（ISCS）、乘客信息系统（PIS）、自动售检票系统（AFC&ACC）、门禁系统（ACS）、视频监控系统（CCTV）、列车自动监视系统（ATS）等业务的统一承载。从顶层设计入手，构建生产中心云平台、灾备中心云平台、站段云平台，为多系统提供IaaS服务，满足呼和浩特轨道交通1、2号线的建设要求，预留3、4、5号线的接入能力。

呼和浩特地铁还创新实现了"一码通"应用场景，即呼和浩特的地铁卡可以和北京的地铁互认，一码通用。这一融合应用是华为城轨云方案优越性的直接体现。以往，类似"一码通"的应用上线至少需要一两个月，而基于数据融通的城轨数字平台，两周就可以上线，大大提升了效率，节约了开发成本。凡此种种，不一而足。

借助城轨云建设，呼和浩特在轨道交通建设和运营管理上实现了"后来者居上"。来自中国城市轨道交通协会的专家给出了具体数据：呼和浩特城轨云项目可提升资源利用率50%以上，节省前期投资40%左右，提升运营管理效率30%以上。利用基于"网间隔离、网内防护"的安全体系，提升整个平台安全性80%以上。通过主用中心、灾备中心以及车站云节点三重保障机制，提升业务服务可靠性50%以上。

2019年，来自全国城轨行业的300余名专家学者共赴呼和浩特地铁线网中心现场观摩，目睹了呼和浩特地铁这个业内的"后起之秀"在实践多业务多线路城轨云战略中的领先风采。专家们给出高度评价："呼和浩特城轨云的建设不仅给城市轨道交通的建设、运营带来显著的效益，也为整个轨道交通行业走向智慧化提供了示范样本。"

呼和浩特市城市轨道交通建设管理有限责任公司党委书记兼董事长刘占英也说："华为城轨云方案作为地铁业务整体承载平台，为我们的创新之旅和安全高效运营奠定了基础。统一的设备管控和运维管理，不仅带来40%的资源利用率提升，也简化了运维难度，使我们可将更多的资源和精力投入业务创新中去，实现呼和浩特地铁高质量的发展。"

第五节　深圳地铁数字化转型

深圳市地铁集团有限公司（简称深圳地铁）在国内率先建立了国家铁路、城际铁路、城市轨道交通"三铁合一"的轨道交通体系和轨道建设、轨道运营、站城开发、资源经营"四位一体"的发展模式，成为轨道交通行业发展的典范。

当下，深圳地铁肩负着建设"轨道上的大湾区"的重要使命，计划在2035年之前建成33条地铁线，形成总里程1335千米的地铁线网，并同步构建1000千米以上的高铁、城际铁路和轻轨，[1]与机场、港口、公交等其他交通工具加强接驳，打造真正意义上的"轨道上的城市"和"轨道上的都市圈"。

在数字时代，深圳地铁进一步提升企业智能化水平，以数字化赋能打造智慧城轨，助力深圳乃至整个大湾区智慧交通的建设，成为深圳地铁面临的重要挑战，数字化转型势在必行。

实现六个"一"，打造全球智慧城轨标杆

如何让城轨行业跟上数字时代的步伐，让数字信息产生价值？深圳地铁在很多领域都实现了重大创新突破，取得了丰硕的数字化转型成果。基于深圳地铁与华为签署的战略合作协议内容，2019年12月21日成立"深圳地铁&华为联合创新实验室"，助力推进深圳地铁信息化建设和数字化转型，共同打造智慧地铁出行生态体系。

1　徐兴东.5年前建成33条地铁线[N].深圳特区报，2018-08-28(1).

一路走来，深圳地铁和华为等生态伙伴在合作中共同成长，联合创新实验室就是深圳地铁数字化转型的"排头兵"。通过新技术与业务场景融合，在多个应用场景实现了突破，将愿景变为现实，打造出一个崭新的智慧地铁。

深圳地铁数字化转型的愿景是打造全球智慧城轨标杆，目标是实现六个"一"，即集团"一盘棋"、安全"一张网"、建设"一张图"、运行"一张表"、服务"一条线"、管理"一块屏"。围绕愿景和目标，首先要解决的是理念问题、认知问题。深圳地铁认为，要先树立整体变革、战略引领、精品建设三大理念。

一是树立整体变革理念。数字化转型不单是IT系统的建设，更不是某一业务领域、某一架构、某一系统的转型升级，而是要进行整体规划，推动组织、体系、流程，以及业务模式和员工能力的系统变革，实现全业务、全流程、全系统的数字化转型。

二是坚定战略引领理念。数字化转型必须高起点、高定位，要把它作为集团的战略之一来实施，要把它当成一份事业来干。同时，还需要解决集团高层、业务和IT部门的认知统一问题；要培养数字化转型"金种子"人才；要强化氛围营造；要形成全员参与、共同推进的局面。

三是践行精品建设理念。数字化转型，不是为了"智慧"而"智慧"，也不是为了"转型"而"转型"。必须明确高质量、高标准、高水平的建设目标，要"做优、做精"，要打造精品工程，要坚持"干一件成一件，成一件受益一片"，实现智慧化项目的"好管、好用"。

蓝图是引领

深圳地铁认为，必须坚持"顶层设计+创新实践+统筹建设"三管齐下，在集团层面对业务、组织、流程、数据、IT治理等进行全方位的调研和梳理，按照企业架构方法论，描绘全业务、全流程、全系统的数字化转型蓝图（见图14-3）。按照"统一规划、统筹建设、分步实施"的原则，布局适度超前的ICT基础设施，实现资源整合、数据整合、应用整合，与政府、合作伙伴共建、共享、共用。同时，要从整体规划、业务解决方案、系统架构、治理体系等维度明晰数字化转型的目标任务。

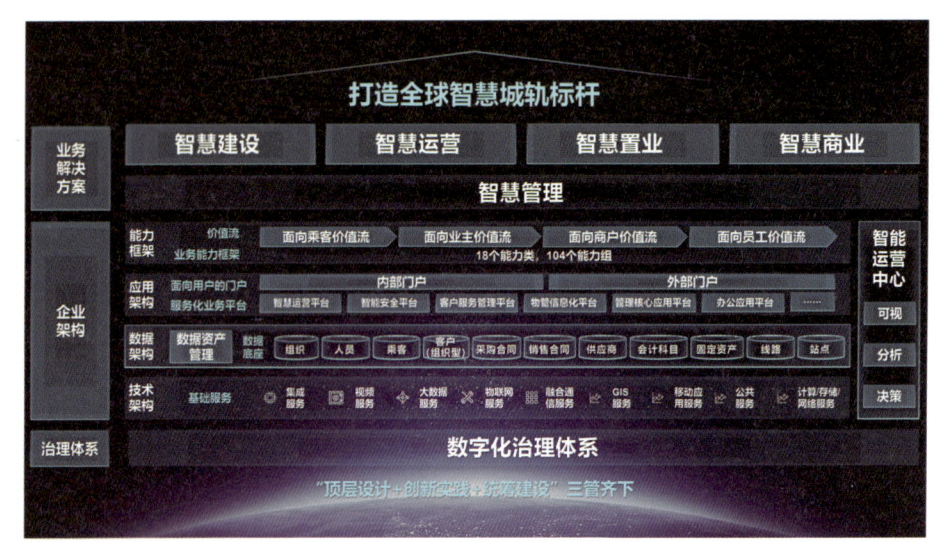

图 14-3　深圳地铁集团数字化转型蓝图

技术架构是骨干

深圳地铁认为，技术架构分为四个层次（见图14-4），分别是端层、基础设施层、平台层和业务应用层。端层和基础设施层，实现海量数据的采集和传输；平台层，实现数据的汇聚，利用新ICT进行分析建模；业务应用层通过数据汇聚与业务融合，为业务提供服务。

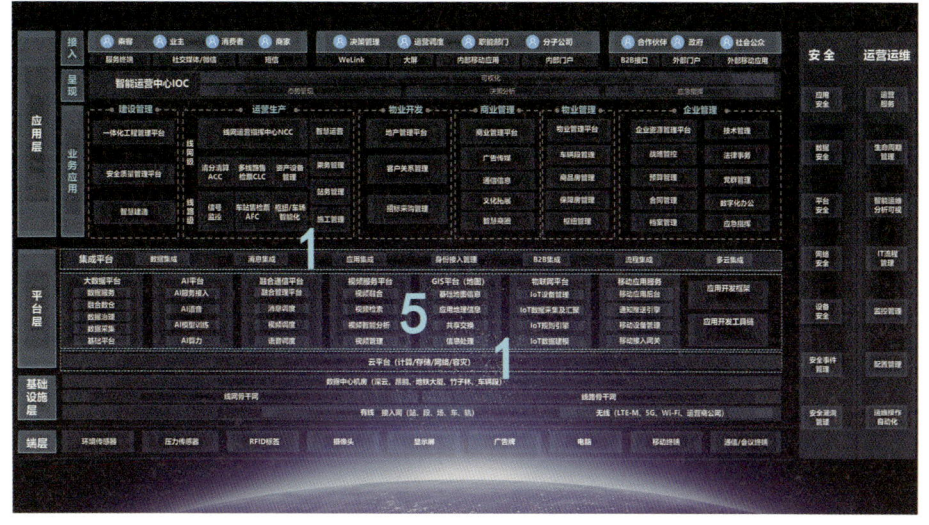

图 14-4　深圳地铁集团数字化转型总体技术架构

平台是支撑

  智慧城轨建设，必须从"打基础、建平台"开始，深圳地铁认为至少要搭建"1+1+5"平台。

  一个云平台，即建设集团统一的云平台，承载集团整体通用平台、集成平台及业务应用。云平台通过虚拟化技术将IT基础资源云化，向集团管理系统提供统一的计算／存储／网络资源和安全防护。截至2021年2月底，云平台已向27个系统提供服务。与传统模式相比，云化的建设模式将提高50%的设备利用率。

  一个集成平台，即通过统一的总线提供各种服务，打通内外部系统之间畅通的信息交互渠道，使各类不同的业务系统以统一、标准的方式进行数据交互。

  五个通用平台，包括地理信息、大数据、视频服务、物联网、融合通信平台。五个通用平台分别提供全面的地理、数据、视频、物联、融合通信等服务。

数字化转型的探索

业务只有在统一的技术架构和平台运行，与IT深度融合，才能产生智慧，才能实现"横向拉到边、纵向拉到底"的智慧化成效。深圳地铁围绕建设、运营、TOD、商业、物业和集团管理构建六大核心业务体系，通过构建云网协同的一体化ICT基础设施和平台，实现业务与技术的深度融合。目前，深圳地铁在数字化转型方面做了以下探索：

一是制定了数字化转型规划。围绕核心业务、流程、组织、数据及IT治理等进行了全方位的调研和梳理，对集团的数字化转型进行了整体规划，明确数字化转型愿景、目标，绘制数字化转型蓝图，明确整体转型节奏。

二是ICT基础平台建设。2020年3月，华为进驻深圳地铁，启动云数据中心建设，经过近半年的奋战，于2020年8月建成利用微模块、云计算、大数据和AI打造的集团数智底座（见图14-5）。这个数智底座构建了"云"端统一存储、数据集中汇聚的集团级云中心，打破传统的"烟囱"架构，打通当时既有的25个业务系统，实现了多源数据的汇聚、融合互通，不但能挖掘数据价值，还能按照统一标准提供数据共享交换服务，为深圳地铁的智慧之旅打下了良好的基础。

三是重点业务应用建设。在数智底座之上，深圳地铁陆续建设了智慧建设、智慧运营、数字化应急管理等方面的应用项目。在智慧建设方面，业内首个线网级工程数字化管理中心（CDMC）项目已上线运行，协助保障城轨建设安全、高效。在智慧运营方面，深圳地铁以"整合资源、试点推广"的方式，完成了两座智慧车站的试点建设，在智慧运营方面做出探索的同时，也为未来智慧城轨的建设奠定了基础。在数字化应急管理方面，已建成数字地铁应急指挥系统，于10月中旬上线试运行。

图 14-5　深圳地铁数智底座

有序推进数字化建设

为实现数字化转型的愿景和目标，深圳地铁坚持一张蓝图实践到底，分"三步走"有序推进（见图14-6），并联合华为在全方位调研、梳理、诊断和分析的基础上，进行了数字化转型整体规划。

第一阶段是"打基础、补短板、建平台"。2020年初，深圳地铁和华为成立"数字地铁"一期项目联合团队，以建设深圳地铁云数据中心为突破口，夯实数字化建设的基础。

"数字地铁"一期已构建"1+2+1"四个平台，即云平台、大数据平台、融合通信平台和集成平台，以及四个基础组件和三个应用系统。

第二阶段是"建体系、聚生态、上应用"。在全面补齐基础设施短板的同时，积极探索云计算、大数据、5G、AI 和物联网在城轨全领域的创新。

第三阶段是实现"自动化、智能化、智慧化"。不断总结数字化转型建设的效果，拥抱最前沿新技术，持续优化迭代。

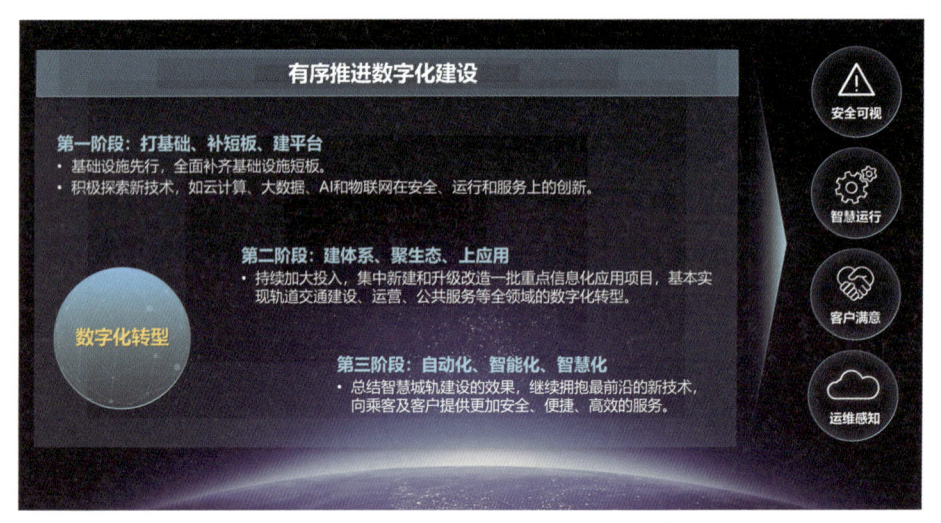

图 14-6　深圳地铁集团数字化转型"三步走"

基于5G+城轨云展开联合创新实践

打造智慧城轨，关键在于应用 5G、云计算、大数据等新 ICT，全面感知、深度互联和智能融合乘客、设施、设备、环境等实体信息，构建安全、便捷、高效、绿色、经济的新一代中国式智慧型城市轨道交通。随着 5G、云计算在中国轨道交通行业的成功落地，5G、城轨云正迎来快速发展期，深圳地铁对 5G、城轨云的运用及研究也在如火如荼地进行中。

城轨云是智慧地铁建设的基础，它将会带来颠覆性的革新和提升。如打破信息孤岛、优化现有系统架构、承载智慧地铁业务等。

2020年8月18日，深圳地铁6号线、10号线正式开通。这是国内第一次单线全部应用华为城轨云解决方案的地铁线路，也是深圳首批5G网络全覆盖的地铁线路，更创造了国内轨道交通行业应用云计算+大数据技术综合承载地铁各业务系统的新纪录。

深圳地铁通过建设基于云计算技术的融合统一业务平台，承载综合监控系统（ISCS）、列车自动监控（ATS）备用系统、乘客信息系统（PIS）、安防系统（含视频监视、门禁等子系统）、车场智能化系统及办公自动化系统OA（办公计算机部分）等子系统，不仅大大降低了线路各业务IT资源的重复性投资，实现了各业务系统的高度集成和快速部署，同时简化了运维难度，提升了运营运维的效率。

城轨云方案将整个平台的安全性提升了80%，IT资源利用率提至50%以上。平台通过统一发放资源，提高了运营管理效率，同时业务部署以典型车站为模板，采用克隆复制技术，30分钟内就可完成20个车站的实时服务器业务部署。不仅如此，该线路还配合使用模块化机房方案，单个车站的机房面积可节省约50%，每年可节省电费约200万元，节省机柜空间约10%，数据中心能源效率(PUE)值低至1.5以下。

深圳地铁在进行城轨云创新实践的同时，也在积极拥抱5G。目前，深圳地铁6号线和10号线均已实现了5G信号的全线覆盖，成为深圳首批5G全覆盖地铁线路。在深圳地铁、华为和三大运营商的共同努力下，深圳地铁6号线和10号线仅用10周就完成了站台、站厅和隧道站点的设备安装及调试工作，实现了5G网络全覆盖。

同时，在NOCC二期工程中，深圳地铁已经规划打造城轨云+大数据平台，包含管理云、生产云、对外服务云，综合监控、AFC、安防等生产子系统，将实现构建全线网、全业务的统一平台。这正与2020年3月，中国城市轨道交通协会正式发布实施《中国城市轨道交通智慧城轨发展纲要》中的智慧城轨"1-8-1-1"发展蓝图高度契合，即1张智慧城轨蓝图、8个智能体系、1个城轨云与大数据平台、1套智慧城轨标准体系。

除了在新开地铁线路上的应用，在数智底座上，深圳地铁还围绕核心业务，聚焦核心场景，运用数字技术，在各大业务领域创建了应用项目。城轨IOC三大应用系统、智慧建造、智慧运营等平台相继上线，智慧客运完成初步试点，为行业发展做出了有益探索。

智慧运营：城轨IOC为地铁安上智慧大脑

智慧城轨IOC，以城市三维空间GIS数据作为可视化承载环境，全面深入掌握地铁集团运营全貌，让城市城轨更智慧。

2019年，华为与深圳地铁联合创新的城轨IOC率先落地。深圳地铁城轨IOC建好后，可以综合呈现集团及各业务板块运行指标，如财务、投资、安全监管、重大事件、车站客流等，并且还将重要业务视图都以图标、视频或逻辑图等清晰的可视化方式实时呈现出来，实现全要素、全流程、全场景的数字化。

基于"一张图"管理的城轨IOC，集团的整体态势都跃然其上，各个地铁站点的出入站人流量及流向、车厢拥挤度等核心数据，都能在城轨IOC中随时了解。深圳地铁的管理者可以非常直观地掌握集团实时运行情况及重大关键事项，实现精细化管理。

在城轨IOC的基础上，深圳地铁目前已打造了三个创新应用系统。

首先，基于数智底座，城轨IOC完善了态势呈现系统，通过整合各单位运行数据建立指标监测体系、可视化平台实现深圳地铁运行态势的立体化、动态化、交互性展示。截至2021年6月上旬，共涉及指标478项，其中，盾构数据、车站客流数据、车厢拥挤度数据、每日上线列车等均为实时数据。

其次，深圳地铁城轨IOC还运行了以跨部门数据为基础的决策分析系统。利用大数据挖掘技术，对财务、投资、人力资源等数据指标从集团层面到各业务板块钻取式查询，进行数据分析和预测，为相关业务对象提供决策辅助支撑。

最后，基于统一的数字平台，深圳地铁上线了试运行应急指挥系统，把集团主要应急预案进行数字化。从宏观来看，应急指挥系统通过事前监测预警、事发应急值守、事中指挥调度、事后总结评估，构建了快速、协调、预测、决策机制，实现了紧急事件的快速响应、协同联动，初步实现了应急管理的数字化。从微观来看，应急指挥系统实现了应急抢险车辆GPS定位实时显示、多种设备融合通信召开应急现场会议等综合能力。

智慧建造：降低施工风险，减少安全隐患

在深圳地铁数字化转型过程中，很重要的一个举措是成功上线了业内首个线网级工程数字化管理中心（CDMC）。CDMC在智慧建造中的一个典型应用场景是，可利用工地现场实时回传的高清视频+AI，自动智能识别安全隐患，代替部分人工巡检。通过AI视频算法智能抓拍，能够自动识别出安全帽未戴、反光衣未穿、吸烟、翻越电子围栏等行为及明火风险，当异常情况发生时，系统会自动及时响应并提示处理，降低事故发生概率，提高工作效率。通过CDMC项目，安全隐患识别率提升约30%，日常巡检工作量减少约30%，问题及隐患识别的效率降到分钟级。

智慧运维：降本增效，全面提高运营经济和社会效益

为降低深圳地铁运维成本，华为联合生态伙伴，打造了智慧运维平台

试点，全面提升设备运行安全和生产效率。华为还与生态伙伴联合开发 360°列车动态图像智能检测系统，对列车关键部件的状态进行分析研判，准确率高达95%。通过在多处部署车载和轨旁传感器，结合平台数据分析能力，深圳地铁还推动了设备设施全生命周期健康管理，优化修程修制，从计划修向状态修[1]转变，提升了设备运行安全和生产效率。

从具体场景看，智慧运维平台构建后，减轻了许多人工的事务性劳动。深圳地铁基本在晚间11点停止运营。以往在闸门放下以后，数百名运维工程师才开始上班，下轨道徒步进行检查工作。工程师团队要检查地铁10条线路、300多千米隧道[2]的健康状态，包括接触网、轨道、信号、通信等设施设备情况，并必须在第二天正式运营之前完成全部检修工作。这样的工作原本每天循环往复，但在携手华为开启数字化转型之路后，这一传统工作方式有所改变。通过视频+AI，即可实现实时监控隧道情况，智能检测轨道故障，在很大程度上减少了运维工程师的工作量。

智慧客运：提升出行体验，让出行更美好

深圳地铁敢为人先，走在行业前列，通过5G+AI，打造了具有未来感的自主服务、自动化运行的无人值守"智慧车站"，为乘客提供精准、便捷、安全的服务。在"智慧车站"试点中，推出了智能客服中心、自助语音识别售票和虚拟客服等一系列"黑科技"，为乘客智慧出行带来新的可能。

智慧城轨建设是交通强国建设的重要路径和战略突破口，也是智慧城市建设不可分割的部分。围绕交通强国战略和建设"轨道上的大湾区"使

---

1 状态修是在设备工作寿命期内，按照规定的状态值来监查其运行参数，当运行参数超出规定状态值则进行维修更换。
2 数据截至2020年8月。

命，朝着打造全球智慧城轨标杆的目标，深圳地铁将继续携手华为，从全流程、全架构、全生命周期的全维度践行交通数字化，从"点"到"面"地实现智慧地铁从顶层设计到规划，再到可持续发展的数字化转型，促进轨道交通与城市功能的互动融合，激发城市的创造力，同时持续开拓创新，为推动城轨行业的数字化转型，提高其发展质量、效率和品质，不断探索智慧发展思路。

第六节 南京地铁数字化转型

2021年是"十四五"开局之年，也是南京踏上建设引领性创新型城市征程的启始年。近年来，南京以科技创新为核心，全力建设具有全球影响力的创新名城，全力建设国际性综合交通枢纽城市。南京首条地铁线路于2005年5月15日正式通车，使南京成为中国大陆第6个开通地铁的城市。截至2020年12月，南京已开通运营地铁线路共计10条，地铁线路总长378千米，线路总长居中国第六位。

多年来，南京地铁集团有限公司（简称南京地铁）为人们提供了安全、便捷、优质的出行服务。如今，数字时代到来，南京地铁顺应智慧化潮流，积极开展数字化转型，成为智慧城轨建设的先行者。

初探5G在轨道交通行业的应用

《中国城市轨道交通智慧城轨发展纲要》（简称《纲要》）中明确提出，要"推进城轨信息化、发展智能系统、建设智慧城轨"。在《纲要》的指导下，南京地铁于2020年3月开始在5G+轨道交通方面进行相关探索和项目实践。

作为南京都市圈快轨示范工程，南京地铁S6号线（宁句线）是南京第一条跨市域的地铁线路，于2018年12月21日正式开工建设。建成后，南京地铁S6号线能够促进南京与镇江句容的互联互通，加快南京"一小时都市圈通勤"的建设步伐。

随着线网日益密集化，南京地铁的运营压力也在不断增加。一方面，《中华人民共和国反恐怖主义法》对关键场所视频采集信息要求保存90天并逐步实现高清、实时监控；另一方面，在全自动驾驶发展趋势下，尤其是在GOA4模式下，对车辆运行状态及时感知及车厢乘客安全管控也提出更高要求，这就需要把车载视频数据及车辆状态信息等业务数据及时上传至控制中心，实现在线、远程、实时的智能化管控。从车载设备到车站、再到控制中心，海量的数据需要上传和下载，意味着地铁要有一张大带宽的车地通信网络，才能满足业务需求，支撑运营安全、高效发展。

针对南京地铁S6号线当前的网络现状，为提高网络带宽，改善网络可靠性和可维护性，满足车载视频回传、PIS车载视频下发、TCMS数据分析等大数据业务及运营安全生产的需求，南京地铁与华为合作，基于最新的5G毫米波技术，推出了Airflash高速车地转储解决方案。

该方案基于端到端的全新体系架构，采用全新毫米波频段等先进技术，具有超高宽带、超低时延、多联接等特性；通过列车两端并发回传，可在150秒内传输约50GB数据，仅需在车站轨行区两端和列车两端部署Airflash城轨车地通信设备，即可利用列车短暂的停站时间，完成车载CCTV视频与车载监测数据回传和落地存储；基于Airflash高速车地转储解决方案可以做到车、地之间通信设备的自动对准、自动联接、自动身份识别和自动上传，全程安全可靠，无需人工干预，最大传输速率超过1.5Gbps。

三大优势解决数据转储难题

Airflash高速车地转储解决方案上线后，南京地铁S6号线通过部署轨旁基站和车载设备，可以实现车载CCTV、TCMS、PIS等业务的高速回传和下载，使数据存储变得高效、便捷。具体而言，有以下三方面优势：

（1）通过基于5G的Airflash技术应用，实现在段内/站内等列车低速移动或短暂停驻场景下，自动完成列车数据高速转储，从而降低人力成本，降低人为因素导致的故障概率，保证车载数据完整、安全、高效地转储至地面存储中心。

（2）将大容量的车载数据高效传送至地面，实现多部门间的数据共享，同时利用地面数据中心的计算能力，完成数据的处理、挖掘、分析和利用，真正实现保障列车安全、预测列车故障、规范驾驶行为、预防行车事故。

（3）车载数据实现集中存储。随着云计算、视频识别与分析技术的成熟，视频智能分析成为可能。通过视频智能分析，能够提高车载视频数据的处理自动化。

南京地铁S6号线项目，是业内首个基于5G的AirFlash车地转储方案大规模商用实践。这也意味着，南京地铁在利用5G推动基础设施数字化方面已经走在了行业的前列。该模式要在轨道交通行业内推广，还要持续不断地从技术、商业、生态、政策等角度进行全方位推动。

5G赋能智慧轨道交通

南京地铁在5G+轨道交通方面的探索不止于此。轨道交通行业仍存在共有的痛点、难点，降低造价和减少能耗是两大重点发展方向，目前，南京地铁正在联合华为共同制定轨道交通行业5G网络建设验证标准。在Airflash高速车地转储解决方案之外，南京地铁联合华为、南京联通及其他相关业务厂家在地铁2号线马群车辆段基地建设了全国首个5G+MEC试验平台，推进"5G+工业互联网"示范项目在南京落地，打造标杆示范项目。

本次联合创新基于5G的切片隔离、大带宽和低时延等特性，实现一张网安全、可靠的统一承载运营生产业务、乘客服务业务及互联网业务。在整个联合创新过程中，基于NSA和SA不同组网模式的5G专网覆盖，完成对测试基地全场景网络覆盖和地铁全业务测试；同时针对地铁业务大带宽、低时延、高并发的特点，提出双切片方案以供进一步深入研究。

项目第一阶段完成马群5G专网建设：采用中国联通3.5GHz频谱，开展了全场景、多阶段、全业务、边缘云测试和应用部署。2020年8月实现了5G NSA网络在马群基地轨道交通轨行区，设备机房、停车库、列检库、信号楼、综合楼等办公场所的全场景5G覆盖。并将地铁现有六大类、十小类业务由LTE-M网络迁移至5G网络承载，依托5G大带宽、高可靠、低时延、多联接特性，充分验证轨道交通信号、车辆、通信、AFC、综合监控及电扶梯智慧运维六大专业系统基于5G统一承载的可行性。

项目第二阶段实现5G SA组网+MEC+软切片验证成功：2020年9月开始马群基地5G网络的SA组网升级，采用3.5GHz漏缆实现1.2千米轨行区覆盖，并搭建国内首个城轨行业MEC平台，实现地铁六大类、十小类业务系统成功迁移至MEC平台承载。2020年10月，开展基于QoS优先级的软切片功能验证测试，完善公网共用、网络差异化服务能力。联合创新实践成果表明，5G上行带宽可达到LTE-M的20倍以上，实现列车控制平均时延低于10毫秒，同时依托MEC移动边缘计算能力，实现地铁业务数据本地转发、专网服务，为智慧城轨网络安全提供保障。

项目第三阶段实现5G SA组网+MEC+硬切片验证成功：完成软切片验证

后，项目组立即进入基于RB资源预留的硬切片技术论证及验证方案编制阶段，并成功完成了全国首个5G硬切片业务验证，有效解决了大带宽和低时延无法兼顾及专网与公网隔离的问题，成功论证了5G公网专用服务智慧城轨建设的可行性。

本次联合创新涵盖了5G在控制中心、正线、车站、车辆基地、列车等全场景的覆盖，以及5G+MEC统一承载轨道交通业务的应用。通过轨道交通六大业务软硬切片的联合创新效果，验证专网与公网用不同切片技术，相互不影响，既保证了专网业务低时延的特性，同时也保证了公网资源的可用性。本次联合创新验证了信号系统CBTC列车运行控制业务采用5G网络承载的可行性及可靠性，验证5G系统在应急救灾抢险情况下的业务应用，推进了5G+智慧车站的应用，并为后续线路建设积累了技术与工程管理经验。

基于联合创新测试成果，南京地铁于2021年4月联合华为、中铁四院、北京通号院、南京联通、中车浦镇、中电国睿、南京熊猫、国电南瑞、西门子等单位发布《轨道交通行业5G公专网白皮书》。依托马群车辆段的创新探索和实践，南京地铁计划将5G公专网方案应用于都市圈智慧市域快轨示范工程中，以城轨云、大数据平台、5G公专网传输网络为基础，围绕乘客服务、运营管理和设备维护三大业务场景，构建面向建设、运营及服务一体化的智慧化市域快轨。

综上所述，在5G+智慧轨道交通方面，南京地铁已经走在了行业的前列，但该模式要在行业内推广应用，还要持续不断地从技术、商业、生态、政策等角度进行全方位推动。此外，南京地铁还需要进一步强化与轨道交通行业企业的合作，共同促进科研成果信息共享与优势互补，持续深入探讨5G在交通领域中的优势所在，加速推进5G智慧化产业创新，加快研发新模式、新场景、新应用，为行业的高质量与可持续发展积攒更多经验，加快南京创新名城建设进程。

基础设施数字化是业务流程数字化的前提和基础，在智慧城轨建设中发挥着地基性的作用。未来，5G网络将应用于车车通信、智能巡检、商圈消费、广告精准投放等更多业务场景，势必成为城轨行业数字化转型升级的重要基础设施，为智慧城轨建设插上飞翔的双翼。

第十五章

智能铁路：驶入数字化"快车道"

铁路行业庞大的资产、复杂的运营体系和广泛的服务对象，决定了在智能铁路建设过程中，每一项新的举措或每一个创新方案，都将产生系统性影响。同时，具备这一特点的创新成果，一旦经过实践证明，也将得到快速的复制和推广。在当前业务和科技的"双轮驱动"下，铁路行业数字化转型正在加速。

第一节　铁路加速转型升级

近两百年来，各国相继发力铁路建设，截至2019年，全球铁路总里程数超过100万千米。从0到100多万千米，人类用了不到两百年的时间，就实现了铁路里程的飞跃式增长。

根据国家统计局公布的数据，改革开放初期，中国铁路营业里程只有5.17万千米，绿皮车平均时速不到40千米。而如今，根据中国铁路局发布的信息，截至2021年一季度末，中国铁路营业里程已高达14.67万千米。其中，高速铁路达3.83万千米，稳居世界第一。中国已建成世界领先的现代化铁路网，并成为世界上唯一一个高铁成网运行的国家，成功地让"中国高铁，领跑世界"的口号响彻全球。

当前的中国铁路，不管在路网规模上，还是在装备水平上，都处于世界领先地位。但有光必有影，中国铁路技术虽然已经被锤炼至炉火纯青，将硬件装备"武装到了牙齿"，但在生产效率、经营效益、客户服务等软性作业模式上还面临着很多挑战，在信息化水平和服务体验方面还有待提升。

一方面，虽然中国铁路的客流运输能力已经位居前列，但是在应急管理服务水平、乘客出行体验方面，还有升级优化的空间。2021年五一假期期间，受大风天气影响，京广高铁定州东至保定东间接触网挂异物，导致部分列车晚点停运。但车站并未将晚点信息及时告知乘客，使大量乘客滞留车站广场和检票口，破坏了出行体验。类似这样的事件为乘客出行带来诸多不便。此外，铁路车站安全也有待加强。由于人流量大，治安复杂，各种安全事故时有发生。例如，在车站安检方面，传统模式普遍存在危险品识别效率低、行为与乘客无法精准关联等问题。

另一方面，在货流方面，铁路运输竞争力仍需提升。自2014年开始，受"黑货"（如煤炭、金属矿石、钢铁等货物）市场变化等因素影响，我国铁路的货运量连续三年负增长。2017年之后，受国家运输结构调整（"公转铁"）、"打赢蓝天保卫战"、油价上涨、公路治超等因素影响，铁路货运量开始逐年回升，但与公路货运量仍有较大差距。

实际上，与公路运输相比，铁路单位货物周转量的能耗和污染排放都更低。从绿色环保来看，构建以铁路为主体的绿色低碳经济货运网络体系成为发展趋势。为让陆路运输以更绿色的方式发展，我国提出"公转铁"战略，即调整运输结构、增加铁路货运运量，让更多大宗商品从公路运输转到铁路运输，让铁路在大宗物资运输、长距离运输中发挥骨干作用。

因此，不管是从发展需求和痛点切入，还是从国家政策导向切入，中国铁路行业都急需探索如何发挥运输优势、优化客户体验、扩大货运空间，以释放更大的潜能。

第二节　迈进智能铁路时代

智能化成为铁路行业解决当前问题、扩大未来发展空间的必然选择。21世纪之交，欧洲就针对铁路技术研发能力缺乏、发展建设不平衡、基础设施更新换代困难等问题，绘制未来欧洲铁路蓝图，重点提出通过发展智能交通来改善铁路交通条件，挖掘运输潜能。之后，对于未来展望，欧盟始终坚定朝着铁路智能化方向前进，不断加强智能基础设施与智能交通管理等方面的建设。例如，采用灵活的票务机制，落地"一站式"电子票务系统等。

基于在智能铁路上数十年的探索与建设，欧洲智能化铁路在安全率、准点率、运输能力、服务质量等方面都得到了很大的提升，提升了乘客的出行体验，极大程度地改变了之前的困局。对于欧盟而言，铁路行业数字化转型涵盖着大量的新型业态机会与经济增长新方式，促进了欧洲各国经济的再发展。

欧洲的铁路行业数字化转型之路代表着世界铁路发展的方向。正如国际铁路联盟总干事皮埃尔·卢比努所言，实现铁路行业数字化转型，加快AI与铁路融合是大势所趋。随着全球各国铁路网络、铁路运输业务的增长，行业发展新时代已经来临。

中国对铁路行业智能化也尤其关注。2017年3月，中国国家铁路集团有限公司（简称国铁集团）提出全力打造"精品工程、智能京张"的目标，倡导利用数字化技术推动中国高铁走向智能时代。

2017年6月29日，铁路信息化总体规划发布，提出"智能铁路"战略目标和建设"CR1623"标志性工程。运用云计算、大数据等新一代信息技术，全力推进中国标准的智能铁路信息系统（CRIS）建设。铁路智能化被放在醒目位置。

2018年两会期间，国铁集团明确指出：基于云计算、物联网、大数据、北斗定位、5G通信、AI等先进技术，我国高铁未来将向智能化方向发展，实现新一代信息技术与高速铁路技术的集成融合。

2020年，国铁集团出台了《新时代交通强国铁路先行规划纲要》，其中明确提出未来30年的"两步走"战略。

第一步，到2035年率先建成服务安全优质、保障坚强有力、实力国际领先的现代化铁路强国。具体体现为9个方面，包括现代铁路网率先建成、创新引领技术自主先进、运输服务供给品质一流、铁路运输安全持续稳定等。

第二步，到2050年，全面建成更高水平的现代化铁路强国，全面服务和保障社会主义现代化强国建设。这是更高维度的铁路发展蓝图，旨在实现铁路服务供给和经营发展、支撑保障和先行引领、安全水平和现代治理能力迈上更高水平。同时，在智慧化和绿色化水平、科技创新能力和产业链水平、国际竞争力和影响力等维度保持领先。

在时代趋势与政策的引领下，智能铁路时代已经到来。科技的创新与应用成为未来铁路不断发展的原动力。

第三节　数字技术驱动智能铁路

拥抱数字化转型成为满足铁路系统未来发展需求，解决其现存问题的最佳选择。铁路运输部门利用 5G、物联网、AI、大数据、云计算等新 ICT，提升效率、优化成本，以迎接未来发展机遇。

以铁路移动通信系统为例。为保障铁路高质量运行，提升安全和效率，通信系统起到重要作用。随着铁路行业发展，对通信系统提出了更高要求，不仅要做到稳定可靠，而且要朝高速化、大运量、可拓展等更高的水平演进升级。

目前，包括我国在内的许多国家都采用 GSM-R 移动通信网络。多年来，铁路 GSM-R 网络在实现铁路通信数字化、机车同步操控、列车控制信息传送、保障列车通信和运行安全等方面发挥了重要作用。我国采用 GSM-R 的线路总里程已经近 5 万千米。

然而，随着通信产业发展，GSM-R 面临如下挑战：GSM-R 供应商 2030 年以后的技术支持不确定，系统寿命已接近生命周期末期。运营商 GSM 语音业务大幅下降，纷纷关停 GSM 网络，仅靠铁路的市场空间无法撑起整个 GSM 产业链，将会导致铁路通信系统成本大幅上升。在这样的背景下，下一代铁路移动通信系统（Future Railway Mobile Communication System，FRMCS）的研究被提上日程。2016 年，国际铁路联盟（International Union of Railways，UIC）启动了下一代铁路无线通信标准制定工作。

目前，80% 的欧洲国家采用的是 GSM-R 系统。在未来 FRMCS 的演进中，主要有两种技术，一个是 LTE 技术，另一个是 5G。

与 GSM-R 相比，LTE 移动通信系统在性能、安全、服务等方面都具有优势。它不仅能提供铁路所需的自动列车控制、列车信息传递等服务，还能扩展到增强型的多媒体广播、视频监控等服务。同时，LTE-R 的端到端传输时延更小，能有效提高列控系统的安全性。

随着 5G 时代的到来，如何将 5G 运用到铁路系统成为令人关注的热点课题。国际铁路联盟基本确立了直接由 GSM-R 到 5G 的技术演进路线，并成立相应的 FRMCS（Future Railway Mobile Communication System）标准工作组。按 FRMCS 工作组规划，欧洲会在 2025 年后逐步启动 5G 验证部署，2030 年后规模推广。

我国按照国铁集团规划，2020—2023 年将进行 5G-R 的标准制定，产品开发和实验局验证测试，2024 年正式启动 5G-R 规模建设，5G-R 整体规划如图 15-1 所示。

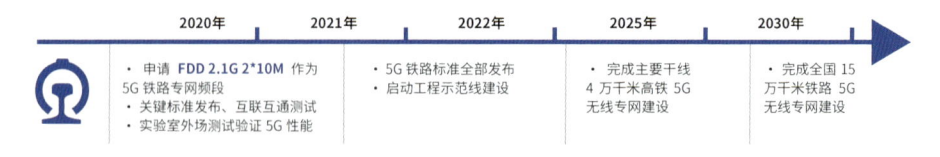

图 15-1　2020—2030 年中国 5G-R 整体规划

在技术方面，5G 有以下优势：

（1）上行大宽带。5G 上行理论可以实现 50Mbps 速率。除列控列调信号外还可以传递 5~10 路高清视频，实现驾驶室、受电弓、列尾等关键部位的实时监控。同时，除传统的电务需求外，还可满足机务、客运等铁路其他部门的无线通信需求。

（2）网络切片。通过引入网络切片技术，5G 可以灵活分配空口、承载网、核心网资源，实现铁路不同业务和部门共享 5G 网络资源。

（3）高速移动。5G 系统可以成倍提高 5G 系统支持的列车速度，最高可支持500km/h车速。相同时间内，5G系统的导频数目可达4G系统的3倍以上。

已有测试表明，5G系统更适合轨道交通中的运行状态、复杂场景。在5G条件下，信号可靠性更高，信息传输更精准。并且，5G系统更契合铁路应用场景需求，如能够更好地满足铁路枢纽、场站等热点区域的业务宽带、容量要求等。

当然，从GSM-R系统过渡到LTE或5G，都还需要一个过程。每一种路径都具有挑战性，需要在政策、技术标准、工程建设、人才等各方面做好准备。可以确定的是，新技术、新系统进入铁路行业后，将带来前所未有的改变。

除通信技术之外，AI在铁路智能化进程中也将起到重要作用。在铁路客运、货运、机务、车辆、工务、电务、供电等多业务场景中，都能利用AI实现智能化应用。例如，利用视频监控＋AI能够实现货场集装箱和车辆智能管理、装卸作业安全隐患智能识别等。

在进行TFDS货车故障图像识别时利用AI，能够降低人的工作强度，并提高检测效率。车辆故障检测的场景复杂、车型众多，传统图像对比方式误报率极高，难以满足实际需求。基于AI算法，华为与多个路局的车辆段进行联合创新试点，对防脱塞门关闭、截断塞门关闭、缓解阀拉杆丢失、上拉杆窜出等关键故障完成识别能力开发，并取得阶段性进展。

未来，铁路行业有大量生产场景具备与AI融合开展应用创新的可能性。而且，各路局及地方铁路对于利用AI提升作业效率、降低运营成本有强烈诉求，并提供大量政策支持。在技术方面，从底层芯片、前端边缘计算、后端分析平台到开发建模工具等各个AI能力的孵化环节上，我国已具备国产自主可控能力。在软硬件环境及生态建设上，AI已具备成熟能力支撑，可以满足更加复杂的铁路场景应用要求。智能铁路大幕开启，正在谱写新的篇章。

第四节 华为智能铁路解决方案

在智能化的道路上,铁路行业面临许多难点。例如,在基础设施数字化方面,由于铁路铺设范围广,往往会牵一发而动全身,这就加大了建设难度。另外,数据中心之间壁垒森严,无法互通,也是一大阻碍。全国各个地方铁路局自主开发有上千个信息系统。由于各系统开发厂家不同,导致数据分散,各铁路局间和铁路局内部的业务流程不畅通。

如何用数字化为铁路这一传统基建赋能,使铁路不仅能载人载物,还能用数据说话?如何实现铁路在数字时代的再次腾飞?这都是业内最为关注的问题。

华为与铁路行业的渊源可以追溯到二十多年前。1996年,华为将C&C08程控交换机安装到兰新线,自此开始了在铁路行业的深耕之旅。一路见证了中国铁路崛起的华为,在铁路行业迎来数字化转型之际结合自身实践,运用新技术并结合铁路业务流程,提出了智能铁路解决方案(见图15-2)。

华为智能铁路解决方案基于全方位的数据采集、分析,在智能建造、智能装备、智能运营等方面推进技术和管理创新,从而实现铁路的智能运营管理和决策,让铁路运输更加安全、高效、便捷、舒适、环保。

智能感知:由分布在铁路线路、站段的各种感知设备组成,包括智能摄像机、雷达、传感器、边缘计算设备等,实现铁路物理世界与数字世界的感知与交互。

智能联接:需要建立铁路下一代无线通信网和承载网,通过铁路信息传输高速通道,实现铁路智能中枢到智能交互设备的联接,以及智能交互设备之间的联接,包括铁路传输网、GSM-R/LTE-R/5G-R、数据骨干网等。

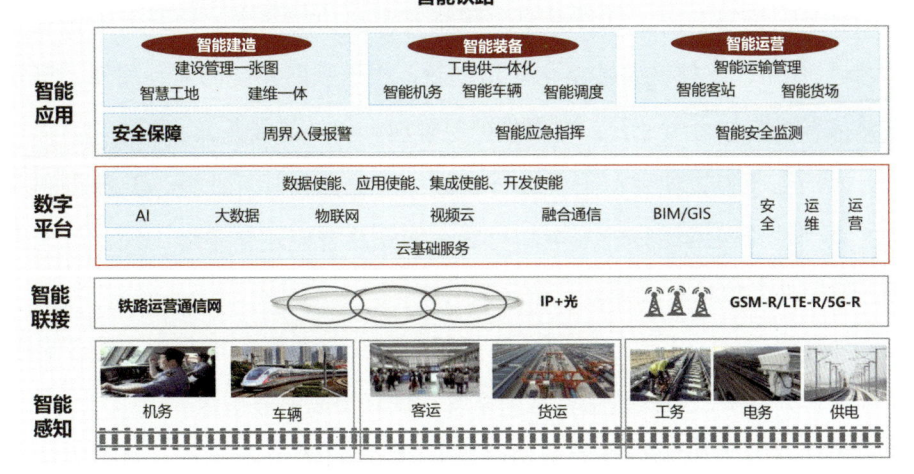

图 15-2 华为智能铁路解决方案

数字平台：基于云基础设施，赋能行业应用，使能业务数据，普惠AI，支撑铁路全场景应用。

智能应用：面向铁路各业务场景，构建铁路智能化应用，加速业务创新，提升铁路在智能建造、智能装备、智能运营各个领域的智能化程度，达到节支降耗、改革创新的工作要求。

总的来说，基于云化平台，融合大数据、AI、视频等技术，构建铁路运行一张图，覆盖建造、装备、运营、安全等多个领域，包含铁路周界入侵报警、智能机务、智能客站、智能货场等子场景解决方案，实现铁路运行安全的智能监控、运输生产的提质增效、客货服务的优质体验，让铁路生产更加安全高效、让乘客出行更加便捷畅通。

搭建铁路云平台

针对信息孤岛、IT系统部署分散、IT资源闲置等问题，铁路系统需要构建铁路云平台，采用云计算技术体系架构，提供信息交换、数据存储、分析计算、信息共享、软件共享、网络资源和功能共享。铁路云平台发挥"大脑"作用，支撑铁路数字化应用创新。根据铁路系统的业务属性，可将铁路信息系统分为两个云：内部生产与管理云和外部服务云。

内部生产与管理云：主要运行核心生产业务和管理业务，其数据和业务关系到铁路网络运行的安全和可靠，如铁路智能运输系统、经营管理系统、铁路办公信息系统等。

外部服务云：主要运行面向外部客户和公众的服务类业务，涉及电子商务与票务营销，如铁路票务营销系统、铁路物流商务平台等。

在铁路云平台的边缘侧（站段侧），配置边缘计算节点，满足视频、控制等不便于集中部署的业务场景需求；在终端侧，配置瘦终端（含软终端与硬终端）来替代现有铁路员工的办公PC机和火车售票网点（含代理网点）的PC机，原来PC上的业务和应用，统一运行在铁路云平台上。两个业务云及桌面云相互配合，协同工作，形成统一的铁路云平台系统。系统可实现集中建设、统一管理和统一协同的运营维护。

目前，已有一些铁路局利用云计算构建一体化的通信、资源共享平台。铁路局的各站段间的通信和资源将完全共享，为下一步实现全路信息化做好底层支撑。另外，应当重视的是，铁路在搭建云平台时必须建立完善的安全保障体系，提高安全控制能力、保障用户隐私、建立云计算安全标准等。

子场景解决方案

智能车站：创造出行新体验

车站是铁路运营的基本单元之一。随着信息化的发展，车站不再只是承载客运和物流的聚散节点，更是为乘客提供多样化服务的综合体。基于此，华为智能铁路车站解决方案，通过多种大带宽有线、无线联接技术，如 5G 室内覆盖、Wi-Fi 6、全光接入网等，联接视频监控、闸机等前端基础设施，利用 AI、5G 边缘计算等新 ICT，打造智能出行服务、智能生产管理、智能安全应急、智能绿色节能的数字化场景。

通过视频+AI 识别，可实时检测车站人群密度、排队长度、站台越黄线、人员逆行等多种场景，实现乘客行为监控，从而辅助加强铁路安全管理。

当乘客进入行李安检区后，通过智能判图技术，结合 AI、人脸识别，即可对乘客信息、行李及判图结果实时绑定，实现"人包关联"。这一方案避免了行李被误拿，提高了行李过检安全性，还实现了安检流程可回溯。

通过完善的边缘智能平台，智能车站解决方案可以提升铁路车站运营效率和乘客出行体验，助力铁路部门构建基础设施完善的智能车站，并实现高效、可持续发展。

智能机务：视频转储效率提升超 10 倍

机务段是铁路生产的一线核心部门，主要负责铁路机车的运用、综合整备、整体检修等任务。机车运行期间产生的大量数据是运用分析的重要基础。但传统机务依然存在车载视频过分依赖人工转储和分析、地面系统数据孤岛等严重问题。

"5G+AI"智能机务解决方案采用 5G 代替人工方案，在数据转储、视频分析、日常检修等业务场景进行数字化，助力机务工作人员工作更高效（见表 15-1）。基于 5G，华为首创 AirFlash 车地转储方案，实现车载数据包括视频等自动转储。与之前相比，视频转储效率提升超 10 倍。当火车头缓慢进段时，在咽喉区[1] 300～500 米的范围内，车载终端自动与轨旁基站建立

---

[1] 咽喉区主要指的是各繁忙区段的枢纽地段，此路段堵塞可造成铁路大面积交通瘫痪。

千兆以上的高速通道，转储速率最大可达 1.5Gbps 以上。火车头执行一次任务所产生的大约 30GB 的数据，在 3 分钟之内即可自动完成转储。

表 15-1　传统机务和智能机务的比较

工作内容	传统机务	智能机务
数据转储	每机务段需 48 个专人，每次作业均耗时超过 40 分钟	耗时不到 3 分钟，全自动化作业
视频分析	人工抽查，工作量大，覆盖率低	智能分析，效率高，100% 覆盖
日常检修	计划修，每次均需要全面人工检查、人工分析	状态修，根据设备的实际状态，按需检修

引入 AI 的智能视频分析，自动获取真实完整的司机监控录像，监督司机异常行为，分析效率大幅提升，使视频分析从人工抽查向全面智能识别转型。

通过大数据诊断，让关键部件的健康状况可预测，实现机车科学检修。基于大数据技术，可实现 2000+ 数据项业务系统关键部件故障检测，建立健康管理模型，实现走行部的健康评估、寿命预测等功能，推进机车从"计划修"向"预测修"转型，不仅提升了检修效率，更减少了安全隐患。

智能货场：全面优化货运流程

智能货场解决方案接入移动视频监控、门吊、集卡等多样化终端，通过多种基于数字平台的新 ICT 能力，支撑货场智能化应用。具体包括智能客户服务、智能作业组织、智能货场安全保障，可实现货场货物装卸、集装箱区管理、货检作业、货场人员、道路和车辆的实时监控，满足货场在智能运营中心综合安防、便捷通行等方面的管理和建设要求，并可降低作业人员 50% 以上的劳动强度，提高生产效率。

例如，基于视频+AI 能力，可以实现集装箱进出货场的全流程监控。对各环节作业进行把控，便于优化规范作业流程，提高效率，保障安全。通过视频+AI算法自动识别车牌号和箱号，可保障车货准确匹配，并自动识别箱体是否破损、倾斜等，辅助加强安全管理。

2019年，华为和京铁云智慧物流科技有限公司（简称京铁云）公布合作智能货场解决方案。华为以软硬件ICT基础设施、园区解决方案和数字平台为基础，根据京铁云的实际业务需求，联合广大生态合作伙伴的丰富应用，深入解决京铁云在铁路货场、物流、办公等多个场景下的业务痛点，并且利用平台智能化能力，加强了京铁云铁路货场业务的多系统数据融合及协同。该方案以全面优化生产作业流程、提高运输组织效率为目标，帮助京铁云在智能运营中心、综合安防、便捷通行、设施管理、资产管理等方面完成货场综合建设。

智能周界防护：全天候保护安全

铁路覆盖的地域广泛，地面环境复杂，给周界安全防护带来挑战。通常，铁路周界的入侵防范主要包括人防、物防、技防模式。顾名思义，人防是指利用人工巡逻方式对铁路关键位置进行巡查。这一方式不仅劳动强度大，巡检范围有限，而且成本较高。物防则是指利用地势、围墙、栅栏、铁丝滚网等手段将铁路封闭，以防止人、物、动物侵入。这种方式存在物防网需定期检查维修等问题。技防是指利用先进技术对周界环境变化进行检测，以保障铁路周界的安全。

近年来，随着信息及智能技术的不断发展，技防逐渐成为趋势。但由于技防技术单一，误报和漏报情况较多。华为针对铁路周界安防系统识别率低等问题，通过SDC摄像机搭载AI芯片、视频等前端入侵感知设备，以及云端算力、视频算法、雷达+视频融合感知等技术，实现入侵物的高精度识别和快速响应，实现全天候保障铁路周界安防，消灭漏报，降低误报。

本章第五节、第六节将以中国铁路广州局集团有限公司（简称广州局集团）"智慧广铁"规划研究和西安铁路局西安机务段（简称西安机务段）"智能机务"为例，分析智能铁路解决方案的具体实践。

第五节 "智慧广铁"创新实践

广州局集团一直非常重视信息化发展，早在2017年即发布了集团公司的《信息化专项规划（2017—2020)》，并于2018年在全路率先建成铁路局集团级的一体化信息集成平台，初步建成了广铁云平台和大数据中心。信息化专项规划任务经过扎实推进，在应用整合、数据共享、流程优化、功能完善等方面取得了阶段性成果，广州局集团的信息化整体应用处于全路领先水平。

然而，在国铁集团"强基达标、提质增效、节支降耗、改革创新"这一铁路行业整体工作要求下，广州局集团为实现高质量发展，并发挥"走在全路前列"的示范引领作用，在2019年初，开始与华为就铁路行业数字化转型问题，进行了多轮深入交流与沟通。2020年8月，在双方主要领导的见证下，广州局集团与华为签署了战略合作协议，正式拉开了双方战略合作之旅，并就"智慧广铁"规划研究课题的全面深化合作达成共识。经过双方联合工作团队的共同努力，"智慧广铁"规划研究已经取得了阶段性的成果，并获得了国铁集团的肯定和支持。在此过程中，双方也进行了一系列的创新实践，如铁路周界入侵报警系统的应用。

铁路线路行车环境是影响列车安全运行及乘客生命财产安全的关键因素之一。因此，确保铁路线路行车环境的安全，是铁路线路基础设施维护单位的核心职责。但是在过去，针对这一场景并没有好的技术手段，主要还是依赖人工巡检的方式，也有部分线路采用振动光纤进行监测，但是频繁的"误报"是困扰值班人员的难题。

华为在了解到这一行业难题后，与广州局集团相关单位进行联合攻关，经过反复的研讨和验证，最终采取了将毫米波雷达和智能视频监控技术相结合的方案。毫米波雷达不受光照、天气的影响，在雾天、雨天夜晚、光照不佳等场景均可提供较强的动态物体检测性能，恰好与视频监控擅长的静态物体检测互补。

毫米波雷达与智能摄像机融合，借助AI识别算法分别对雷达数据及视频数据进行智能化分析后，再调用融合算法做进一步分析，就可对周界入侵事件进行准确判断。

入侵事件发生后，前端设备将入侵告警上报到告警中心，触发声光报警器，将产生声光警告进行驱离。监控中心人员通过告警中心平台，调用综合视频监控摄像机，可进行实况视频播放和轨迹跟踪，并可同步拍照、录像留取证据。同时，通过实时轨迹展示协助监控中心采取应对措施。

华为在广深线1.2千米的区间内，进行了超过一年的试验。测试区间采用单侧单向部署方式，分别在5处连续测试点架设入侵报警设备，包括毫米波雷达、智能摄像机及声光报警器，每个测试点的覆盖范围均约为200米。在试验段中，通过雷达和智能视频融合算法及环境建模技术，消除了铁路环境的各种干扰因素，实现了对人员翻越栅栏、人员横跨铁路和路肩来回行走等场景的智能判断、实时检测、告警和轨迹跟踪等。同时，在不漏报的情况下，还能做到低误报。目前，该方案正在广深线进行全线部署。

第六节　西安铁路局拥抱智能化

西安铁路局在全国路网中肩负了承东启西、联接南北的桥梁作用，其承接贯通的意义非常关键。

在铁路行业智能化发展大势下，2016年，西安铁路局在全国率先提出了"智慧西铁"战略，积极探索创新转型发展新模式。但是在摸索和转型的过程中，仍然面临业务模式传统、低效等"老大难"问题。

2017年底，西安铁路局开始与华为展开紧密合作，并逐渐应用华为智能铁路解决方案，在智能机务段创新实践、智能铁路云网等方面取得了卓越的成效。

西安机务段创新实践

机务是负责机车运行、维护及司机管理的业务部门。通俗地说，机务段工作就是列车安全管理的"心脏地带"，管理范围涉及对列车的安全运行至关重要的两大方面：火车头和列车司机。

为保障列车安全行驶，"火车头医生"要负责火车头和司机的安全问题，承担着重要责任。"火车头医生"包括"专科医生"和"影像分析师"两大类。"专科医生"即专业检修团队，在机车进入机务段后，对机车进行体检、快速检修。"影像分析师"则主要分析驾驶室司机行为，针对违规行为进行记录和处罚，确保安全风险全面受控。

西安机务段配有40名专职"影像分析师"，同时配有70名"专科医生"。他们平日里工作非常忙碌，春运期间的工作量更大，平均要四五年才能轮到一次回家过除夕。在应用"5G+AI"智能机务解决方案后，他们在除夕之夜亦可与家人相伴，同时乘客安全出行也得到更好的保障。

"火车头医生"的压力

按传统方式，"火车头医生"的工作比较烦琐，而且效率不高，需要依赖经验判断。以"影像分析师"的工作为例，一台火车头一般安装7个摄像头，只要火车头处于启动状态，这7个摄像头就会时刻记录两端司机室、机械室及前后路况的视频信息。火车头一次运输任务执行下来，会产生30～50GB的视频数据。这些数据的转储通常采用人工U盘拷贝，每次都需要40多分钟，效率低下，并且还存在车载计算机感染U盘病毒、数据有损坏和被篡改等风险。

另外，通过"影像分析师"人工抽查、分析司机驾驶录像的方式，也存在效率低及漏检等问题。由于视频数据量巨大，因此人工分析无法做到全面覆盖；人眼容易疲劳，可能存在遗漏问题的风险；同时，这项工作对"影像分析师"的专业素质要求高，一般需要具有丰富经验的"老司机"，造成了列车司机资源的浪费。

再看"专科医生"的工作，无论火车头钳工、制动工、焊接工、电器钳工，还是弓网检测，都需要在有限时间内对每台入库火车头进行全方位的检查，迅速判断，及时治疗，以确保火车头按时出库、正常行驶。但在短时间内检查大量内容，容易漏检。

例如，火车头的走行部一般共有2306个排列非常繁杂的螺栓，采用传统方式检修时，需要通过人工拿锤子敲听声音、用肉眼观察等来判断螺栓及其他关键部件是否正常，这不仅容易漏检，而且高度依赖人工经验。同时，每台火车头进来都要重复执行复杂的程序，虽然这些关键部件都安装了传感器，但是传感器的数据并未被充分挖掘，只能人为地对关键部件采取频繁的"过度"维护方式，检修频率非常高，浪费了大量人力、物力。

当火车头关键部件出现较大的"健康"问题时，"专科医生"除根据每台火车头的修程、历史"病历"记录及问题表现等进行定向和专业"治疗"外，必要时还需联系"住院"（入库或返厂）进行更系统、更全面的诊断和维修，这可能会花费数周时间，严重影响了铁路的生产效率。

"5G+AI"智能机务解决方案

凭借对铁路行业的深刻洞察，基于领先的通信和数字平台能力，华为与西安铁路局合作，推出了"5G+AI"智能机务解决方案。该方案可大幅度降低"火车头医生"的劳动强度，提升智能化水平，更好地保障运输安全，助力西安铁路局建设"智慧西铁"。

华为智能机务解决方案的应用，将铁路机务运行的安全问题至少减少了10%，数据采集和分析效率提升了10倍以上，每个机务段每年可节省数百万元的运营成本。

首先，以5G代替人工，将转储效率提升了10倍，还可自动获取真实完整的司机监控录像。该方案基于华为全球领先的5G，工作于新兴的毫米波免费频段，采用波束赋型和智能跟踪技术，实现了车地自动高速转储。转储全程无须人工干预，数据完整、安全可靠，且仅用时3分钟左右，相比人工拷贝效率提升了10倍以上。这是5G在铁路行业的首批智能化应用，解决了人工U盘拷贝效率低、存在安全隐患、数据不可靠等问题，帮助"影像分析师"及时获得完整视频数据。

其次，AI助手成为"影像分析师"的"火眼金睛"。全量司机视频录像数据采用5G回传，通过高速缓存设备进入智能分析中心后，就可借助AI自动识别司机的违规行为。依托华为AI平台领先的算力，生态合作伙伴可将一个模型的训练时长从1周缩短到1～2天，实现快速应用。

再次，该方案还可根据实际场景，定制开发视频行为分析算法，实现11个违章项的自动智能识别（如未比手势、玩手机、未握大闸等）。通过构建司机智能评价模型规范行为，保障安全，从而解决"影像分析师"人工抽查不全面和效率低的问题。以前，人工分析每人每天只能处理4台车的分析结果，采用智能分析技术后，每人每天可处理40台以上的分析结果，分析效率提升了10倍。

最后，通过大数据诊断，让关键部件的健康状况可预测。该方案凭借华为大数据平台的集成、存储、查询、分析和良好的数仓及BI支持能力，以及ROMA平台的数据联接和共享能力，打通多个核心业务系统，打造了机务全流程信息共享平台。

例如，基于走行部车载传感器数据，以及地面运安、整备、检修等数据，结合生态合作伙伴长期在走行部领域积累的大量专家经验和故障样本，构建的火车头走行部故障预测及健康管理模型，可实现走行部的健康评估、寿命预测等功能，在推进火车头从"计划修"向"预测修"转型的同时，也将为修程、修制的改革积累科学的依据。基于大数据平台，方案可对走行部传感器状态的海量历史数据进行分析及健康评估，绘制出寿命曲线，并对处于"亚健康"状态的部件及时预警。基于此，"专科医生"工作强度降低，且有效避免了设备从"小病"向"难症"转化。

轮轴探伤工作也可从大数据应用中获益。轮轴的健康状态对行车安全至关重要，若轮轴出现损伤而未及时发现，裂缝就会越来越大，如在行驶过程中发生断裂，后果将不堪设想。此外，牵引杆、车钩等运动关键部件出现裂损时也要及时更换，否则将会影响行车安全。按规定，在车轮轮对上，一旦发现当量2毫米以上的小孔、深度0.7毫米以上的剥离，就要马上更换。轮轴损伤常常仅有发丝一样的细度，在人工探测时，需反复探三四次才能确认。而采用大数据分析，通过检测每日的轮轴传感器状态数据（如轴温、振动等），就可对其健康状态进行评估，以预测故障风险并及时预警，不仅提升了检修效率，更降低了安全隐患。

借助5G+AI，华为智能机务解决方案将极大地提升西安铁路局铁路检修的智能化水平，促进铁路机务问题从"人防"向"技防"转变，在大幅降低"火车头医生"工作强度的同时，极大地提升效率，最大限度地降低列车的安全隐患。践行以人为本，为人们带来安全保障和更好的工作环境，这才是铁路智能化所带来的重要价值。

智能铁路云网

除了应用智能机务，促进西安机务段从"人防"向"技防"转变，华为还帮助西安铁路局将智能云网解决方案应用于铁路数据网，实现了铁路数据网数字化、智能化、服务化，探索出一条ICT基础设施智能化演进之路。

由于数据通信网络建设年代已久，西安铁路局网络存在带宽不足影响关键业务开展、业务种类多且不同业务间互相干扰、运维难、故障排查时间长等几大问题。华为深入业务场景应用，分析西安铁路局的网络诉求和挑战后，运用智能云网解决方案，帮助其实现网络带宽数字化、智能化，率先迈入"智能车道"。

摸底业务痛点

随着基础设施数字化进程推进，西安铁路局全路局车站新部署了3万多个高清摄像头，用于采集高清图像，实现自动化视频质量检测、工作人员作业现场智能防护、乘客异常行为报警等功能。但是如此庞大的视频业务流量，对网络带宽的要求也更高。

西安铁路局现有的汇聚千兆、接入（4～6站共享）千兆的网络带宽已不能支撑视频业务的开展。并且，西安铁路局数据通信网已经建成数年，大部分车站出口以1GE标准建设。在视频监控业务的密集化、高清化发展的情况下，1GE出口带宽已经不能满足业务需求，成为制约业务发展的瓶颈。

不仅本身网络带宽"航道"承载能力不足，业务种类多、不同业务间互相干扰等问题还常常造成"航道堵塞"。西安铁路局的整体网络需要同时承载会议电视、电源及环境监控、语音、视频、旅服等十余种业务，不同业务的SLA（服务等级协议）需求差异大，其中尤以会议电视对网络时延的要求高。但文件、多媒体数据业务突发多，经常会影响到高优先级的会议电视类业务，如产生花屏、卡顿现象，拉低了工作效率。

此外，原有网络宽带老旧、运维难，故障排查时间长。西安铁路局原有的网络运维缺少业务感知和可视化能力，当网络出现故障时，需跨部门协调才能完成网络故障的定位工作，耗时长，在此期间部分业务的开展面临停滞状态，难以满足铁路运营管理要求。

智能云网推进数字化升级

面对以上一系列的问题和挑战，华为紧扣西安铁路局业务痛点，打造智能铁路云网解决方案，从根本上解决问题，并助力其在"新基建"的浪潮中，加速ICT基础设施数字化、智能化升级。

首先，为解决因网络带宽不足而影响关键业务开展的问题，智能云网解决方案帮助西安铁路局建设了覆盖接入车站、汇聚车站、调度所的万兆带宽网络，疏通了网络带宽"新航道"，满足大流量需求激增、高并发业务增多的发展需要。同时，将车站出口带宽升级至10GE，通过10GE冗余设计形成A、B两个平面，通过SRv6建立端到端业务，在正常状态时业务在两个平面进行负载分担，处于网络故障时两个平面互为备份，以实现网络资源的高效利用和高可靠性。

其次，针对业务种类多、不同业务间互相干扰的痛点，华为通过网络切片技术，帮助西安铁路局将物理网络划分为多个切片，切片之间刚性隔离。低时延切片用于承载会议电视业务，保障会议电视业务不受其他业务影响；视频监控切片用于承载视频监控业务，保障视频监控业务的大带宽需要；通用切片用于承载办公类业务，通过统计复用实现网络资源的高效利用，既能满足不同业务对SLA的需求，也能做到专网安全隔离，可谓一箭双雕。

最后，为解决运维难、故障排查时间长的问题，西安铁路局在网络升级改造过程中引入了华为SDN智能运维技术，助力网络带宽顺畅运行。具体而言，即通过SDN控制器和iFIT随流检测技术实时采集网络数据信息，精准检测每个业务的时延、丢包等性能信息；配合Telemetry毫秒级数据采集，使得网络质量SLA实时可视，做到快速故障定界和定位。

通过以上的具体应用，智能云网方案为西安铁路局业务进一步插稳了数字化的"翅膀"，使其铁路智能化之路起步即领先。对此，西安铁路局评价道："ICT基础设施智能化是铁路智能化的重要技术支撑，对于推进铁路设施数字化、智能化升级具有重要意义。采用华为智能云网建设的铁路数据网可实现万兆车站，业务一键开通、一跳入云；多种业务在一张网络上通过切片技术安全隔离；故障定位时间通过智能运维缩短至5分钟，为全面实现铁路智能化奠定了坚实的基础。"

在华为铁路云网解决方案的助力下，西安铁路局率先迈入智能化发展"快车道"。在铁路行业智能化发展的新背景下，华为将与铁路行业生态合作伙伴继续深化合作，持续践行网络数字化、服务化、智能化的建网理念，助力铁路行业打造全球领先的数据通信网，促进铁路行业数字化转型，加快推进铁路智能化发展步伐。

第十六章

智慧公路：探索更确定的未来

在智慧公路时代，物联网、车路协同、路网认知等数字化和智能化系统，将成为公路建设的标配。借助移动通信和互联网，云计算、大数据、AI、边缘计算等新ICT，可减少公路出行、管控等方面的不确定性。通过增强感知、互联、分析、预测、控制等能力，实现人、车、路和环境协同，缓解拥堵问题，节约人力成本，提升出行安全、效率和体验，赋能绿色发展和可持续发展。

第一节　智慧公路发展趋势

随着数字化技术与公路发展的不断融合，智慧公路的脚步越来越近。未来，公路行业发展呈现出以下四大趋势。

趋势一：交通组织变革已拥抱数字化转型。

各省市国有交投集团合并重组，已成为交通组织变革的发展趋势。

2015年，安徽省高速公路控股集团有限公司与安徽省交通投资集团有限责任公司合并重组为安徽省交通控股集团有限责任公司，负责安徽省92%的高速公路运营。

2016年，浙江省交通集团和浙江省铁路集团合并重组为浙江省交通投资集团有限公司。同年，湖南路桥建设集团有限责任公司、湖南省交通规划勘察设计院有限公司等10家交通、水利行业企业共同组建湖南省交通水利建设集团有限公司。

2017年，云南省交通投资建设集团有限公司正式成立。这是在原云南省公路开发投资有限责任公司整合重组省交通行业55户企业的基础上成立的国有大型企业。

在组织融合的趋势下，公路管理的挑战倍增。如何利用数字技术减轻管控压力、增强管控力度，成为数字化转型努力的方向。

趋势二：确定性出行成为安全出行的下一个必然趋势。

随着智慧交通融合创新发展，用户习惯改变，交通模式转变、可预测、确定性出行成为下一个出行的主旋律，必将更大范围地影响人们的出行生活。

大整合、大融合结束了"各自为战"的局面，减少了重复建设、交叉管控等问题，使资源集中管理、数据多源汇集、数据深度应用、一致服务体验成为可能。在规模扩大的同时，行业面临的管控难度与挑战也将升级。如何通过有效管控、全局调度以保障安全、便捷出行及确定性出行，成为一大挑战。

不同主体对确定性的诉求有所不同。从管理者角度出发，交通厅立足于全省路网，不仅要掌握全网实时态势，还要关注交通趋势的预测确定性；路段公司则更关注路段路况、拥堵程度、流量预测主动管控、快速应急事件响应、精准收费、精准养护。从出行者角度出发，将多元交通工具（模式）全部整合在统一的服务平台的基础上，基于数据的共享服务原理，运用大数据技术进行资源配置优化、决策，建立无缝衔接的，以出行者为核心的，提供符合出行者需求的，灵活、高效、经济的确定性出行服务。

趋势三：数字技术助力高速公路迈入确定性服务时代。例如，数字技术在提高精准养护确定性方面的应用。过去，高速路段养护检修多靠人工巡检，进行纸质化记录，数据不可见，数据不可用、数据"沉睡"现象屡见不鲜。当前，部分道路养护的数字化已实现了从养护设备数据可视向养护精准预测与辅助决策的应用转变，实现了养护预算、目标养护等级、养护资源优化由经验判断到数据辅助决策的巨大变革。在安全通行方面，通过获取道路流密速、通行力、承载力等数据，对路网通行能力进行建模与深度分析，生成的诱导管控决策与预测结果推送到导航系统或其他终端，提升了出行确定性。

自动驾驶亦是如此。单车智能与车路协同系统相互协同，提供视距与非视距感知能力融合，最终达到确定性的自动驾驶出行体验的终极目标。例如，伴随着感知能力提升，在自动驾驶中，既能感知车牌、车速、车流、周围事件等信息，也能感知雷雨、雨雾等复杂天气状况；利用5G满足车-车、车-路通信的低时延要求，实现车辆高精度实时定位；利用云端数据融合处理能力，在空间上实现超视距感知。这些能力的实现为自动驾驶的可靠性、安全性、确定性出行提供了重要保障。

趋势四：数字技术同样助力城市道路出行确定性。与高速公路一样，随着城镇化发展，社会生活的节奏越来越快，公众对城市道路确定性出行的期望也越来越高；同时，确定性出行为社会环保、经济、高效运行带来了直接或间接的巨大经济效益与社会效益。

例如，新加坡作为世界上人口密度最大的城市之一，新加坡的交通治理尤为瞩目，甚至被称赞为"城市公共交通治理的典范"。除政策与区域功能完善外，大数据也功不可没。比如，手机App可以为乘客与司机提供实时线路规划服务，避免拥堵。出租车预召系统则是在车辆停靠站应用站点热感应技术，预测乘客人数，适时调度车辆。

再如，将无线通信技术、移动终端技术、卫星定位技术等，应用于城市停车位采集、管理、查询、预定与导航服务，实现停车位资源的实时更新、查询、预订与导航服务一体化。在实际运用中，车主可以通过App查找指定地点的停车场、空余车位、预订信息、收费信息等。出行时，一键查询就可以导航至指定位置停车，减少了寻找车位的不确定。智慧停车实现停车资源利用率最大化、停车场利润的最大化和车主停车服务的最优化。

不难想象，路网全要素数字化、精确预测与主动管控、车队编组、辅助自动驾驶、完全自动驾驶等智慧场景都将成为现实，确定性出行也将成为人们出行的基本方式。

不过，当前公路智慧化尚处于实践探索期，看不清、看不全、数据不可达，管控有效性、实时性仍然是最主要的痛点与挑战。数字化是智慧公路建设的核心基础，也是智慧公路朝着确定性方向发展的关键。

通过以下小场景，可让数字化与智慧公路变得更具象。

例如，智慧路灯，站立在道路两旁的路灯不再只具有照明作用，通过AI等技术的数字化赋能，使之具备感知能力，如气象感知、交安设施、道路日常安全巡检。采集与分析结果实时回传后端系统，一旦有安全隐患，即可上报云端后台系统，工作人员即可采取相应应急措施，快速响应。

又如，动态路径诱导，通过获得全域路网拓扑基础，对路网实时态势等数据进行精确分析，向驾驶人员推荐最为顺畅、最优的路径出行。同时，在高速公路应用场景中，动态路径诱导结合费率调整，引导驾驶人员选择非拥堵路线，低成本路线，提升道路整体通行效率。

以下将从智慧高速公路和智慧城市道路两个领域展开，迎接智慧公路时代的来临。

第二节　智慧高速的挑战和解决方案

当前，国家高速公路骨干网已基本形成，行业发展重心由建管为主转向建管养运服并重。在交通出行者对时效性追求越来越高的情况下，高速公路还存在收费效率不高、高速收费站在重大节假日期间依旧拥堵、高速公路时常出现恶性交通事故、营运车频繁违规造成路损和交通事故等现象，这与达到高速智慧化、安全出行的目标还有较大距离。因此高速公路迫切需要智慧化，如何统筹协调高速公路"人、车、路、环境"各要素，加快推进新基建时代智慧高速建设，提升管理服务能力，实现"4个交通"（综合交通、智慧交通、绿色交通、平安交通）的发展目标，成为行业的重要课题。

面对行业数字化转型，从基础设施数字化层面来看，我国高速公路当前的路网感知设施范围覆盖不足，存在一些感知盲区，设施数字化程度不高。例如，视频感知是当前高速公路路网感知采取的主要方式，然而从整体上看，存在的问题比较突出，例如，前端在线率低，互通共享不够；覆盖区域不全，关键点位采集不全；视频监控高清化不足，视频质量较差；视频智能分析功能简单、准确率低，等等。

路网感知能力的不足让管控变得比较被动。例如，高速公路一旦出现突发情况，如当泥石流、交通事故等异常事件引起堵塞时，管控部门只有在第一时间获知道路信息才能及时采取相应的管控诱导措施。然而感知不足使得管控部门未能及时获得道路信息或者层层上报导致信息滞后，导致响应与处理效率大打折扣。

站在行业全生命周期角度，高速公路的"建管养运服"尚未实现一体化联动。高速公路从修建到开通往往需要数年时间，而且需要长期管理、养护、运营、服务，每一环节都关系到道路的使用寿命。

但是从规划设计开始，我国高速公路数字化程度就比较低。例如，尚未建立具有全生命周期的信息采集与处理智能化模型，设施协同程度低，尚未建立可视化运维全过程工程咨询信息服务平台，项目设计、建设和管养过程中的数据积累和传递存在断层。数字能力的缺失让许多问题成为"顽疾"。比如，在运营层，收费效率与收费准确率有待提高，收费站在重大节假日拥堵严重，恶性交通事故，危险品运输车频繁违规造成路损和交通事故等问题长期存在，亟须采用数字化方式加以解决。

利用数字技术实现全生命周期联动发展，将有利于高速公路的可持续性发展。

智慧高速的特征主要表现在6个方面：全面感知、智能分析、协同运行、自主决策、瞬时响应及精准管控。结合我国高速公路现阶段发展态势，在保障安全的前提下，为持续提高高速公路运行效率，提升通行体验，华为提出智慧高速解决方案：以道路全要素数字化、网络化、智能化为基础，以数字平台为核心，构建多业务场景解决方案，即通过1套全要素感知+1个高速大脑+N个智慧应用，实现高速公路的可视、可管、可控、可服务，以提高其安全、效率及服务体验（见图16-1）。

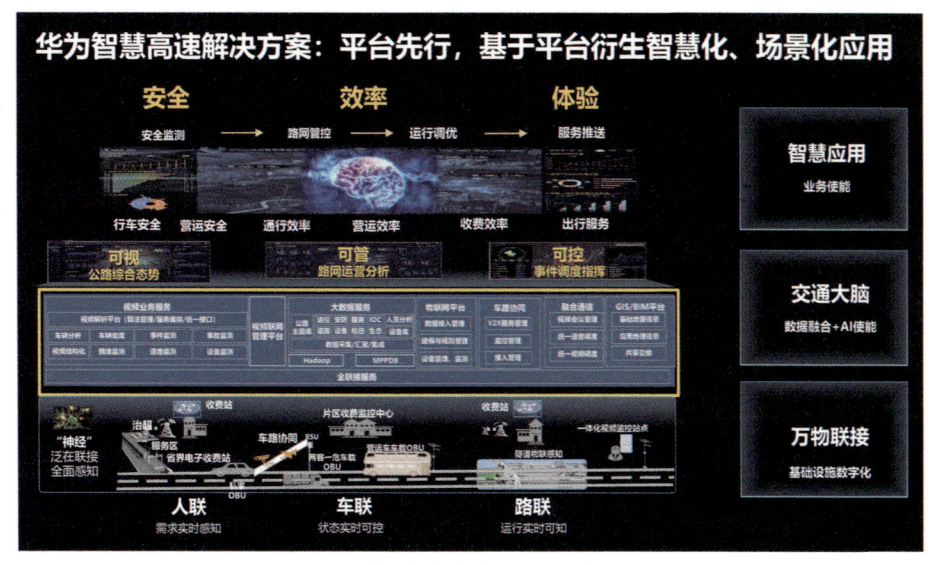

图 16-1 华为智慧高速解决方案总体架构

端侧感知

端侧感知是高速公路基础设施数字化的基本要求。通过在路端、路侧端铺设视频摄像头、传感器及车流量检测器等采集设备，让基础设施具备感应能力，并能开口"说话"。

在数字化阶段，端侧感知主要有三方面的变化：

第一，从功能机转变为智能机，做到"车留痕、人留迹"，适用于交通全场景路段，包括匝道、服务区、边坡桥隧、收费广场等。

第二，从单点智能变为全网智能，实现"改一点，带一片"，降低全网智能化成本，保护路网既有投资。

第三，从单一手段转变为多源拟合。例如，通过视频＋雷达多源数据拟合，做到高精度可视，不管是大雾天气还是雨雪天气，都能使道路清晰可见。

边缘智能

高速公路突发性事件较多，随着车路协同实践应用，对计算处理能力的实时性要求高，边缘计算能力十分关键。传统模式主要是在路侧部署大量的感知单元，通过传输网络将信息送到中心云端处理，但这会带来实时性、带宽瓶颈等问题。例如，车路协同场景，汽车以120千米/小时的速度行驶，若遇到紧急事故，实时性差就意味着应急响应能力弱，无法支撑与提供有效辅助驾驶服务，进而导致重大事故发生。

解决这一问题的最佳方法是云端协同方案，利用边缘计算和边缘智能，以AI能力与AI分析应用为核心，缩短端到端延时。将算力和AI能力下沉到边缘侧，节省上传数据到云端处理的时间，缩短业务处理的时延；同时在边侧对无用数据进行筛选剔除，再进行回传，减少对带宽的压力。例如，高速路超速超限、高速收费、驾驶行为事件、路况流量等相对简单的算法，都能通过边缘计算进行快速处理。

高速云

高速大脑是智慧高速建设中最核心的内容，是支撑全业务场景、全生命周期行业智能升级的"引擎"。在本质上，智慧高速要具备全路网感知能力，并且将感知数据汇聚，打通传统的"烟囱式"系统，对数据进行统一汇聚、治理，再利用智慧中枢的强大算力，深挖数据价值，盘活数字资产，最终实现智慧应用。

智慧应用

以下将对高速管控、智慧服务区、车路协同三个业务场景进行分析，解读高速公路如何基于端侧感知、边缘智能和高速云达成数字化转型目标。

主动交通流管控（ATM）

主动交通流管控（Active Traffic Management）是指分析既有道路事件产生规律，实时感知交通状态，进行交通预测，预知交通流情况和事件，进而提前进行交通管理，通过稳定和谐交通流服务提升道路通行能力和安全性。

为什么要进行主动管控？

随着区域一体化建设加速，汽车保有量提升及出行需求激增，城市群之间高速公路超大流量常态化，供需矛盾日益凸显，分合流交织严重，事故发生频繁，典型如：

（1）交通枢纽分合流：高峰期高速公路拥堵，可能造成较大的交通事故隐患，特别是城市周围的路网，互通枢纽及汇入汇出扰流复杂场景；

（2）货车混行扰流：货车由于其自身特点，是交通流中影响较大的扰流因素，在超车和行进过程（如上下）坡速度变化及制动距离对交通流安全影响大；

（3）有效管控实践：部分原有道路设计通行能力达到峰值，通行能力不足，通过简单的管控措施实践，可以对事故减少和减轻拥堵起到较好效果。

主动交通流管控在欧美国家（如德国、英国、荷兰、奥地利、美国）多年实践证明是行之有效的。我国主动交通流管控尚在尝试阶段，没有大规模集成化系统落地。

车道级主动管控技术融合了云计算、物联网等新一代互联网技术，分车道精准定义车道功能，提升路段节点运行能力，降低路段事故概率，提升服务水平。

高速云控平台"全面、精准、微观、实时"的交通数据分析，动态可计算路网数字孪生、交通流预测及交通管控算法引擎，利用智能视频+AI引擎与大宽带联接能力，支撑高速公路从检测、预警、处置、发布、服务等进行全流程智慧管控，提供如自适应匝道控制、动态分级限速、硬路肩或应急车道动态分配、货车车道动态分配、动态路径诱导等创新应用服务（见图16-2）。

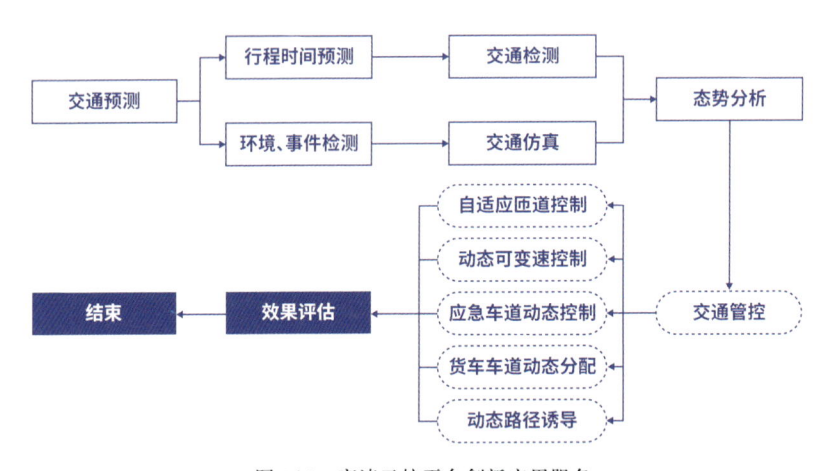

图 16-2　高速云控平台创新应用服务

主动管控实施必须结合实际路网设施设备配套及原因分析方能有效实施，整个系统是一个业务本质分析（线路特征，交通流特征），交通工程设计（前端传感及发布设施），仿真及管控方案设计及实施效果评估，反馈优化管控中心。

以下以分级动态限速设计实施为例进行说明。

第一步：业务肌理分析。

（1）线路特征分析：互通、匝道汇入汇出特征分析；

（2）交通流分析：流量、密度、速度基础数据；货车比例、事故类型等交流肌理分析。

第二步：交通工程设计。

（1）监控设备、传感设备如雷达部署点位设计；

（2）龙门架布设设计（位置、高度、间隔）；

（3）道路标志标线、情报板位置根据道路特征设计。

第三步：主动管控方案设计。

（1）路网模型建立（高精地图与高精定位）；

（2）业务数据（静态路网数据与动态运行数据）采集与建模；

（3）算法引擎分析及管控策略生成；

（4）管控服务发布（动态标牌、移动导航服务）；

（5）实施效果评估，反馈管控中心迭代优化。

车路协同

车路协同对路网感知力、联接力、认知力的要求较高。

首先，从基础设施数字化开始，车路协同需要建立强大的感知能力，做到既能感知车牌、车速、车流等信息，也能感知雷雨、雪雾等复杂天气状况。基于端侧的C-V2X（Cellular-V2X，蜂窝车联网）、5G车载模组等技术，结合边侧边缘感知设备、雷视拟合技术，从传统机电建设转变为数字化升级，从事后处置变为提前感知。

其次，利用5G、4G等网络联接技术，以及边缘计算、AI、大数据的计算能力，实现车、路、网、云联接和边云协同计算，形成协作式智能交通系统、自动驾驶服务两个智能化引擎。

最后，车路协同实现智慧应用。城市交通治理&管控、高速管理&服务和园区车联服务都是车路协同的典型应用场景，具体应用包括精准公交、现场执法、收费稽核、车辆编队、AVP停车、园区物流等。

智慧服务区

高速公路服务区普遍存在服务感知差、管理效率低、招商引资难、运营成本高、安全保障弱、协同效率低等问题。通过数字化平台能力，借助大数据、物联网、云计算等技术，能实现智能安防、增值创收、节能环保、高效管理、融合服务。

具体来说，服务区内实施智慧服务区系统，包括服务区Wi-Fi信号全覆盖、信息发布系统、停车及充电诱导、安防监控、车辆管控、智能公厕及电动车充电等内容，主要目的是提高服务区智能化管控水平，提升服务区的服务质量和服务能力，打造绿色、环保、科技的服务区。例如，通过建立辅助决策分析平台，可以让服务区的监控更直观、运营更精细、服务更精准。停车场剩余位置检测指引、车辆分流引导等智慧业务场景将大大优化乘客出行体验，提升服务区运营效率。

第三节　智慧计费稽核案例

在高速路运营中，"跑长买短"、大车小牌、货车客牌等偷逃通行费手段层出不穷，一直以来都是高速公路运营管理的"硬骨头"。面对这一挑战，华为在智慧应用层提出智能识别逃费方案，为实现实时稽核、精准计费提供保障。

湖南省高速公路集团有限公司（简称湖南高速）与华为合作，采用华为云EI图片检索引擎+边缘AI，实现智能识别偷逃费（见图16-3）。该方案将路网运行车辆的计费流水、车辆牌识流水、车辆全量特征在云端进行多维数据融合，通过秒级诊断分析、构建路径还原、在线自动预警响应等措施快速形成偷逃费证据链，为各级收费稽核业务提供数据支撑服务，达到应收尽收、有效消除收费争议、提升服务质量的目标。

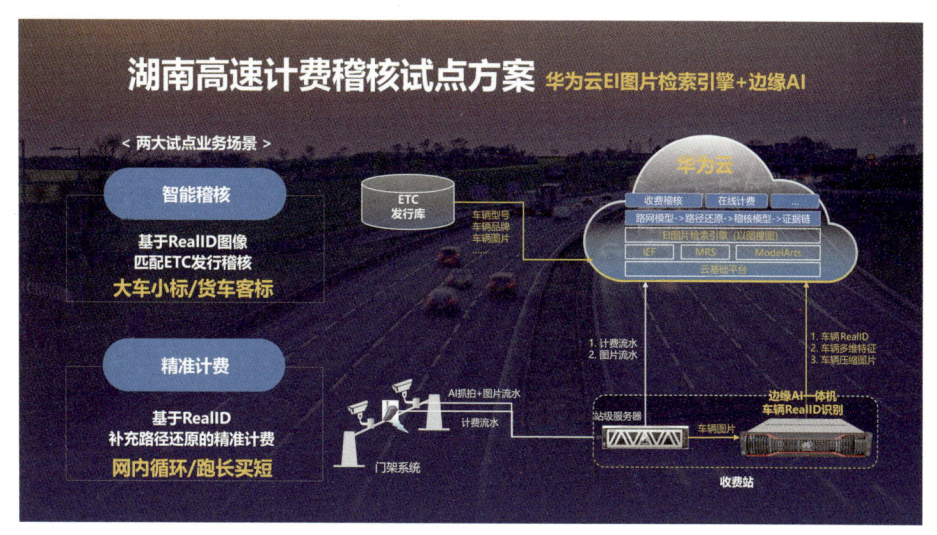

图 16-3　湖南高速计费稽核试点方案

从阶段性成果来看，在智慧计费稽核试点路段，发现多起偷逃费行为，违法车辆在线稽核效果显著，大幅提升了收费稽核的工作效率。通过测试，5天100千米追缴收费5万余元，全年预计挽回2亿元损失。

京珠高速公路广珠段有限公司（简称广东高速）与华为合作创新推出了雷视拟合的手段，让计费稽核更加精准（见图16-4）。

传统的视频技术只能拍摄静态图片，而且在大雾、暗光、拥堵等特殊环境中获取的照片质量不佳，还存在无法准确统计过车数量、牌识抓不到等业务痛点。对此，华为创新研发雷视拟合算法，用雷达的动态监测能力来弥补视频的不足。

在广东高速的门架系统上安装雷达、摄像机之后，实现了在200米处精准捕获每一辆车，过车数据精准度高于99%；在100米处实时触发摄像机拍照，雷达和摄像机过车数据一致，避免过车图片抓拍遗漏。由此，在精准图片的基础上，车辆RealID无误、行车轨迹清晰可查，能大幅提高计费稽核的精准度，避免发生误收、漏收等情况。

图 16-4　广东高速计费稽核试点方案

第四节　延崇高速自动驾驶案例

延崇高速（北京段）是我国加快推进智慧高速试点的重点示范项目，也是我国首例实现实际高速公路车路协同、智能驾驶的高速公路。2018年12月27日，华为与北京市首都公路发展集团有限公司（简称首发集团）、奥迪（中国）企业管理有限公司等在延崇高速（北京段）按照80千米/小时的设计速度，进行了车路协同与自动驾驶的测试，迈出全国智慧高速落地的关键一步。在此次测试中，成功实现车辆在驾驶员没有控制的情况下以80千米时速前进，同时还完成了减速调头、遇障碍物减速变道、变道超车、紧急停车等场景测试，提升了自动驾驶道路的安全性和效率。

华为通过提供摄像头、雷达等路侧感知终端和C-V2X（Cellular-V2X，蜂窝车联网）解决方案，把延崇高速打造为智慧高速公路。同时，华为还提供车载单元OBU和移动数据中心MDC，并利用自身在自动驾驶系统上的深厚积累，帮助奥迪打造智能网联汽车，完成基于车路协同的高速公路场景L4级自动驾驶[1]演示。

通过C-V2X网络，车辆与路可以实时交互路面交通信息，使得驾驶更加安全。如果车辆以延崇高速最高设计时速80千米/时行驶，前方百米以外某条车道突发事故或紧急刹车，后车驾驶员可通过C-V2X在100毫秒内收到危险预警，有足够的应对时间，防止高速公路二次事故发生。

该试点项目需要克服诸多困难。例如，延崇高速多桥梁隧道，桥隧比超过90%，加上山区路段天气多变，容易受到雨雾和冰雪的影响，导致无线通信、卫星定位条件差，使行车安全面临严峻挑战。因此，项目团队需要针对平原区、山区段进行分布测试验证自动驾驶等应用。

2019年，首发集团与华为等合作伙伴再次选择延崇高速桥隧比高的道路，在更加复杂的道路条件下，利用C-V2X车路协同技术、高精度隧道定位技术和高精度地图，进行大、小车多类车型的L4级自动驾驶和车队编队全场景测试。

除道路数字化外，在延崇高速公路的监控中心，由几十个小屏幕构成了一面"屏幕墙"，分列着延崇高速（北京段）33.2千米内各个重点区域的实时监控画面。通过这面"墙"，监控人员能够24小时监测全线道路情况，一旦发现异常，就会放大画面进行查看，方便协调处理。同时，在弯道、桥区等重点路段布设的摄像机等视频监控设备，还会根据设定每隔几秒钟就旋转一下探头，实现全覆盖、自动轮巡。

延崇高速的创新实践，为未来辅助驾驶、自动驾驶、智慧公路建设，在技术标准编制、工程技术验证、商业创新运营等方面积累了宝贵经验。

---

1 L4级自动驾驶被称为高度自动驾驶，车辆可完成所有驾驶操作，人类驾驶员无须保持注意力集中，但需限定道路和环境条件。

管中窥豹，可见一斑。从延崇高速的实践成果中可以看到，数字技术与交通行业的碰撞已经产生火花。

第五节　城市道路系统亟待数字化

随着城镇化的迅猛发展，城市交通拥堵频发、交通事故频繁、地面公共交通服务水平下降、环境污染等问题愈加突出。这些问题已经成为政府打造宜居环境，提升市民出行体验和生活品质的主要障碍。

城市交通参与者众多、出行需求多样、突发事件较多、路况预测难度高，给城市交通治理带来了较大的挑战。多年来，城市通过交通需求管理来提高城市交通运行效率和服务水平。进入数字时代后，数字化技术手段越发受到重视。

智慧公交

近年来，城市公共汽电车（简称公交）的发展较为缓慢，甚至出现萎缩。突出表现为公交企业运营效率不高，公交车到站准时性较差，出行服务水平不高，市民乘坐意愿不强。智慧公交的建设，为破解公交行业运营难题提供了较好的解决思路。

公交车辆智能排班优化

公交车辆运营调度是整个公交企业工作的主要环节，影响到企业生产效益、经济效益和服务质量。公交行车计划编制是公交运营调度的关键环节，其水平的高低决定了运行效率的高低和乘客出行体验的好坏。当前多数公交企业行车计划依赖人工编排，排班依据不够充分，主观性强，缺乏先进的算法支撑。同时，公交客流数据的价值未能得到有效的挖掘与利用，客流数据分析与行车计划编制环节脱节，线路经营调度与调整管理缺乏依据，难以衡量线路运营效益水平和乘客服务水平。

华为通过与行业标杆客户的深入合作，将AI和大数据技术引入公交行车作业计划编制作业中，实现行车计划自动编制、计划执行异常实时调整、计划执行班次所需的车辆和驾驶员自动编排，极大提升了公交行车计划编制的科学性和合理性，提高了公交企业人、车、线、站、桩资源的运营效率，增强了公交运行服务水平，也有利于吸引市民更多地采用公交出行。

纯电动公交车辆充电优化

近年来，随着公共交通领域低碳化、绿色化进程的推进，越来越多的公交运营企业投入运营纯电动公交车辆。如何在保证电动公交车辆正常运营和服务水平的基础上，实现资源优化、降低运营成本，是摆在企业面前的一道难题。数字化技术在这一问题的解决过程中，可以发挥重要作用。

首先，在电动公交的充电网络规划建设中，数字技术可融合公交线网、公交调度、公交站台、建设成本等多维度信息，实现合理规划建设公交充电站。其次，为了使公交车辆持续、稳定运行，可通过数字技术，对公交车辆的运行时长、运行线路、蓄电池的状态、充电站的位置与数量，以及用电成本进行综合考量，提出最优的车辆充电方案，降低企业电费成本。

华为与客户合作创新，利用不同时间段电价波动的特性，采用大数据和AI算法，对纯电动公交车辆充电时间和充电度数进行科学计算和合理规划，在满足运营计划的前提下，取得了电费节约5% ～ 10%的初步效果。

精准公交

在精准公交未实现之前，人们不清楚公交车何时到站，常常陷入焦躁的等待中。为了增强乘坐公交的确定性，华为将高精地图与车路协同技术相结合，感知相应的公交车辆位置，以及公交车辆的平均速度与道路交通流量状况，经过计算、分析后，准确预测公交到达之后站点的时间。乘客通过手机App就能随时掌控公交班次的动态，从而合理安排出行计划，减少等待时间。同时，精准公交也能帮助公交公司工作人员进行调度排班、轮换司机，助力精细化管理的实现。

智慧交警

传统的城市交通管理方式在道路治理上存在着许多问题。

在执法管控方面，传统的执法主要以电警为主。由于电警前端的检测功能少，海量抓拍的执法图片需要人工判断驾驶员是否违规。一方面，质量参差的照片增加了警察的工作量；另一方面，也会增加违规的"漏网之鱼"，无法达到有效执法。

在交通路况分析方面，传统管理方式通常基于互联网路况或流量采集进行路况分析，以抽样数据建立交通模型推演路网状况，存在着片面性、不准确性、滞后性的问题，无法对路况进行有效分析。

在交通态势研判方面，传统交通态势研判浮于表面，且依靠经验，将历史过往信息与当前状态相结合进行趋势判断，未对个体出行需求进行深层次的分析，不能有效缓解城市拥堵的问题。

在组织层面，交通组织优化方式传统，多靠人工实现，不仅对工作人员的专业要求高，还无法确保数据的有效性，同时也浪费了大量的人力。

智慧交警能让城市交通管理朝着更加精细化、准确化、全面化的方向发展，实现城市交通的"人悦于行，车畅于路"的美好愿景。

在智慧交警建设上，首先通过软件定义摄像机，结合雷达感知，全面动态地、实时地拟合真实路口情况，打造数字化路口；其次打造交管大脑，以全息路口的车辆数据为基础，结合第三方数据，做到由车到路、由车到人的全面管控，实现身份可识别、路网可计算；最后基于全面感知和交管大脑的精准研判，做到指挥调度的敏捷响应、科学合理，实现交通业务管理闭环。具体而言，智慧交警覆盖以下典型场景。

绿波带

长时间地等待红灯是城市车辆行驶的困扰之一。而绿波带的建设，能够解决这一问题。绿波带即在指定的交通线路上，规定路段的车速，要求信号控制机根据路段距离，把该车辆所经过的路口绿灯起始时间，进行相应调整，确保车辆到达每个路口时都正逢"绿灯"。

在绿波带作用下，驾驶司机能享受一路绿灯的愉悦感，道路的通行效率也能得到提升。同时，绿波带的运用还显著减少了交警的工作压力，有助于对交警资源进行更加合理的分配。

全息路口

不少交通事故频频发生在路口段，使之成为最严重的"灾难"现场之一，严重降低了城市道路通行的效率。加之路口交通设施无法交互联接，给交通警察后续的处理带来极大不便。

为提高城市路口的通行率，实现路口的精细化管理。华为结合自身边缘计算与产品优势，提出全息路口解决方案，即利用雷达+电警/卡口摄像机两种感知手段，在保证原有正常非现场执法功能基础上，融合AI算法、高精度地图等技术，实现路口的治理优化。

（1）实时抓拍并输出来往车辆的车牌、车速、位置、属性、行驶姿态等元数据。同时，全息路口以"上帝视角"合成40多种交管业务的精细化治理。

（2）8秒内自动感知交通事故，通过精准车辆轨迹研判事故责任，生成数据链视频，能节约出警时间20分钟，并减少次生事故。

（3）提供精准级车道数据，全面分析交通运行的状态，实时优化红绿灯的配时方案。

（4）交通热力图可快速定位交通黑点，依据路况规律，对交通进行合理优化，解决传统黑点治理周期长、效果差的问题。

全息路口方案，以全域、全时、全量、精准的方式，赋能城市交通管理，让城市的脉络清晰可见。

第六节 深圳巴士集团数字化转型

深圳巴士集团股份有限公司（简称深圳巴士集团）成立于1975年，是深圳地面公共交通的主力军，也是全球最大的纯电动公交车、出租车运营企业。据深圳巴士集团公布的数据，截至2020年11月，深圳巴士集团已拥有营运车辆近1.3万台、常规公交线路318条、定制公交线路439条、年客运量近8亿人次。

对于深圳巴士集团来说，这样快速的发展和庞大的体量，既是机遇，也是挑战。随着人们生活水平的提高，对生活品质也有了更高要求。如何获取并满足乘客出行需求、提高公交服务供给侧的质量和效益、减少无效和低端供给等，成为公交行业发展的难题。

如何破题？深圳巴士集团顺时而动，以"智能化、标准化、国际化"为长远发展战略，确立数字化转型的战略目标，并以此为核心制定"数据平台建设、数据智慧赋能、数据服务出行"的发展路径，以实现从传统公交到智慧出行的转变。

这一深刻转变的背后，离不开合作伙伴的参与。早在2017年7月3日，深圳巴士集团就与华为合作，组建了"智慧公交"研究机构——智慧公交联合创新实验室。双方充分发挥在城市公共交通的运营管理经验与ICT领域的优势，提升城市公共交通领域的智能化应用水平，共同创建具有全球领先优势的城市"智慧公交"ICT产业模式，在业内树立标杆，探索成功路径。2019年9月12日，双方签署全面深化战略合作框架协议，在原基础上全面深化智慧公交ICT领域的合作。

深圳巴士集团在常规公交发展面临新挑战的局面下，利用数字化转型破解公交行业发展难题，展现出多个亮点。

亮点一：建设了支撑数字化转型发展的智能公交云平台。

深圳巴士集团率先利用公交云平台，汇聚公交行业人、车、线、场站、桩等生产要素数据，平均每天可以支持处理1亿条公交数据，并一屏实现全面调度、监控和服务，确保组织车辆科学合理、远程监控车辆运营服务及时到位、应急指挥协同快速响应。

亮点二：智能客流检测实现发车管理与乘车服务双提升。

深圳巴士集团在全部车辆上安装了创新研发的公交客流采集仪，可精准获得线路公交乘客的客流OD数据。通过实时客流OD数据和历史客流OD数据，深圳巴士集团开展了大数据建模，准确评估断面客流满载情况，进而开展高断面拥挤客流班次发车间隔优化调整、大小车型适配调整等措施；形成大站快车、区间车等灵活调度运行方案，提升线路运行效率，让公交车辆发车更符合乘客的出行需求。

对深圳市民而言，可以通过手机App方便地查询日常乘坐的线路中，哪一班次满载率低、舒适度高，并根据自己的需求合理安排和制订出行计划。

亮点三：智能排班与充电优化实现业务提质增效。

以往公交车辆发车排班基于人工调研和人工经验，发车排班计划质量参差不齐，驾驶员、车辆等发车计划制订依据不足。深圳巴士集团依托数字化转型，打造智能调度平台，对客流、车辆位置、路线等数据实时采集。智慧调度系统通过数据分析自动制订排班计划，生成行车时刻表，大大提升了车辆利用率，提升了企业内部作业效率。

电费成本是深巴新能源电动公交车辆主要运营成本之一，当前车辆充电电费受不同时段的差异化电费价格影响。在电价高峰期，车辆充电电费较高。通过大数据和AI技术，自动匹配计算公交车辆运营对电量的消耗需求，将充电计划精细化、科学化，取得了充电成本下降5%～10%的效果，在降低碳排放的同时，也取得了较好的经济效益。

亮点四：科技强安，安全管理向主动预防转型，成效显著。

深圳巴士集团构建了全场景行车安全保障链条，打造安全管控一张网。例如，在行车前，以岗前报班智能系统为抓手，检测驾驶员酒精、血压、身体精神状态，确保驾驶员上岗安全合规。

在行车中，深圳巴士集团在全国率先开发了具有斑马线、路口等重要风险点违章监控功能的主动安全监控系统，解决了公交安全管理点多面广时间长、路查路控难度大等难题，实现了对所有车辆全天候全覆盖实时预警，查控效率大幅提升。2019年月均自查安全事件约47.44宗/百车，交警查处违章率同比下降65%，重要违法违规数量同比下降53%，安全事故数量连续三年每年下降50%。

在驾驶员生理健康管控方面，集团通过采购华为健康手环，全面采集当班驾驶员的心率、血氧、血压等生理数据，并上传到公交智慧云平台，后续计划与鹏程实验室等开展合作，实现对驾驶员生理健康状态数据的建模和常态化监测，杜绝因当班驾驶员身体状态不适所产生的公交车辆运营风险。

亮点五：在公交行业内首次开展高精度地图示范应用。

深圳巴士集团与华为开展公交高精地图应用合作。在车辆定位上，开展基于高精地图的融合定位方案，相比受卫星信号影响，无法在隧道、高架桥等位置定位的传统差分定位方案，高精度地图视觉定位+传统差分定位可实现全场景、全路段车辆高精度定位。在业务应用上，基于高精地图方案，可以将所有公交车辆运行的路口、车道线、首末站、中途站、红绿灯路口、行人斑马线等运行环境全部数字化，精确记录车辆驾驶行为，可在营运管理、安全控制等方面，实现更为精准的业务管控。面向未来，高精地图还可以为未来公交车辆实现全自动驾驶商业运营打下良好的基础。

亮点六：实现自动驾驶试验运行。

2018年，深圳巴士集团就试验运行了公交车自动驾驶。驾驶员不用做任何操作，公交车方向盘会自动转动，自动驾驶的公交车辆有自动调整行驶方向、减速避让、紧急停车、障碍物绕行、变道、自动按站停靠等功能。基于AI、自动控制、视觉计算等众多技术，通过激光雷达、毫米波雷达、卫星定位等设备敏锐感知周围环境，能够实时对其他道路使用者和突发状况做出反应，为公交车自动驾驶保驾护航。

亮点七：智慧公交服务创新，优化乘车体验。

在提升公交运营管理、市民乘车体验的同时，深圳巴士集团依托数字化转型，提升乘车出行体验转型。2019年8月16日，深圳巴士集团和华为开展"5G引领智慧公交"合作，打造"全国首个全线5G"智慧公交线路。搭乘该线路的市民用手机实现高达1.5Gbps的下载速度，在移动公交车上，也能实现看高清视频、玩游戏的顺畅体验。

深圳巴士集团还通过综合收集乘客出行需求，推出"定制约车"服务。为各类企业、产业园区的员工提供专程上下班运输服务；为各大高校学生提供学校接送服务；为各大活动赛事提供规划合理、安全的出行方案等。

经过系统性的数字化转型策略，深圳巴士集团在传统"基本型"公交服务领域，变得更加安全、贴心和高效；在MaaS等"期望型"公交服务方面，提供更加便捷舒适的现代化服务产品；在无人驾驶智能巴士、5G巴士等数字化公交新业态上，提供高科技、娱乐性等更加丰富的"魅力型"服务，实现乘客出行体验的"转型升级"。

深圳巴士集团的数字化转型引起了国内外相关企业的广泛关注，引得全球超过100家公交企业学习取经。深圳巴士集团先后受邀出席迪拜、斯德哥尔摩、韩国等多个国家和地区举办的国际性峰会，分享深圳公共交通智慧出行的服务情况，提高了深圳市在全球的影响力。

2019年，在深圳全市公交客流下降2.4%的背景下，深圳巴士集团营收效率指标全面提升，车次客运量同比上升1.6%，车次营收同比上升2.4%，千公里客运量同比上升0.39%，千公里营收同比上升1.14%。[1]这些数据正说明了数字化转型的价值所在。

2020年12月24日，深圳巴士集团《公交企业基于数字化技术的智慧出行服务管理》成果，荣获全国企业管理现代化创新成果一等奖，是全国唯一一家斩获该奖项一等奖的公交企业。数字化转型对深圳巴士行业提质增效发挥了巨大作用。

---

1 从传统公交企业蝶变为智慧出行服务商[N]. 深圳特区报，2020-12-28(7).

第十七章

智慧航空：飞向数字化未来

中国正处于民航大国向民航强国的战略转型期。面对"大"带来的诸多挑战，行业层面已经考虑依靠新一轮科技手段，提出"智慧民航""四型机场""四强空管"等发展思路，实施数字化、网络化和智能化发展战略，加强行业治理，推动数字化转型，创新行业应用，为民航强国"筑基强骨"。

第一节　航空业未来可期

随着经济发展水平和居民收入水平的不断提高，飞机出行逐渐成为人们常用的出行方式。民航客运量的迅速增长印证了这一变化：2000年，全国民航客运量为6700万人次，到2019年已上升至6.6亿人次。"十三五"期间，在我国经济下行压力增加的情况下，民航行业依旧保持了较快增速，乘客周转量在国家综合交通体系中的比重由"十二五"末的24.2%提升至33.1%，提升了8.9个百分点。目前，航空服务虽然已经覆盖了我国92%的地级行政区、88%的人口、93%的GDP产区，但中国仍有约10亿人未体验过飞机出行。[1] 仅就民航客运量占我国总人口数量的比重来看，民航行业有很大的发展空间。

我国民航在国际上的地位不断提高，国际市场也正在广泛开拓中。尤其在"一带一路"倡议的指引下，中国民航局以优化、量化国际航权资源配置为牵引，鼓励航空公司开拓国际航空运输市场，到2019年底已取得一定成效，如我国航空公司已开通与47个"一带一路"合作国家的520条国际航线。截至2020年，我国已与128个国家和地区签署了双边航空运输协定，其中100个是"一带一路"沿线国家。

航空货运的增长也有目共睹。随着居民收入水平不断提高，消费结构升级速度加快，消费者对高货值产品的需求也在不断上升。这促进了电子商务和快递物流业持续快速增长，使航空快件比例上升，过去的航空货运企业渐渐转变为提供全流程服务的航空物流企业，同时出现了很多新兴的

---

[1] 中国民航局新闻发布会. "十三五"民航运输和通用航空发展情况[EB/OL]. 2020-10-15 [2021-04-22]. http://www.caacnews.com.cn/special/5706/6013/20191zbzy/202010/t20201015_1311970.html.

航空物流企业。

在新冠肺炎疫情发生后，全球范围内的客运航班大幅度缩减，客运量明显下降。国际航空运输协会（IATA）发布的2020年全球航空货运数据报告显示，与2019年相比，航空公司的客运量下降了65.9%，但是航空货运逆势增长。新冠肺炎疫情期间，航空公司纷纷采取"客改货"措施，在满足货运需求的同时，也创造了收益。在政策层面，国家积极支持航空货运发展。例如，中国民航局在2020年先后出台《关于疫情防控期间国际航空货运建立审批"绿色通道"的通知》《关于促进航空货运设施发展的意见》等文件，以保障航空货运顺畅流通，推动其发展。2020年，全球航空货运收入创新高，达到1177亿美元，高于2019年的1024亿美元，且占行业总收入的20%以上，占比高于2019年的12%。随着新冠肺炎疫情得到控制、经济回暖、货运需求增长，预计2021年货运量、货运收入、行业份额占比都将继续增加。

在"后疫情时代"，我国航空货运业务将向专业化、物流化趋势发展。《交通强国建设纲要》提出打造"全球123快货物流圈"的目标，即国内1天送达、周边国家2天送达、全球主要城市3天送达。《关于促进航空货运设施发展的意见》指出，过去"重客轻货"的观念需要转变，要从"重客轻货"到"客货并举"，使我国航空行业的国际竞争力不断提升。

除客流量和货运量未来可期外，飞机和其他交通方式的多式联运还能创造更大空间。航空运输作为交通运输方式的重要组成部分，其发展对整个交通运输体系有着联动影响。

第二节 航空业挑战重重

自2005年起，我国航空运输总周转量已连续14年位居世界第二。据中国民航局数据，2019年民航全年完成运输总周转量1292.7亿吨公里、旅客运输量6.6亿人次、货邮运输量752.6万吨，同比分别增长7.1%、7.9%、1.9%；千万级机场达39个，同比增加2个。[1]据国际航空运输协会预测，我国民航旅客吞吐量将在2025年左右超过美国。从数据可以看出，我国已是名副其实的民航大国。

如今，航空客运正在由奢侈消费向大众消费转变，人均收入水平的增长和旅游业的发展让大众越来越倾向于选择更加便捷、舒适的交通出行方式。然而，旅客吞吐量的激增也给航空行业带来了挑战，业内在安全、效率和体验方面的表现还有待提升。

首先，安全任务依旧艰巨。随着航空体量的扩大，民航面临的安全形势日益复杂。安全风险随着业务量的增加可能形成指数级别的正相关关系。未来，民航将加强系统安全管理，提高抗风险能力，在充满挑战的人力和运行环境下减员增效，继续保持并创造新的安全运行纪录。

其次，效率要求越来越高。航空业的数字化水平正由"高速"增长向"高质"增长转变。效率不仅指飞行的速度，更指航空全业务流程的运行速度，涉及空管、机场、航空公司、监管等主体的协同联动。如何提高全流程效率成为航空业亟待解答的难题。

再次，乘客体验需要优化升级。消费升级时代，乘客会追求更加安全、确定、舒适的体验。然而，由于航空客运量增速过快、机场超负荷运转等因素，乘客仍要面对排长队过安检、航班延误、转机行李取存麻烦等问题，出行体验仍有较大提升空间。

最后，面临可持续发展的挑战。随着全球对低碳发展新模式的探索不断深入，航空行业的飞行碳排放、燃油能耗等将受到越来越多的关注。

---

[1] 齐中熙. 2019年6.6亿人次乘机出行[EB/OL]. 2020-01-09 [2021-04-23]. http://www.caac.gov.cn/ZTZL/RDZT/2020QGMHGZHY/2020WZBB/202001/t20200109_200243.html.

第三节 数字化支撑未来航空

单纯通过基础设施建设等进行物理扩容,或依靠人工进行调度指挥、监管运维,难以有效应对当前行业面临的供需矛盾、效率不足等诸多挑战,也难以匹配未来航空在客货运效率、安全、体验等方面高质量发展的需求。在数字时代,利用科技手段来建设智慧航空,全面推进行业数字化转型升级成为高价值选择。

海外航空领域已有数字化先例。例如,英国的希斯罗机场,工作人员能够提前获知天气跟踪、航班时刻表、行李跟踪等数据信息,并以此为依据准备后续工作,有效优化了机场业务和乘客出行体验;德国的法兰克福机场,打通了乘客和航班数据,实现了航站楼乘客密度变化预测,达到了精准运控等目的。国际航空运输协会(IATA)与国际机场理事会(ACI)等机构合作推出"新旅行体验与技术"(NEXTT)计划,希望通过搭建行业平台,将现阶段机场的一些传统乘客服务活动转移到机场外进行,借助新技术提升乘客处理效率,增强数据、预测模型、AI在实时决策中的应用。

可见,当行业的运营能力与快速增长的市场难以匹配时,各方都在积极探索、尝试解决之道。

我国民航业更是紧抓时代脉搏,在2017年正式提出推进智慧民航建设,开启我国走向民航强国的进阶之路。2018年,中国民航局发布的《新时代民航强国建设行动纲要》提出,从2021年到2035年,民航发展要实现从单一的航空运输强国向多领域的民航强国的跨越。同时指明,建设智慧民航是实现民航强国目标的重要一步。

2020年12月,中国民航局印发的《推动新型基础设施建设促进高质量发展实施意见》提出,"到2035年,全面建成国际一流的现代化民航基础设施体系,实现民航出行一张脸、物流一张单、通关一次检、运行一张网、监管一平台"。具体来说,"出行一张脸""物流一张单"和"通关一次检"体现了行业服务品质,"运行一张网"体现了行业保障能力,"监管一平台"体现了行业管理水平。

2021年,中共中央、国务院印发的《国家综合立体交通网规划纲要》再次对智慧民航提供了指导意见。未来,民航业将以智慧民航建设为主线,驱动行业创新发展。通过试点示范项目,形成一批可参考、可复制、可推广、可操作的经验和成果,建立行业标准规范和管理体制机制,支撑行业由数据支持决策向数据决策过渡。[1]

此外,从行业发展来看,民航业以"智慧空管、智慧机场、智慧航司、智慧监管"建设为抓手,加速物联网、云计算、移动互联网、大数据等新ICT在民航业中的广泛应用和深度融合,民航安全监管、运行、服务等方面的信息化水平不断提升,智慧发展不断加快,成效逐步显现。

例如,在空管领域,空管单位在对航空运输进行监管指挥时,需要在保证空中交通安全和畅通的前提下,为了提高空域利用率,应用了区域导航、尾流重新分类、连续下降、连续爬升、跑道排序等新技术。再如航空公司利用数字技术可以重塑运行模式,实现智能排班、自助飞行准备等业务流程数字化,提高航空公司运行效率。而在机场,基于全域大数据和AI智能分析能力,可实现指标、动态精准预测,打造机场运行综合指数体系;机位、登机口、安检口等全域保障资源实现智能分配和最优调配,保障运行更高效,领导决策更精准。

---

[1] 潘瑾瑜. 民航局参加国新办新闻发布会:在国家综合立体交通网建设中发挥民航作用[EB/OL]. 2021-03-01 [2021-04-23]. https://m.thepaper.cn/baijiahao_11510205.

云南机场集团有限责任公司（简称云南机场集团）早期曾对下辖的15个机场进行管理，建成以昆明长水国际机场为中心的机场群。但由于传统的管理模式体系复杂、支线机场能力参差不齐、"信息孤岛"林立等问题，云南机场集团的发展出现瓶颈。为建设智慧机场、打造"机场群+大民航"特色品牌，云南机场集团与华为合作，进行数字化升级改造。华为从全生命周期的维度为云南机场集团的智慧机场建设进行顶层设计，借助云、AI等数字化技术，帮助机场群从"各自发展"转为"协同一体化"，构建"一体化智慧机场群"，实现云南大民航机场群业务"协同一体化"。作为云南智慧机场群建设的先导示范，昆明长水国际机场联合华为首先高效部署了以华为云为基础的统一智慧机场数字平台，围绕运控、安防、服务等核心业务进行智慧化场景创新，以智能化的应用为乘客提供更加优质的服务。此外，为了保障乘客在机场期间的网络联接体验，昆明长水国际机场完成了航站楼整体近55万平方米的物理空间的Wi-Fi 6信号全覆盖，属全球首例。

毫无疑问，智慧民航建设是中国实现由民航大国向民航强国迈进的关键要素。智慧民航的打造势必会给中国民航业的综合实力、国际竞争力、创新能力、治理能力和可持续发展能力带来新的突破，中国民航业以此为基础，形成辐射功能强大的现代民航产业，全方位参与新型国际民航治理体系建设，加快脚步将我国建设成为民航强国。

在智慧民航背景下，航空行业加速数字化转型。这项工程需要空管、机场、航空公司等单位密切协同、合作共赢，使各个领域的系统互通、数据融合。只有多领域、多主体实现由人工决策向数据决策转变，先进智能装备实现规模化应用，才能提升整个行业的资源利用效率和运行效率，不断增强人民对民航业发展的安全感、幸福感和获得感。

第四节　智慧空管解决方案

作为航空安全和秩序的管理者，空管局需要完成塔台管制、进近管制及区域管制工作，肩负着重大责任。

在我国，空管建设已囊括30个主要城市，设有华北、东北、华东、中南、西南、西北、新疆七大地区空管局和37个空管分局（站）。2018年，在民航强国的背景下，中国民航局提出建设"四强空管"，即强安全、强效率、强智慧、强协同，以此来推动航空领域高质量发展。其中，强智慧能够为其他三方面赋能，帮助空管业突破安全、效率、服务、容量等发展瓶颈。具体地说，利用大数据、AI、地理信息系统、视频监控等新ICT，建立智慧运营中心、智慧塔台和远程塔台等新型基础设施，将更有利于解决行业长期发展存在的痛点和难点问题，以便在安全、效率、容量等关键性能领域取得重大突破。

2020年，全国民航年中工作电视电话会议要求，继续推进"四强空管"建设。为了实现该目标，空管行业迫切需要引入新技术，将云计算、大数据、AI等新技术与自身发展相融合，助力未来实现智能感知、泛在互联、融合运行、智慧决策、智敏服务的空管智能时代。

但在此之前，受制于体制、人才等多方面因素，空管业的科技创新更偏重单项新技术的应用，如基于性能的导航、广播式自动相关监视、数字放行等，在局部专业领域提升了服务性能，但在资源统筹优化、信息全面联动、跨域跨区协同和智慧应用等方面还需要进一步加强规划部署。具体来说，各地区空管局经过多年的信息化建设，已建立起覆盖管制、情报、气象、OA、财务等主要业务场景且多地互联的信息化网络平台。但因为各空管局信息化建设阶段不一，且部分系统建设时间久远，所以存在多种问题。例如，基础设施架构烦琐，导致应用上线速度缓慢；计算存储资源利用率低，且无法弹性扩容；网络和系统安全防护不足，存在风险；缺少先进的监控告警平台，运维难度大；缺少在线数据分析能力，依赖人工作业。

为改变旧模式的弊端，创造新的数字化架构，华为在研究空管业数字化转型中，形成了以咨询规划、场景化方案为主要构成的转型思路。在咨询规划阶段，对业务架构、信息架构、应用架构、技术架构进行设计，以指导后续转型方案的落地实施。例如，空管业数字化转型的技术架构包括一个集成平台、六大专业平台、一套ICT基础设施及N个场景化应用。

在场景方案上，华为通过全面了解空管局业务战略、需求，结合新ICT，构建出智慧运营中心、远程塔台、智慧塔台、精准气象服务等解决方案。

以下就两种具有典型特征的方案进行说明。

（1）智能运营中心（IOC）。IOC系统形象化地展示整个空管及地面和航路的态势，构筑空管全新的运营体系，逐步实现空管的"智慧大脑"，实现未来空管业"可视化、数字化、智能化"的管理，支撑管制、辅助决策和应急等。

（2）远程塔台。远程塔台通过增强的视觉显示和拼接、智能视频应用及融合空管和机场相关信息，并通过AI等辅助要素，实现塔台管制的远程化和集约化，解决中小机场塔台投资巨大、选址困难，管制员培养周期长、成本高、人员短缺等痛点，大大降低了建设和运营成本。

第五节　西北空管局的数字化转型

2018年1月17日，民航空管工作会议在北京召开。会议上中国民航局冯正霖局长指出，"我国要建设安全空管、效率空管、智慧空管、协同空管，满足人民日益增长的美好生活需要的发展，推动航空经济高质量发展"。在此背景下，中国民用航空西北地区管理局（简称西北空管局）运用云、AI、大数据等新技术来支撑"四强空管"的建设，成为民航空管系统首家全面开展数字化转型的单位。

西北空管局是中国民航局空管局下辖的地区级空管局，负责我国西北地区陕西、甘肃、青海、宁夏四省及自治区空中交通管制、通信导航监视、航行情报及航空气象服务的重要工作。2019年11月8日，西北空管局与华为在西安正式签订合作协议，开始深入联合规划与实施数字化转型工作。

华为通过对西北空管局各部门和关键人员的深入调研和访谈，梳理总结出其信息化三大痛点：

一是业务系统种类繁杂，数据交互困难，数据断点多，人工处理环节多。

二是大量宝贵的运行数据没有得到充分开发利用，制约了大数据、AI等新技术在空管运行一线的应用。

三是整个业务系统智慧化程度较低，大量业务需要管制员（预报员）依靠经验进行判断，面对快速增长的航班流量，亟须通过应用新技术来减少管制员负荷，提高安全裕度和运行效率。

基于对"四强空管"战略要求的深入理解，综合考虑未来3～5年的发展诉求，西北空管局与华为联合完成"强智慧"数据中心的规划与设计。顶层设计以"打通数据孤岛，释放数据价值"为目标，基于华为云数据使能服务统一数据标准、统一智能数据湖和统一应用开发平台，打通空管各系统数据，构筑空管数据资产模型，将专家经验沉淀成数据资产，提升空中交通管理效率，实现向智慧空管演进。

西北空管局数据使能解决方案具体分为三大版块：

（1）建立统一数据格式，进行数据治理。

（2）建设多源的数据底座，打通各个系统之间的数据孤岛，建设起支撑作用的生产运行数据平台。

（3）基于数据和平台，根据业务运行的需求定制化开发应用，将系统功能微服务化，方便部署，快速迭代，减少人员负荷，提高运行品质。

基于此，西北空管局经过一年多的建设，取得了初步成效，主要表现在以下四方面：

（1）沉淀大量数据资产。

数据标准——构建8个主题域、46项业务对象、114项逻辑实体。

数据模型——设计70张事务性数据库表、474张分析性数据库表。

数据质量——生成72项质量规则、125项质量作业。

数据服务——开发出27个API接口、325项数据指标。

（2）减负航班架次高峰。在进行数字化转型之前，现有系统很难为运行人员提供全天候的航班信息流，无法将有效数据直接展现给运行用户，管制员需要进行复杂的操作才能获得相关信息。而且由于运行单位无法对航班量进行提前有效感知，导致在运行过程中难以进行战略层部署。数字化转型工作通过建立数据体系、数据标准和数据规范，有效解决了上述问题。塔台管制室可根据高峰航班提前进行战略部署，感知航班运行态势，精细化跑道运行模式。将运行决策关口前移，使运行更加精准与高效，从而增加安全裕度，减少工作负荷。

（3）准确预测离港时间。在进行数字化转型之前，判断航班离港时间多靠长期积累的运行经验。不同管制员对于同一状态下的航班离港时间判断不一，容易造成离港航班跑道外积压或无离港航班引发的跑道资源浪费。智慧离港时间算法通过数据全生命周期的管理和开发，利用历史沉淀数据预测航班离港时间，可完成人工难以完成的数据分析与处理，提前告知用户航班预计离港时间，减少航班跑道外排队及跑道资源浪费等情况，指导离港航班流量平滑运行。

（4）智慧塔台研究方案在第七届中国国际大数据大会上荣获"2020数字化转型优秀解决方案Top20"。该方案基于西北空管局专属云平台，依托华为云数据使能DAYU服务，收集、处理塔台运行的全量数据，并根据航班状态、使用跑道、运行模式、使用扇区、影响数量、跑道外数量等进行多维度统计分析；同时，实时比对航班历史中最相似情况的相应航班，自动匹配大数据分析内容，按照历史预测未来，使管制指挥更智能，使航班运行更顺畅，极大挖掘了管制运行产生数据的内在价值。

综上所述，西北空管局在数字化转型中，运用云计算、大数据、AI等新ICT，对各类数据的价值进行充分挖掘，使AI应用在空管运行中，发挥辅助决策作用，提升航班运行和空域使用效率，进一步满足了人民美好出行的需要。下一步，西北空管局将继续坚定不移地推进数字化转型工作，在业务领域扩大空管数据共享的广度和深度，建立强大的数据分析和算法能力，逐步实现"四强空管"战略目标。

第六节　智慧助力"四型机场"

根据中国民航局公开数据，"十三五"期间，中国民航新建、迁建运输机场43个，全国颁证运输机场数量增加到241个，新增跑道41条、航站楼588万平方米、机位2300个，新增航油储备能力5.3万立方米，机场新增设计容量约4亿人次，总容量达14亿人次。[1]

在高速发展的同时，我国的机场也存在繁忙机场单跑道起降架次和吞吐量承载率已达到极限、机场运行安全的主要矛盾尚未根本缓解、乘客出行体验较差、机场发展与城市规划建设和环境生态保护存在矛盾等问题。

1　中国民航网.全国颁证运输机场数量增加到241个[EB/OL]. 2021-01-12 [2021-05-05]. http://www.caacnews.com.cn/2021live/0103/202101/t20210112_1317584.html.

要解决这些问题，需要通过科技手段帮助机场进行数字化转型升级，建设智慧机场。

2020年1月，中国民航局正式印发《推进四型机场建设行动纲要（2020—2035年）》，提出"到2035年将实现标杆机场引领世界机场发展，全面建成安全高效、绿色环保、智慧便捷、和谐美好的四型机场，为全方位建设民航强国提供重要支撑"[1]。

在"四型机场"中，智慧机场是至关重要的一环，其目标是通过科技创新，实现生产要素的数字化、网络化、智能化和协同化，从传统重数量、总量、增量的量化发展模式向注重质量、效率、效益的质优式发展模式转变。

智慧机场的建设正循序渐进，统计显示，截至2019年底，39家千万级机场国内乘客平均自助值机比例达71.6%，大幅降低了人工参与的比例。同时，毫米波安全门、人脸识别自助验证闸机等新设备已在重要枢纽机场部署使用；机场高级场面活动引导控制系统（A-SMGCS）、行李跟踪系统、生物识别、射频识别（RFID）等新技术也正在被积极推进应用。

第七节　智慧机场解决方案

华为针对智慧机场建设面临的挑战，结合行业实践，以业务流为中心，提出了智慧机场解决方案（见图17-1）：以数字平台为基础，整合视频、IoT、大数据、GIS等新ICT，打通机场各系统数据，实现数据共享和集成；利用大数据＋AI，支撑客户与生态合作伙伴的丰富算法及应用，优化航班流、乘客流、货物流。

1　中国民航局.《中国民航四型机场建设行动纲要（2020—2035年）》出台[EB/OL]. 2020-01-09 [2021-05-05]. http://www.caac.gov.cn/XWZX/MHYW/202001/t20200109_200239.html.

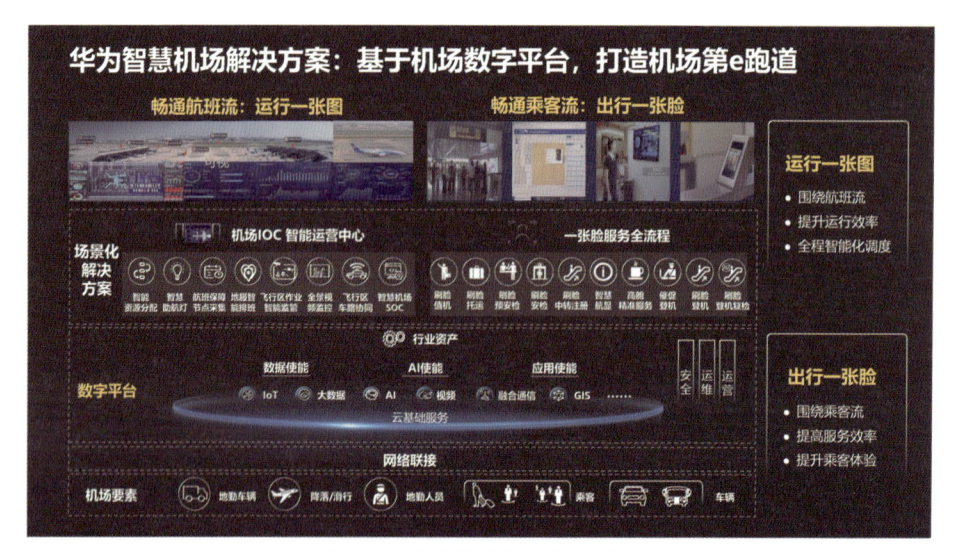

图17-1 华为智慧机场解决方案

具体到智慧应用场景上，数字平台支撑机场实现了"运行一张图""出行一张脸""安全一张网"等数字化转型升级（见图17-2）。下面对"运行一张图""出行一张脸"进行重点解读。

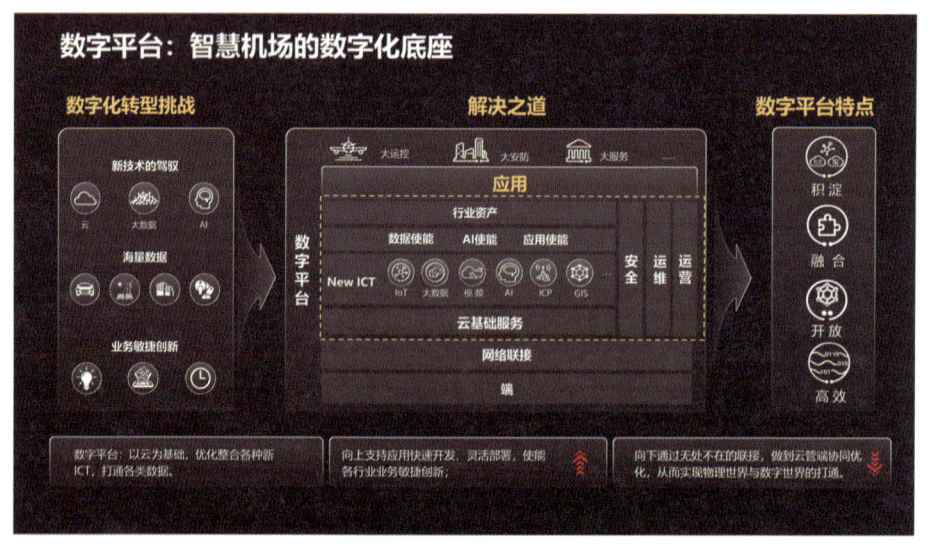

图17-2 智慧机场的数字化底座——数字平台

"运行一张图"

围绕机场核心业务流的航班流，华为以机场"全流程、全场景、全要素"的运行管理为目标，基于统一的数字平台打造机场"运行一张图"，以构建运行更高效、保障更安全、协同更顺畅的机场运行整体解决方案。"运行一张图"以智慧机场IOC为中心，涵盖全景可视化、智慧机场SOC、智能机位分配、智能资源分配、智慧助航灯、地服智能排班、航班保障节点采集、飞行区作业智能监管、飞行区车路协同及机场群运行协同等子场景，解决了机场运营管理中心对空侧、陆侧及地面交通的全局精准可视、智能精准预测及多域高效协同。

下面用智能运营中心（IOC）、地面滑行协同、智能机位分配、飞行区车路协同、机场群干支运行协同、地服智能派工六种数字化方案来具体阐述"运行一张图"。

智能运营中心（IOC）

机场是多个业务单位高度协作运行的企业实体，其运行效率受到多种因素影响。在运行中，机场普遍存在地面资源紧张、空域资源有限、排班和调度信息不足、管理存在盲区等问题，主要体现为"业务规模大、运行主体多、运行状况复杂、资源紧缺"与"高效协同运行、业务快速发展"之间的冲突，倒逼机场通过数字化建设来缓解矛盾，实现全面机场管理。

针对以上问题，华为提出IOC解决方案。该方案以航班流为核心，对航班运行各环节进行数字化改造，提供全新、透明、可视、实时、互动、形象化的全面机场管理服务，提升机场运行效率，实现运行之变。

IOC作为机场运行的"智慧大脑"，是支撑从传统AOC到未来全面机场管理（TAM）的智能化系统。依托数据融合，构建以IOC为中心的"运行一张图",解决了未来机场运营管理中对空域、陆域及地面交通的全流程化、可视化管理,助力机场实现"业务可协同,数据上得来,指令下得去"。

机场IOC系统实现生产运行、乘客服务等领域业务分析和展现,实现空侧、陆侧的场面实时监控,支撑中高层领导、值班经理的决策指挥,终端应用包括指挥大屏、PC端应用、展厅大屏等丰富场景。以IOC为牵引的"运行一张图"是由多张视图构建而成的,充分考虑不同角色、不同领域的业务要求,对"全场景、全要素、全流程"进行展现。例如,对空域、机坪、航站楼等情况实时和提前掌握,以与地面各单位及时协同。

IOC不仅是丰富业务数据的汇集展示,更是集成了很多有价值的运行指标数据。指标通过全流程各类数据整合并发挥AI数据分析挖掘能力,能够对业务发展态势进行更精准的预测,如更精准航班的入位预计时间指标,可帮助该航班的地勤保障人员节省约5分钟的等待时间;而更精准的飞机可变滑行时间预测指标,可以帮助航空公司减少因滑行等待产生航油消耗,预估每年节省油费2千万元,同时帮助机场降低碳排放量等,最终助力运行指挥更精准、更高效。

总的来说,IOC的实质是通过数据驱动业务流程,实现复杂业务流的全局动态可视与协同,不断提升航班放行率等核心指标,从而提升机场运行效率。

地面滑行协同

传统运控方式无法提前准确掌握航班的进港和离港时间,这就导致在航班进港时,特种车、机务等地勤人员需要提前到达作业现场,值守和作业时间较长;在航班离港时,机务和机坪管制员无法提前获取航空器准确的推出时间,会导致拖车安排不当,以及航空器在滑行道排队等待。

华为针对机场这一具体业务痛点而打造的可变滑行时间[1]预测（VTT）算法，能够提前根据场面的运行情况，预测飞机在滑行道与机位间的滑行完整过程（EXIT和EXOT），从而推动机坪、地服等部门根据此预测进行秒级作业调度和协同。

地面滑行协同系统基于EXIT优化车辆、人员保障调度时间，优化资源配置，使机务人员无须提前到达机位等待保障；基于EXOT，合理安排航班推出时间，统筹优化场面调度，减少因滑行等待时间产生的航油空耗等。

智能机位分配

停机位是机场运行的资源中心，是航空器、乘客、行李及地面运输的交集处，承担着地面作业、保障工作、乘客转移、货物装卸等任务。在机场航班信息管理作业中，航班的保障涵盖从飞机起飞到落地的整个航班业务流，从飞机降落到进入机位，地面保障的节点作业开始进入高峰，直到飞机成功起飞为止，期间飞机所停靠的机位位置、大小等，都与地面保障资源及能力息息相关。

因此，机位资源的分配不仅直接影响机场的航班起降、飞行区安全及乘客服务体验，也影响周边相关资源，如登机口、摆渡车、行李转盘等的合理分配。在航班发生延误、取消、返航等特殊情况时，需要迅速对原有机位分配计划进行相应的调整。

华为通过深入机场业务场景，对业务、应用、数据、技术架构等进行科学分析，基于数字平台，利用大数据建模和AI机器学习技术，融合了170多项核心数据及60+条复杂分配规则，实现"机器为主、人工为辅"的机位分配（见图17-3）。通过大量的优化调度规则及算法，支持机位的智能分配

---

[1] 可变滑行时间是进港滑行时间（EXIT，可变滑入时间）和出港滑行时间（EXOT，可变滑出时间）的合称，用于计算目标起飞时间（TTOT）和目标启动批准时间（TSAT）。

与动态调整，有效提升靠桥率、廊桥周转率等核心指标，同时最小化机位及滑行冲突，在保证地面运行安全的基础上提高地面运行效率。

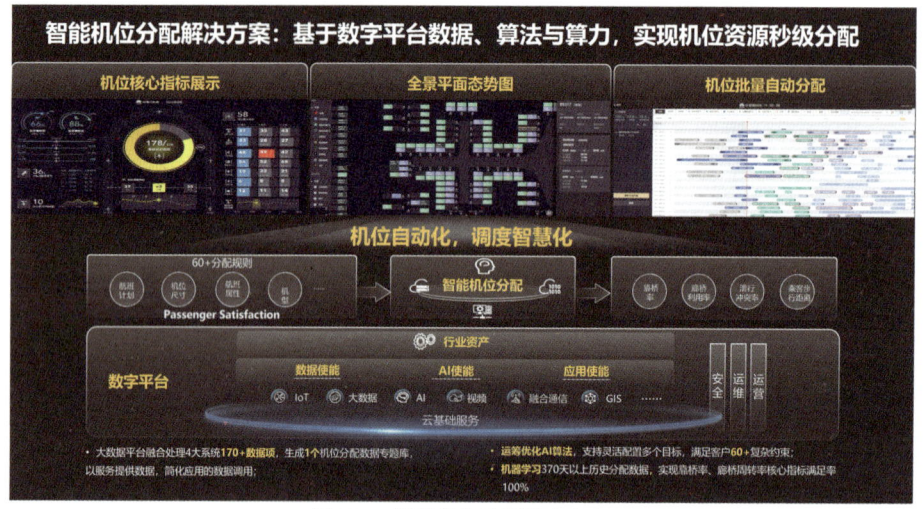

图 17-3 智能机位分配解决方案

不仅是机位，华为以此为延伸，还针对更多保障资源如值机柜台、安检口、登机口和行李转盘等推出整体智能资源分配解决方案，基于成熟的大数据和AI技术能力，基于数字平台和算法仓，对各类保障资源实现更优化的分配方案，提升了整体资源利用率及运控管理人员的工作效率，同时提升了乘客的体验。

飞行区车路协同

机场飞行区作业车辆多，作业场景复杂，机坪刮碰、冲突事故多发，常导致设备设施、车辆、航空器损伤，甚至人员伤亡，制约机场安全运行。然而，机坪缺乏有效车辆安全监管与风险预警举措。通过机场特定区域数字化改造，可实现飞行区交通参与者（如机坪保障车辆、行人等）实时协同调度与管理，包括机坪车辆辅助驾驶、路侧事件感知、预警信息发布、交通协同调度、交通态势监管等。由此提升飞行区主动安全水平，避免碰撞风险，预计可减少80%以上的道路安全事故。

机场群干支运行协同

机场群各机场规模差异较大且独立运行，枢纽/干线机场业务繁忙，能基本实现盈利或盈亏平衡，但支线机场的情况并不乐观。总的来说，支线机场面临以下难题：第一，业务少，基本处于长期亏损状态；第二，信息化水平低，既要保障日常运行又需要重复建设信息系统，维护成本较高；第三，管制、运控等专业岗人员储备少，人员流失大且本地招聘困难，本地培训能力弱，无法持续提升专业人员水平。

在机场群协同远程运行管理系统的助力下，枢纽/干线机场管制和运控人员可远程管理支线机场，他们的丰富经验能提升支线机场运行效率和安全性。同时，支线机场只需保留日常监管人员，负责断网情况下的应急保障，大大节省了人力。如此，支线机场的运行效率可提升10%，运行成本降低20%。

在远程运控方面，系统可实现航班计划、机位分配、指挥协调等远程一体化运控业务及资源可视、数字化预案和融合通信的一体化应急管理，提升运控效率。在远程管制方面，利用语音AI的指令提字板和指令检查协助空中管制，4K全景的光学场监与场监雷达互补，可提高管制水平。

地服智能派工

机场地服派工长期存在两大痛点。第一，派工时间长、压力大。随着航班业务不断增长，航班、临时任务增多，地服调度员派工持续工作时间增加、强度越来越高。第二，智能化不够，对人工经验派工依赖强。地服派工考虑因素多、规则复杂，当前主要依靠人工经验，智能化程度低，派工方案合理性及分配效率待提升。

利用AI运筹优化算法+规划建模，可实现自动、合理、高效的地服智能派工，减轻调度员工作负担的同时让现场作业分配更合理，助力机场运行效率提高。例如，派工时间可从几个小时降低到1分钟；作业人员工时均衡，避免疲劳作业，目标有效工时率提升超过10%。

"出行一张脸"

以乘客流为核心，打造"出行一张脸"，实现服务之变。机场基于数字平台，融合视频AI、大数据等技术，可让乘客体验到无感出行的愉悦。具体来说，围绕乘客流的值机、托运行李、安检、候机、登机、中转乘客注册、中转登机等环节，利用视频AI，可以实现智慧航显、刷脸值机、刷脸托运、差异化安检、刷脸安检、催促登机、刷脸登机、刷脸登机复检等多个环节一张脸走遍机场的数字化场景。

如"智慧航显"通过生物识别技术，能够调取乘客的航班信息，提供优先显示服务。与传统方式相比，乘客不用长时间等待显屏翻页，就能快速获取航班信息。同时，"智慧航显"还会显示乘客登机口步行路径和沿线的相关商业信息，这有利于激活机场商业。

"出行一张脸"解决方案有以下三大优势。

第一，无感畅行体验。一个身份识别（OneID）技术确保乘客机场畅行，高峰等待时间节省15分钟，延长购物时间，提升乘客整体满意度。

第二，运营效率倍增。自助值机、自助登机普及后，机场服务效率大幅提升。

第三，构建乘客服务画像，沉淀数据资产。在遵从隐私保护的前提下，征得同意后的乘客数据可以服务于安全管控等需求，还将采集到大数据平台中，形成较为完善的乘客信息（如航班、行李、出行轨迹等），用于机场大数据分析应用和快速开发个性化服务产品。

综上，通过植入AI，可提升机场整体安全保障；通过人脸认证，可在乘客"少感知"甚至"零感知"的情况下快速完成安全检查；辅以乘客画像，可升级个性化、促进商业服务转型、变革出行模式，进一步改善乘客出行体验。

第八节　深圳机场"智"变

深圳机场于1991年10月正式通航。经过30年的高速发展，当年的一片滩涂，如今已经成长为中国境内集海、陆、空、铁为一体的现代化国际航空枢纽，客货业务高速增长，国际航线最高通达全球60座城市，成功跻身全球最繁忙机场行列。

城市和行业在不断进步，内外部环境给深圳市机场（集团）有限公司（简称深圳机场）提出了新要求：国际航空枢纽的新定位要求机场提供国际品质，深圳智慧城市发展要求机场更智慧，业务规模的急速扩大要求机场提升运行品质和效率，"烟囱式"零散信息化建设的困局要求机场突破传统建设模式……深圳机场亟须通过新思路、新技术、新模式来引领新发展。

2017年6月，深圳机场与华为签署战略合作协议，正式启动数字化转型；同年9月，深圳机场与国际航空运输协会签署合作备忘录，成为中国大陆唯一加入"未来机场"试点计划的机场。

深圳机场立足于深圳先行示范区门户和粤港澳大湾区经济发展动力源，以"未来机场"为愿景，紧紧把握数字经济发展趋势，携手华为在国内民航系统中率先启动全面、系统的数字化转型，秉持"敢闯敢试、敢为人先、埋头苦干"的特区精神，摸着石头过河，先行先试、探索开路，绘就转型新蓝图。

作为深圳机场数字化转型的总设计、总实施、总看护，华为与深圳机场全面联合创新，以"大运控""大安全""大服务"为目标，基于"未来机场数字底座"和"平台+生态"的发展理念,分三个阶段逐步建设"运行一张图""安全一张网""服务一条线"的新模式。通过多年实践,深圳机场已经取得了一批智慧化成果,形成了一系列解决方案,有力支撑了机场安全、运行和服务工作。

构建IOC智慧大脑

IOC是华为与深圳机场首批合作的项目之一。在合作初期,深圳机场就在咨询项目中提出了IOC概念,之后作为先行试点,将前期的开发进行验证准备。2019年初,深圳机场将IOC正式部署在运行控制中心。

IOC力争以数据为核心,通过丰富的指标数据和算法模型,为深圳机场搭建起"智慧大脑"(见图17-4),实现"全场景、全流程、全要素"的全局可视、精准可预测和可协同的高效运行指挥,大力提升机场安防生产、运行效率、应急处置能力及科技化管理水平,最终完成从经验管理到数据管理的模式转变。

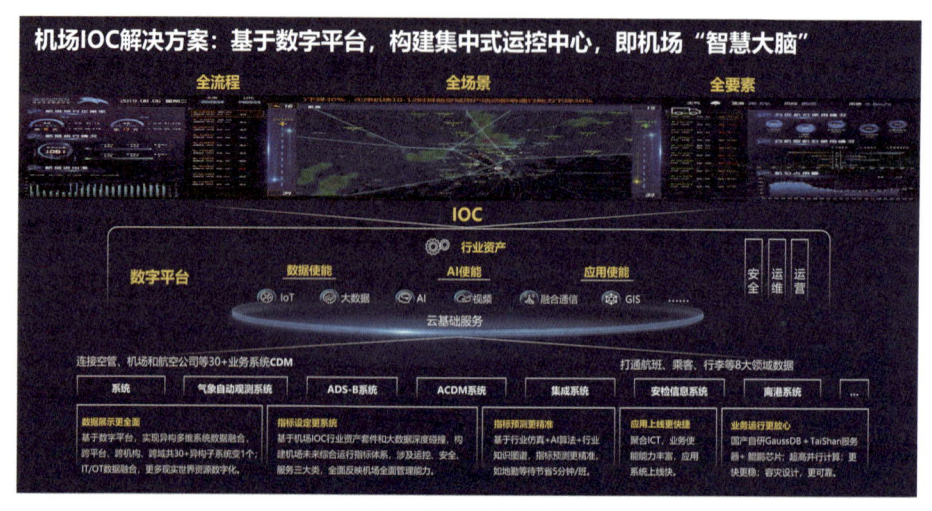

图 17-4 机场 IOC 解决方案

无感出行

深圳机场与华为等企业携手打造的"出行一张脸"方案，实现了刷脸值机、刷脸托运、差异化安检、智慧航显、高舱精准服务、催促登机和刷脸登机等全流程刷脸服务。

其中，差异化安检是深圳机场创新推行的安检模式。首先，乘客刷脸进行预安检，系统根据乘客大数据进行分流，对安全信用较好的常旅客，系统会提示进入易安检通道并提供快捷安检服务。与普通安检通道相比，快捷通道放行效率提高了60%。这将极大程度上提升乘客的安检体验，让深圳机场的安检工作从"安全性"向"高安全+高效率"转变升级。

当前，深圳机场已经实现了国内登机口自助设备100%覆盖，全面支持刷脸登机功能。通过这种方式，平均每位乘客仅需1～2秒即可完成登机手续，而整个航班200多名乘客只需10分钟即可完成登机，登机效率和便捷度大幅提升。

智能资源分配

针对传统以人工分配资源为主带来的低效、易出错问题，华为推出智能资源分配解决方案，实现了机位及其他保障资源如值机柜台、安检口、登机口和行李转盘等的智能分配，提高资源利用率和运控管理人员的工作效率、同时提升乘客出行体验。

其中，智能机位分配系统以集成系统为基础，引入AI算法对170多个业务对象、60多种复杂的机位分配规则进行最优组合，实现机位资源自动化、智能化分配，提升靠桥率和廊桥周转率等指标，减少机位及滑行冲突等情况的发生。

深圳机场使用智能机位分配系统后效果显著。过去每天约1100个航班，需要3～4人花费4小时才能完成的机位资源分配工作，现在智能分配只需1分钟即可完成。同时，更优的智能分配让资源冲突率较人工降低10%，机场的核心指标靠桥率大幅提升5%以上。仅此一项，每年就会有上百万乘客免乘摆渡车登机。

2020年，该分配系统获得了国际航空运输协会（IATA）的高度评价：深圳机场作为全球首家通过NEXTT平台发布实践案例的单位，在为行业提供先进业务范例参考的同时，也贡献了中国民航的宝贵经验。

航班保障节点采集

机场各作业环节的时间节点数据，是机场运行调度的最基础数据。为解决过去依靠人工手动或语音上报存在数据不准、时效性不足等问题，华为与深圳机场一起探索航班保障节点自动采集系统，通过视频AI分析技术，读取机位区域视频并自动实时分析，实现准确的态势数据采集。现已实现8个保障节点时间采集，时间偏差不超过1分钟，采集准确率超过95%。未来预计可实现18个节点时间采集及与相关系统的融合。

智慧机场"智"对疫情

疫情防控是一场没有硝烟的特殊战斗，深圳机场作为深圳疫情外防输入的第一道关口，在加强传统防控措施的同时，借助一系列信息化技术和丰富的智慧化手段，强化防疫武器、细化工作流程、增强数字赋能，让机场疫情防控工作更科学、更精准，为全市人民筑起一条疫情防控的科技防线。

早在2020年，深圳机场联合华为、腾讯等企业逐步推出了多项防疫解决方案，包括红外温度监测、IOC疫情数据统筹管控、疫情大数据上报管理、戴口罩乘客识别等。其中，戴口罩乘客识别是智能机器人通过AI算法分区域巡查机场所有人员佩戴口罩的情况，同时借助视频摄像头周期性地巡查全区域人员。仅用时两周，智能机器人即在机场的安检区域正式上岗巡逻，对进入安检区域的乘客和工作人员进行是否佩戴口罩的检测，有效检测距离为3～5米，检测准确率超过98%。

2021年，深圳机场对防疫解决方案进行了升级，打造了机场大数据平台防疫系统，运用AI视频分析、大数据挖掘等新技术，实现全口径人员管理、全方位监督监测、全流程闭环管理和全区域的密接排查，有效支撑了机场的精准防控、智能防控和常态化防控。在这些智慧化手段的助力下，深圳机场疫情防控工作得以扎实、有效开展，为打赢疫情防控的攻坚战提供了保障，确保深圳机场常态化安全。

智慧联合创新方案

深圳机场与华为一起深度探索、联合创新，打造了一系列业务场景解决方案。例如，应用于运控中心的VTT场面滑行时间预测解决方案，应用于飞行区的智慧助航灯、5G+AI摆渡车解决方案、跑道防入侵方案，应用于地服管理的地服岗位智能排班方案，以及应用于货运区的航空货运安检分类分级方案等。这一系列业务场景解决方案的应用，加快了深圳机场智慧化进程，提升了机场运行效率和乘客体验。

其中，智慧助航灯联合创新项目，通过将宽带PLC技术应用于助航灯单灯通信，支撑A-SMGCS IV级灯光滑行引导功能实现。目前，该方案已通过验收，并在应用中取得了良好效果，如通信时延已经控制在500毫秒内，且具有大规模部署优势。智慧助航灯的成功创新应用，让行业A-SMGCS高级场面引导系统向大规模部署又靠近了一步。

深圳机场在智慧机场建设中始终坚持"以人民为中心"的发展思想，2017年至今携手华为分两期建设了近100个智慧化项目，形成了六大解决方案，构建起"运行一张图""安全一张网""服务一条线"的智慧机场新模式，实现了机场运行更顺畅、安全更可靠、服务更便捷的目标。

双方的联合探索获得了行业内外的高度认可和支持，2019年底，民航中南局发布了《关于支持深圳机场建设智慧机场先行示范的指导意见》，明确了深圳机场创立"智慧机场标杆"、打造"新技术应用高地"的发展定位，提出到2030年，全面实现数字化与业务的深度融合，智能化达到世界一流水平，建成智慧机场先行示范的建设目标；深圳机场也联合华为发布了《深圳智慧机场数字化转型白皮书》，为民航智慧机场建设提供"深圳经验"；中国民航局也正式在行业内部发文，号召各单位学习深圳机场数字化转型经验。

2020年底，华为与深圳机场签署深化战略合作协议，启动新一轮数字化转型。2021年8月，双方完成新一轮数字化转型规划，深圳机场将以打造数字孪生机场，成就全球最佳体验为愿景，从大运控、大安全、大服务、大管理、大交通、大物流、大产城出发，以数据为纽带实现运营高效、安全可控、服务卓越、管理科学的未来机场。

第九节　航空公司数字化突破

在乘客数量增加、空域资源紧张、运行环境复杂的情况下，航空公司正面临着市场竞争加剧、产品同质化、效率降低等困境，亟须利用数字技术手段，重新整合资源、重新定义角色、重新梳理流程，在数字时代找到新的企业增长路径。

实际上，航空公司信息化起步比较早。早在很多年前，国际航空业就已经开始从"自动化"向"数字化"转型，注重全球数据中心基础设施的建设，推动企业业务上云，实现数据全网联通、全域分析。在航线规划、临时航班计划制订、减少航空器地面滑行时间、缩短飞行路径等方面取得了显著成果。不过，在数据集成和融合方面，航空公司普遍缺少新型ICT数字平台的支撑，在一些业务场景中，"人拉肩扛"仍然存在。

信息化关注业务流程的自动化，而数字化是以数据为驱动，通过数据贯通、数据治理和数据服务来升级重构信息时代的系统。航空公司数字化转型主要有两大诉求：第一，获得更强的竞争力；第二，提高企业盈利能力。

航空公司数字化转型呈现"1+4"的特征。"1"指一个协同，"4"指精准发现问题、精细化管理、精确监管和精心服务。航空公司需要站在大行业的视角，以企业架构为抓手，从业务、系统、数据、技术四个方面对现有IT基础设施和信息化系统进行升级重构，以应对行业智慧化发展的趋势。

目前，已有一些航空公司尝试从数字化转型中寻求突破。基于乘客出行更安心、更顺心、更舒心的发展目标，航空公司通过数字化手段在服务广度和深度上不断发力。以自建IT系统为例：首先，可以实现企业直销，增加经营收入。其次，基于自建系统，航空公司与乘客之间的联接更直接、高效。如果出现航班延误或取消等状况，可在第一时间通过微信、微博及其他社交媒体平台或其电子商务直销（含OTA旗舰店）通知客户，提升用户体验。此外，自建系统可收集客户数据，分析客户多样化需求，从而为其提供个性化服务。例如，在退改签规则、飞机餐食、经济舱和商务舱服务等方面，都可探索精准营销方式，设计更多个性化产品服务。还有许多航空公司发力AI，例如，通过AI客服帮助人工减少工作量，提高服务品质；虚拟机舱助手能够根据口令执行检查高架行李箱锁、调整机舱照明和机舱温度、湿度等；AI系统能够对飞机进行检测，并预测维修，从而降低零件故障风险，延长飞机零部件的使用寿命，做到提前维护，为航空公司节约成本。

国内航空公司在组织执行力方面具有优势，在战略上清晰后，集中力量办大事的能力非常强。不过，国内航空公司对数字化技术的应用还略微保守，如对云计算的安全性、大数据应用的不确定性等存在顾虑。这就需要航空公司更加具有国际视野，加强和ICT行业的沟通合作。

数字化转型是行业发展和产业升级的诉求，在航空公司踏出转型第一步后，一定要在战略上明确目标、坚守初心，避免在转型过程中摇摆不定。

第十节　东航数字化转型之路

中国东方航空集团有限公司（简称东航）是中国三大国有骨干航空运输集团之一，拥有通达全球170个国家和地区在1036个目的地的航线网络，是全球第七大航空公司、全球最安全的航空公司之一。多年来，东航基于自身转型需要，紧跟时代发展，积极拥抱信息化、数字化，建立起逐渐成熟的数字化转型体系。

"十三五"期间，在"互联网化东航"战略的引导下，东航的信息化建设取得了飞跃式发展，率先成为民航业首家国家"两化"（工业化、信息化）融合标杆试点认证企业。经过统筹规划，东航确立了"IT引领驱动，创新业务流程""发挥IT引领作用，创建数字化东航"的发展路径。5年来，东航以数据为关键，用算法驱动企业运营，打通领域流通壁垒，实现了"数字化1.0"阶段目标，为高质量发展提供了有力支撑，加速迈向智慧航企行列。

东航从"业务的增加值和提升客户体验"的需求出发，积极引入适合自身实际的新技术，推动企业向智慧化不断迈进。例如，东航于2019年联合华为等公司，基于5G，率先在北京大兴国际机场推出智慧出行集成服务系统，围绕"一张脸走遍机场""一张网智能体验""一颗芯行李管控"三个维度，构筑立体化智慧出行服务。

作为全球领先采用"刷脸"值机系统、机舱口人脸识别系统等技术的航企，东航推出"首见乘务员"服务模式，为乘客的航空出行提供了极大便利。通过这些系统，乘客仅凭"刷脸"便可以实现值机、登机的全流程自助化出行，从值机到登机的全流程耗时可控制在20分钟以内，相比传统出行模式，等待时间大幅缩短。

此外，东航还通过"5G+东航服务网"系统，为乘客智能推送覆盖出行全流程各个场景的服务信息，除出票提醒、值机提醒、登机提醒等常规信息提醒外，还新增到达登机口预计时间提醒、行李装机或上转盘提醒、无人陪伴儿童登机通知等，让乘客出行变得更加具有确定性和体验感。

近年来，东航在提升自主研发能力上重点发力，取得了一系列创新成果，正从以流程信息化为主的数字化阶段向以数据为基础、算法为驱动的数字化高级阶段演进。"十四五"的大幕缓缓拉开，雏形初具的东航智慧航空将迎来新的发展阶段。未来，东航将更加深入地推动数字化转型，积极开展云化转型工作，不断朝着创建全体系支撑、全周期管控、全链接生态、全方位智能的智慧航空目标迈进，与合作伙伴一同开启智慧航空的"数字化2.0"新征程。

第十一节　智慧监管

2020年12月30日，中国民航局印发《中国民用航空局关于推进新型基础设施建设五年行动方案》，正式明确"智慧监管"这一概念。民航监管也由此得到更多关注和实施方案。2021年，全国民航工作会议、全国民航安全工作会再次强调了监管的重要意义，要求积极"探索智慧监管"，建立公正公开、简约高效的行业监管体系，以提高市场效率，促进行业健康发展。

在中国，民航业是最早应用信息化手段进行运营管理的行业之一，陆续建成电子政务一期、二期工程和行业监管执法系统（SES）等信息化系统，正积极探索SES向"互联网+监管"升级，基于大数据、云计算、物联网、区块链和AI等技术提高行业监管效能，创新监管方式，向精准监管和智慧监管转型。

此外，2019年5月，民航政务信息系统整合共享统一认证平台上线，减少了行业公务员访问系统、获取资源时所遇到的技术障碍，有效解决了各系统之间的安全监管信息、不安全事件重复填报问题，提升了民航监管工作的效率。

但实践时也发现了一些问题，例如，信息化建设中存在各系统应用和数据较为独立而业务协同能力不够、流程操作较为繁杂、数据口径不一、交互能力弱、与外部系统数据共享能力不足等短板。因此，需要尽快升级优化监管系统，利用对数据的收集和运用，让监管平台更加数字化；还要打破业务模块，打破单位部门、管辖区域及平台之间的藩篱，努力实现各级监管部门之间、监管部门与其他部门之间、监管部门与运行单位之间的信息共享，最终实现精准监管。

第十八章
智慧港口：船悦其航，物畅其流

港口作为交通运输的枢纽，在促进国际贸易和地区发展中起着举足轻重的作用。为满足全球海运快速发展的需求，港口自动化、智能化建设已成为全球港口共同的诉求。

第一节　中国港口变奏曲

中国港口建设经历了波澜壮阔的历史过程。

在中华人民共和国成立初期,中国港口问题重重。港口淤积严重,码头因年久失修接近"瘫痪"状态,货物装卸全靠人力抬,全国码头岸线总长仅有2万多米,年总吞吐量只有500多万吨,全国(不含台湾地区)仅有万吨级泊位60个。[1]

到20世纪70年代,中国的港口建设迎来新起点。1973年,在"三年改变港口面貌"的号召下,全国掀起建港高潮。随后在"六五计划"(1981—1985)中,国家将港口列为国民经济建设的战略重点。1985年,我国港口建设实现年吞吐量超过3亿吨,比1980年增长50%。[2]

20世纪80年代末到90年代是港口建设趋向专业化的时期。到1997年底,全国沿海港口共拥有中级以上泊位1446个,其中深水泊位553个,吞吐能力9.58亿吨。同时还建有集疏运系统、修造船工业、航务工程、通信导航、船舶检验、救助打捞于一身的成套体系,相关科研设计机构也已初步形成。

20世纪90年代末到21世纪初,新一轮的港口建设高潮聚焦于信息系统融合。在继续投入资金进行大型深水化、专业化泊位建设的同时,通过调整产业结构,注重与科技的协作,初步建成布局合理、层次分明、功能齐全、河海兼顾、内外开放的港口体系。

进入21世纪后,我国港口建设快速发展。自21世纪初,我国港口货物吞吐量和集装箱吞吐量,以及建设规模、技术装备,都一直位居世界前

1　杨紫,范云兵. 神州港口 雄傲世界[J]. 大陆桥视野, 2009(08): 34-35.
2　袁一虹. "六五"期间我国港口建设的发展[J]. 港口工程, 1987(01): 3-11.

列。交通运输部公开数据显示，在"十三五"期间，我国港口规模稳居世界第一，沿海港口万吨级及以上泊位2530个。在全球港口货物吞吐量和集装箱吞吐量排名前10名的港口中，我国港口均占7席，集装箱铁水联运量年均增长20%。

然而，数十年来，港口行业长期存在着一些亟待解决的痛点。

第一，港口产业是典型的传统劳动密集型产业，对人工的依赖较大。无论货物装卸，还是机械设备操作，都需要人力作业。但人力代表着成本，同时，人员增加会加大管理难度。随着业务需求扩大，港口还会面临劳动力不足的问题。

例如，集卡车司机的岗位流动就比较大。集装箱的到港时间不分昼夜，集卡车需要配合装卸，只要船来了就要去集港[1]。这并不是令人愉悦的工作体验，而且加重了司机的身体负担，所以人员流动频繁。对此情况，港口只能不断招聘新司机。但这无法解决根本问题，人员不稳定不利于港口的可持续发展，而且无形中增加了培养、管理成本。

第二，传统港口深陷周转效率低下的困境。港口货运成本极高，仅大型船舶的日租金就高达数万元。如果班轮"压港"一天，货主的损失可达数十万元甚至数百万元。用"时间就是金钱"来描述港口货运再精准不过。在港口竞争中，效率比拼十分激烈。虽然大多数港口都要求每天24小时不间断作业，但仍不能达到理想的高效状态。

对业务流程进行梳理就会发现，港口的门机、堆场、理货等各个环节都暗藏着降低效率的"堵点""断点"。甚至在进出港口闸门的环节，也面临严重的拖延问题。可以直观感受到的是，随着城镇化发展，原本"偏僻"的港口与城市之间的距离越来越短。大量的外集卡车托运着货物从港口驶

---

[1] 货物集中在港口的过程。

出，一方面加重了城市道路的拥堵，另一方面也降低了港口的运转效率。

第三，港口的安全问题严峻。安全事故轻则损坏财物，重则涉及人员伤亡。曾有港口人员在用起重设备抓取船舶的货物时，因设备的部件折断脱落，导致抓斗失控从高空落下，将船舱底的机器砸毁。

港口的安全隐患来自多个方面。其一，港口作业复杂，因是人机立体交叉和空间作业的方式，大体积的机器设备在吊装的过程中存在晃动、挤压等风险；其二，操作过程具有多变性，主要体现在流程的多环节变化；其三，人工操作存在安全隐患，一旦工作人员不够专业或疏忽大意，就会增加作业风险。

第四，环保问题有待突破。船舶排放的氮氧化物和二氧化硫是大气污染的重要来源。[1]对于港口污染问题，国家监管非常严格，要求对环保不达标的港口进行严惩。港口自身也非常重视环保问题，但时常感到力不从心。对此，一方面，港口需要更科学、高效和低成本的办法，来缓解环保成本和经营发展之间的矛盾；另一方面，在监管层面，要认识到船舶排放监管困难、船舶排放控制水平低等问题长期存在。

第二节 港口行业数字化转型恰逢其时

在世界经济发展与航运吞吐量逐年上升的情况下，面对港口发展痛点问题，智能化和信息化建设已被视为提升港口核心竞争力的重要手段。

放眼海外，全球各大港口借力新技术，正在积极进行数字化、智能化的转型升级。例如，新加坡的大士新港，通过前沿数字技术，建立统一的

---

1 搜狐网. 为什么要加强船舶港口的污染控制？ [EB/OL]. 2018-05-08 [2021-05-16]. https://www.sohu.com/a/230872648_100149447.

协调平台整合各方信息，有效加速了资源共享互通。为促进全航运产业链便利化运行，大士新港还采用了多套高度自动化系统和无人载运系统来提高港口生产力和运营效率，实现港口无人操作的系统化作业。

港口行业数字化机遇无限。我国为实现"海上丝绸之路"，提升港口的综合服务能力，推动绿色、智慧、安全的港口建设，加快推动城市纵深、融合发展，推出一系列政策助力港口实现数字化转型。2017年2月11日，交通运输部发布《关于开展智慧港口示范工程的通知》，要求从提升港口智能化水平出发，大力推进物联网、云计算、大数据等新一代信息技术在港口的应用，以港口智慧物流、危险货物安全管理等为重点，选取一批港口开展智慧港口示范工程。

2019年，九部门[1]联合发布《关于建设世界一流港口的指导意见》，明确未来三个阶段的目标：到2025年，世界一流港口建设取得重要进展，主要港口绿色、智慧、安全发展实现重大突破，地区性重要港口和一般港口专业化、规模化水平明显提升；到2035年，全国港口发展水平整体跃升，主要港口总体达到世界一流水平，若干个枢纽港口建成世界一流港口，引领全球港口绿色发展、智慧发展；到2050年，全面建成世界一流港口，形成若干个世界级港口群，发展水平位居世界前列。[2] 同时指出，要加快"智慧港口"的建设，建设基于5G、北斗、物联网等技术的信息基础设施，推动港区内集卡和特殊场景集疏运通道集卡自动驾驶示范，深化港区联动。

我国港口大步迈向数字化建设，"智慧港口"唱响新的变奏曲。

---

[1] 九部门：交通运输部、国家发展改革委、财政部、自然资源部、生态环境部、应急管理部、海关总署、市场监管总局、国家铁路集团。
[2] 中华人民共和国中央人民政府. 九部门关于建设世界一流港口的指导意见[EB/OL]. 2019-11-13 [2021-05-16]. http://www.gov.cn/xinwen/2019/11/13/content_5451577.htm.

第三节　打开未来港口的数字世界

基于以上传统港口行业的痛点，华为针对行业共性推出了通用的解决方案（见图18-1），实现港口的业务流程改造与业务协同的管理创新。

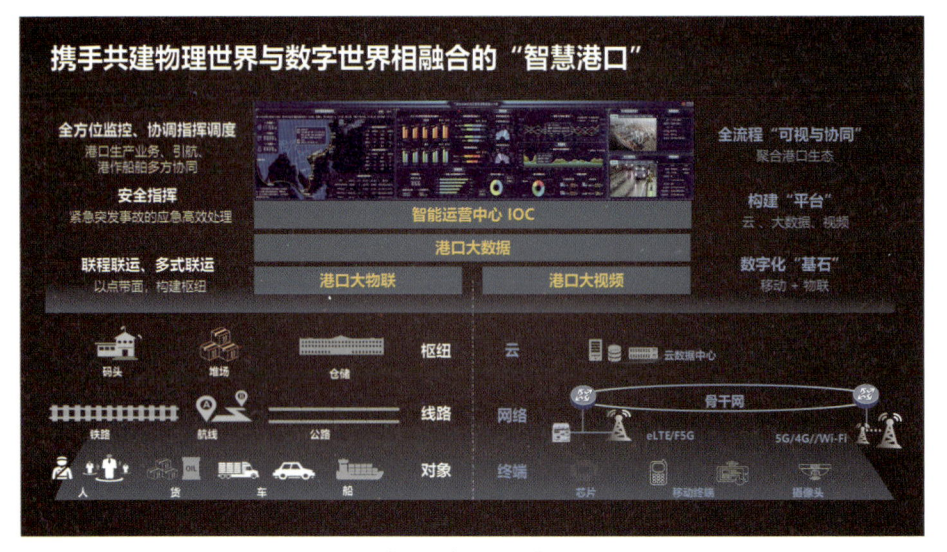

图 18-1　华为"智慧港口"解决方案

华为提出的解决方案认为，建造物理世界与数字世界共融的"智慧港口"，首先，必须在数字世界以云、网络、终端为数字基础，构建移动+物联的数字化基石。其次，构建数字平台底座，具体包括云平台、大数据平台、AI平台、物联网平台、视频云平台、GIS平台和应用使能平台，在数字世界形成全流程"可视与协同"聚合港口生态。同时，物理世界内必须完善港口各要素，实现港口大物联，最后达成联程联运与多式联运、安全指挥与全方位协调监控。

这样的理想架构落地主要表现为"运控一张图"、自动化码头、智能理货等业务场景数字化建设。

"运控一张图"

基于数字平台能力，构建"运控一张图"，打造港口智能决策中心，实现全局可视、协同运行。"运控一张图"具有两大能力。其一，实时掌握港口运营状况，便于对港口进行精细化管理。具体需要掌握车辆、船舶、货物等关键要素的精确运营指标，从而匹配港口运营需要的最优资源配比，提高港口运营效率和经营效益。其二，提升港口决策能力。利用大数据分析、预测未来港口的运营情况，辅助客户进行精准决策。精细化管理企业未来资源的投入比例，保障未来投资的准确性，达到预期收益。

在实际运行中，"运控一张图"可呈现业务综合态势，包括船舶业务指标、集装箱指标、车辆业务指标、效益指标、辅助指标，并对关键指标进行预测（包括吞吐量预测、资源预测、设备保养预测、人员相关预测），同时辅助协同指挥和应急指挥，提升现场管理、事件管理和应急管理能力。

自动化码头

码头是港口的重要组成部分。岸桥、龙门吊、集卡车是码头工作的主要基础设施，传统的工作方式需要人机一一对应操作，自动化程度不足，致使货物周转效率低下，安全事故频发。为此，在打造自动化码头时，车路协同及远程控制技术的方案应运而生，这两者都以强化智能操作、降低人工参与为重点。

车路协同主要指通过集卡之间，以及集卡与港口之间的通信，实现集卡的精准定位，实时掌握周边信息。其在港区内部的业务场景为AGV/IGV

内集卡无人驾驶的运行。

一般而言，AGV（Automated Guided Vehicle）是一种能够沿着规定的导航路径行驶的运输车，即自动导引运输车，具有安全保护及各种移载功能。由于装备有电磁或光学等自动导航装置，人们可以通过电脑对其进行基本的操控。随着港口自动化的发展，AGV集卡正在向智慧型引导运输车（Intelligent Guided Vehicle，IGV）集卡演进。未来的自动驾驶集卡将拥有远程控制能力，当自动驾驶集卡在作业场中出现故障时，操作人员可通过摄像头查看AGV/IGV的周边环境，进行故障判断，并可远程操作自动集卡退出故障区，保障业务场景有序进行。

远程控制在码头的应用场景则主要为龙门吊与岸桥。其中，实现龙门吊的远程控制是港口最为迫切的事项之一。通常，一个码头需要配置上百名龙门吊司机，人力需求大，但岗位招工难。这主要是因为作业条件艰苦且专业要求较高，司机需要高空作业，而且期间精神必须高度集中，让身体保持90度角向下俯视操作重型机械。通过华为的AIrFlash与低延时摄像头，司机可以在中控室观看多路实时视频对龙门吊进行精准操作，如移动、抓举集装箱。一方面，提高作业效率，减少作业事故；另一方面，极大解放了人力，改善司机的作业环境。一名远程控制员可操控3～6台龙门吊，不再需要人机一一对应。根据测算，单台龙门吊一年的运行成本能下降45万元左右，其中包含人力成本及设备的日常维护，龙门吊的综合作业效率提升30%。

智能安防系统

通过在园区入口、交易中心、货场和集装箱区，以及全园区道路等场所部署视频设备，可对港口进行全场景监控，并与红外入侵、电子围栏、门禁系统等安防系统进行联动，满足泊位监控、堆场监控、海事监控等需求。通过智能安防系统，不仅能辅助港区安全，而且能够提升园区运营效率。例如，在安全方面，对物品移走、绊线检测等行为进行实时分析，并联动告警。在运营方面，通过人头计数、人群密集度实时分析、车牌号识别，可辅助提升港口园区运营效率。另外，通过对视频进行智能分析，还可以在运营中减少运维巡检人力。

智能理货

传统的港口理货只是单纯地计算货物的数量。随着贸易的发展，理货并不局限于计数，还包含核对标志、检查残损、监督装舱积载、办理交接签证、提供理货证明等内容。由于工作量的增加，人工难以事无巨细地处理好每一件事情，但智能理货可以做到。智能理货通过吊车摄像头对集装箱编码 ID 进行 AI 识别，再对接传统理货系统，替代原有人工理货过程，进而提高安全性与理货效率。

智慧闸口

在传统码头作业中，集装箱卡车司机将车开至码头闸口时，需要等待闸口房内的工作人员将车辆基本信息、集装箱号、残损检测等数据输入闸口系统，并反馈行车指南小票后，才能够通行。这往往会造成闸口拥堵的情况。在数字技术助力下，司机可提前在相关平台上绑定车辆信息，在经过闸口时，系统会自动将识别到的车牌号、集装箱号、箱体照片、场号等数据发送至室内验箱平台，验箱员在室内完成确认后，系统会自动将行车指南推送给司机。智慧闸口不仅可以减少港口人力、物力耗费，而且可以大大加快车辆通闸速度，缓解拥堵情况，提高码头集疏运效率。

第四节　天津港数字化转型

天津港是一座全面对外开放的国际性港口，与世界200多个国家与地区的港口保持着密切的贸易往来，连续多年跻身世界港口Top10行列。它位于天津市滨海新区，因地处渤海湾西端，成为京津冀的海上门户，又因其处于亚欧大陆桥桥头堡的地位，成为21世纪海上丝绸之路的战略支点。一直以来，它以其强大的经济"辐射力"滋养着东北、华北等内陆腹地，经济潜力巨大。

2004年之前，天津港（集团）有限公司（简称天津港）为优化货物周转作业，已陆续在业务流程上实施数字化，力争从劳动密集型转变为技术密集型，尽可能提高龙门吊等基础设施的使用率，以满足巨大的集装箱货运量。

十多年之后，如今，在新一轮以AI、大数据、云计算、5G等先进技术为代表的数字化浪潮下，天津港需要进行数字化转型升级，以保持自身的竞争能力，打造符合时代的绿色、智慧、安全的港口，创造新的繁荣盛况。2020年，天津港提出更高的新阶段目标，即到2028年为止，集装箱吞吐量力争突破3000万标准箱，国际枢纽港地位更加巩固，服务效率保持国际领先水平，建成全球领先的智慧港口。至此，天津港走向新一轮数字化转型之路。

在数字化新阶段，天津港依旧面临着多个问题。

首先，过度依赖人工。根据天津港官方公布的数据，截至2020年12月30日，天津港2020年集装箱吞吐量完成1835万标准箱，同比增长6.1%，创出年度集装箱吞吐量历史新高。但与此同时，全港工作人员超过2万人，其中有大量的现场工作人员，如集卡车司机、理货人员、现场安巡人员等。虽已有数字化基础，实现了场桥的远程操控改造与AGV的测试上线工作，但仍需要一套水平运输系统保证自动化设备更好地协调，充分发挥自动化设备的优势。此外，货船停靠、集卡车运行，以及超量的集装箱装卸和外集卡车的提箱等工作仍然依靠计划人员制订每日调度计划。

其次，港口精细化管理水平有待提升。港口是一个多要素集中的封闭园区，物理关系比较复杂，内部涉及港口的工作人员与基础设施，外部有司机及货船，涉及运营、维护等多个方面。在日常管理中，基层人员会以月报、季报、年报等形式向中高层领导汇报，以便他们多维度地掌控经营情况，以辅助决策。但这样的信息无疑是滞后的，而且错综复杂，不够精准。因此，港口需要采取更精细化的管理。通过数字技术获取全港及全码头整体人员、设备及能耗的数据，且精确到每条船、每个岸桥，甚至每个集装箱对应的资源消耗情况，以便精确分析，进一步合理降低港口的运营成本。

最后，港口监管被动，效率不高。尽管整个天津港地区已部署超过一万路的摄像头，基本实现视频无死角的理想状态，但摄像设备较为传统，易受客观条件的影响，工作效率不达预期，常常需要增加人工巡视。天津港急需智能化管理手段，化被动监管为主动监管，提高监管效率，及时发现港区内的违规行为。

针对天津港最突出的"个性"，华为与天津港联手规划并逐步落实场景，力求打造智慧港口。

（1）水平运输系统。基于智能水平运输系统、云平台、数据中心等基础设施与解决方案，经过华为、生态合作伙伴与港口多方5个月的设计与验证，集成应用无人自动化轨道桥、无人驾驶集卡车及远程控制的岸桥与龙门吊的操作等智慧港口"标配产品"，天津港北疆港区C段的智能化集装箱码头顺利完成无人集卡联调联式。

（2）港口智能调度。为提高港口的调度效率，天津港规划了岸桥工作计划、泊位分配计划、单船智能配载计划、智能堆场计划等。这些计划将结合港口的初始限制条件，采用AI技术和模型，通过现有配载员的经验数据和仿真系统，配合机器学习和自我训练，完成高效调度的目标。

以智能泊位分配为例，传统的泊位分配方式主要依靠人工的调度，不仅人工压力大，效率也不能得到提高。通过整合泊位资源、岸桥资源、船舶到港动态信息、港口机械等相关保障数据信息，加之运筹优化算法，可为管理人员的智能泊位分配计划提供决策支持，提升港口资源的综合利用效率。而单船智能配载能提升船舶装卸效率，优化海上集装箱的运输效益。

经过种种业务场景的数字化，天津港的痛症将得到有效治愈。

首先，自动化、信息化与智能化将会成为天津港未来的核心竞争力与生产力。例如，通过减少人力作业，改善人员的工作条件，可解决天津港招工困难的问题，进而改变港口的劳动力结构，使其向科技密集型产业进军。

其次，自动化与智能化赋能天津港，使其各业务指标明显提升。例如，岸桥工作计划由原先的2小时缩短为10秒，工作效率提升10%以上，直靠率目标提高5%；天津港采用精细化管理之后，港口的资源分配得到优化，进而降低了10%的整体运营成本，达到了智慧港口降本增效的目的。

最后，通过港口的视频监控与AI识别，天津港的安全系数将得到提升。例如，对集卡司机的面部表情与驾驶状态进行智能分析，实时检查司机是否有疲劳或违规驾驶的现象，有助于减少安全事故的发生。同时，用无人机和机器人在港区内快速智能安检，可弥补人工检查的盲区。在数字化转型后，天津港安全事件的识别效率提升了30%；通过智能化视频，主动检查港口108个安监检查项目，减少了人员被动巡检的频次。

天津港与华为还将在智能楼宇、智慧港区、智慧能源管理、智控平台、视频平台等方面继续深入合作，不断迭代升级。天津港的数字化转型只是港口行业数字化转型的缩影。不同的港口存在着独特的"个性",但都在朝着数字化目标而"蜕变"。

第五节 广州港数字化转型

广州港位于珠江三角洲地区的中心地带,是珠江三角洲的入海口,自古以来就扮演着重要的纽带角色,联接着世界各国经济与文化的交流。发展至今,广州港已与世界各国400多个港口有着密切的贸易往来,不仅是中国华南地区最大的综合性枢纽港口,更成为世界第五大港口,为推动世界经济的繁荣发展做出了巨大的贡献。

然而,广州港集团有限公司(简称广州港)也面临着行业普遍的痛点:大量人力投入、成本较高、管理不够精细化等。在向智慧化进军的时代,如何利用数字化技术解决问题,以释放更大的发展潜力,成为广州港的一道必答题。

在《关于建设世界一流港口的指导意见》政策指引下,作为改革开放排头兵的广州,亦在港口领域发挥创新精神。广州港立志通过数字化技术,打造粤港澳大湾区首个全自动化码头——广州港南沙四期工程,推动智慧港口应用系统建设部署在大湾区落地,树立港口行业标杆,迈入智慧港口的时代。广州港集团对数字化转型的成效抱有极大期待:2021年南沙四期建成后,南沙港区每年的集装箱吞吐量预计可超过2300万标准箱,位居全球单一港区前列。

在数字化转型的过程中,广州港也面临着一些挑战。

首先,传统的4G网络无法支持数字化的新业务。广州港组网主要使用Wi-Fi、4G两种方式。Wi-Fi网络因使用相同的信道或无线电频率传输和接收Wi-Fi信号,导致网络易被干扰,切换易掉线。同时,受4G技术限制,无法满足多业务场景下的切片服务需求。而广州港的无人化操作、AI视频监测等业务往往需要5G切片服务。

其次，网络升级难度大。广州港多数旧岸桥和旧场桥均不具备光纤联接条件，在智慧化改造中只能依赖专网、Wi-Fi或4G网络；港口的远程桥吊控制及远程龙门吊控制，主要依靠光缆+电缆的有线部署方式，或Wi-Fi+4G的无线部署方式。但此类方式既无法满足业务对宽带的需求，也无法保障远程操作对时延的需求。同时，无法实现智慧港口业务数据的互联互通。

最后，Wi-Fi的部署过程具有时间长、覆盖范围有限、信号不稳定等问题，会使港口运行效率下降，甚至停工，不仅增加建设成本，而且阻碍数字化发展。

针对以上问题，华为采取5G+MEC（Mobile Edge Computing）技术，打造智慧码头解决方案。该方案的目标是提供真正全联接的无线网络，帮助港口打通"任督二脉"，实现港口运输要素全面感知，最终做到自动化安全监控、自动化调度。

5G+MEC网络支撑起多个港口智慧业务。在人员方面，5G自动化码头比传统码头在人员配置上更加精简，缩减了集装箱拖车司机、轨道吊司机、理货员、闸口工作人员，同时因采取大数据、AI等技术又可精减后方管理人员，总人数相较传统码头减少约60%。

再以理货为例，过去，理货员需要到室外抄箱号、验残损，即便天气恶劣也不例外。在实行5G+集装箱码头智能理货平台后，码头前沿理货作业实现无人化，后台理货员足不出户即可全面了解码头岸边作业动态，轻点鼠标就可完成2～3台岸桥的装卸船理货作业，降低了作业风险，而且高效又精准。

此外，广州港还将IGV无人驾驶用于码头与堆场之间的集装箱水平运输、堆场自动化集装箱轨道吊自动装卸、岸边自动化装卸岸桥海测远程操控、陆侧自动装卸等业务场景中。

值得一提的是，港口的排放问题曾十分令人关注。进行数字化转型后，广州港南沙四期中所有的生产设备均使用电力，避免了大量的尾气排放。同时，场地使用平行布置，水平运输机械采用IGV，避免了大功率轨道吊搬移集装箱，减少了能源浪费，在建设绿色、安全、智慧港口方面取得了巨大进步。

第六节　上海港数字化转型

经济全球化进程逐步加快，世界产业结构迎来调整和重组，加之贸易自由化、集团化等因素，为世界港航业发展创造了条件。以上海港[1]为代表的港口，面对来自世界港口的激烈竞争。基于此，全面推进上海港信息化建设，是推进建设上海国际航运中心，增强上海港国际竞争力的必由之路。

走进上海洋山港可以看到，巨大的集装箱被桥吊轻轻抓起，放置在无人驾驶的AGV上，AGV穿行在码头作业区内，将集装箱运至堆场作业区。此时，身在远程控制室里的工作人员轻点鼠标，操控着龙门吊将集装箱从AGV上卸下，放置于堆场内。外集卡再经过闸口进入堆场，装置集装箱，将货物运送至目的地。

以上情景是上海洋山港内众多工作环节之一，一个显著的现象是人力在很大程度上得到解放。穿梭来往的AGV承载着数字技术的力量，推动港口从传统作业驶向数字智慧时代。

---

[1] 上海港是上海市所有港口的总称，包括洋山港、外高桥港等大小不等的港口。近年来，上海港的集装箱吞吐量稳居世界第一。

全球最大单体全自动化码头

2017年12月，上海洋山港四期正式开启自动化码头的运行。这项"超级工程"拥有7个大型深水泊位，是全国港口领域的标杆，其建设模式及发展方向代表了港口行业的未来走向。

洋山港四期工程于2014年正式开工。作为码头自动化业务的核心水平运输系统，AGV是此次建设的关键设备之一。这主要基于AGV在码头应用广泛及作用重大。

由于国际贸易的快速增长，许多集装箱码头都在尝试提高性能以匹配快速增加的贸易需求。集装箱运输量猛增，导致众多码头拥堵现象频发。而码头调度处理能力不足，急需寻找新的解决方案。这时，在码头的集装箱搬运中使用AGV成为主流。

当然，因环境复杂，港口码头对AGV的可靠性与稳定性的需求皆高于一般工业系统。在洋山港，AGV的应用同样如此。

作为业界领先的港口AGV提供商，振华重工通过综合分析码头工艺要求、海上复杂电磁环境、AGV工业控制指标等，最终选择了华为免授权频谱无线解决方案（LTE-U）作为港口AGV无线承载系统，并成功在洋山港四期自动化码头完成部署。

华为LTE-U解决方案定位于为行业用户提供工业级稳定可靠的无线联接，结合了LTE的高性能与Wi-Fi易部署的特点，同时在覆盖能力、抗干扰性、移动性及容量等方面均具有显著优势，具体表现在以下几个方面。

覆盖能力：基于LTE蜂窝技术，适合百米至数十千米的广域覆盖。

多用户：基于集中多用户调度的QoS保障机制，包括频分复用、时分复用的多用户多址接入技术OFDMA，支持大容量用户的同时接入。

移动性：非常完备的移动性管理措施，切换、重选、漫游，满足工业领域对移动性的要求。

漫游能力：基于高精度始终同步的高可靠漫游机制，天生具有标准的站间/小区间切换能力。

时延性能：高稳定性的低传输时延，有重传机制保障网络数据可靠传输。

频谱资源：具有灵活的频谱策略，商用和免费资源均可，可以动态调整信道和带宽，增加区域适应性。

目前，洋山港四期是全球单体规模最大的全自动化码头，也是全球综合智能程度最高的码头之一。码头岸线长2350米，拥有7个集装箱深水泊位，具备21台桥吊、108台轨道吊、125台AGV的生产规模。

F5G升级智慧

2021年6月25日，上海国际港务（集团）股份有限公司（简称上海港）的自动化、智慧化建设征程又迈上新台阶——超远程智慧指挥控制中心项目，落地上海临港新片区同盛物流园区。这是华为在全球港口首次将F5G应用在港口超远程控制的作业场景，是新一代智慧港口运营模式的重大突破。

以洋山港四期自动化码头为应用场景，华为将F5G应用其中，以深化智慧港口建设。F5G是指第五代固定网络技术代际，相比上一代技术，在带宽、时延、可靠性、联接数量等方面大幅提升，匹配了工业物联网的建设需求。这一技术为港机远程操控搭建了一条安全可靠的联接通道，推进了港口场景的智能化程度。

在智慧港口场景，F5G的应用主要体现在：基于光传送网络（OTN）方案，实现港口间的广域互联；基于全光工业网方案，实现港口内大型设备的精准高效控制。这一技术将带来两个方面的突破。

其一，首次在岸桥起重机工业控制领域应用F5G，实现光纤直达机器，重构了大型港口网络架构。基于优化动态带宽分配（eDBA）技术，以固定带宽承载工业控制业务的目的得以实现，进而允许采用弹性带宽承载超高清作业视频。相比传统技术，岸桥起重机的远程控制明显更加流畅。此外，F5G简化了网络层次，实现了机器网络和园区网络的统一承载，可视化网管减轻了60%的运维负担。

其二，首次在大型港口广域主干网络上应用F5G，基于工业光传送网络方案搭建了港口间全光高速公路，实现了超百千米范围内太比特（TB）每秒级超大容量和设备微秒（μs）级低时延、零抖动传输能力，构建了新一代港口的信息大动脉，为大数据、智能分析、机器学习等新技术在港口的应用带来无限可能，进一步加速上港集团业务数字化转型和规模化协同。

在技术加持下，洋山港四期自动化码头迎来变化：3位桥吊操作员不再需要每天乘坐班车跨越东海大桥，前往位于码头堆场后方的办公室。他们的办公地点转移至洋山港四期30多千米之外的上海临港新片区同盛物流园区。过去，世界上所有自动码头的操作室都与码头相隔不远。但是，基于F5G，技术瓶颈被突破，远程操作吊桥时延被严格控制，达到了"所见即所得"。

超远程智慧指挥控制中心项目落地，将助力上海港数字化转型，打造世界一流智慧港口、绿色港口。

第十九章
智慧物流：逐鹿"物"的数字世界

5G、物联网、大数据、AI、区块链等全社会广泛关注的热点技术在物流行业拥有广泛的应用空间，先进技术与物流业的融合发展将使传统物流业迸发出新的生机和活力。

第一节　下一个"物"的高维战场

在巨大的仓库中，数百台机器人正在有条不紊地工作。有的飞快地打包着上万个箱子，有的穿行在人机协作搬运路线上，还有的流畅地进行协作拣选。自动化设备逐渐取代了人工，成为AGV无人仓库里的新主角；各类物品经由机器人的手，传递到世界各个角落。

再想象另一个场景。在数百米高空中，不时飞过一架架无人机，它们听从系统发出的指令安排，遵循着既定的飞行路线，互不干扰地执行着货物配送工作。它们飞跃重峦叠嶂，让原本需要快递员翻山越岭才能完成的投递，变得精准快速。

从仓库到天空，越来越多的创新应用变为日常景观。5G、物联网、大数据、AI、区块链等技术广泛应用于物流行业，低效、高成本的传统物流逐渐发展为高效、智能的智慧物流。"物"的世界已经发生了翻天覆地的变化，只有拥抱变革才能乘势而上。

物流科技变革历程：从低维到高维

物流系统是生产和消费之间的纽带，被喻为国民经济的动脉。自20世纪70年代末引入"物流"概念后，我国物流行业经历了从人工操作到智慧化的发展阶段，实现了从低维到高维的蜕变（见表19-1）。

表19-1　中国物流科技发展历程

时间	发展阶段	发展历程
1970年以前	人工化	工人通过推、拉、抬、举等人力运作方式或借助简单工具进行产品的转移与运送

续表

时间	发展阶段	发展历程
1970—1989年	机械化	第一代仓储机器人、堆垛机、动力车、传送带、叉车、机械举重等设备出现;引进德国西马格全套物流自动化技术系统,采用输送机和分拣机系统
1990—2016年	自动化	组合式货架诞生;西门子PLC控制技术自动存取系统、电子扫描仪、条形码等技术得以应用;全自动控制系统开始广泛使用,ERP和WMS等辅助系统被广泛应用
2017年至今	智慧化	机器人、AGV、无人机送货技术开始出现,物联网、云计算、大数据、AI等新兴技术开始应用于物流领域,支持物流运作

资料来源:罗戈研究、头豹研究院、艾瑞咨询。

物流概念起源于美国,在第二次世界大战时期,美军在军火供应中用"后勤管理"(Logistics Management)对物资进行运输管理。之后,这一概念引入日本,被称为"物的流通"。20世纪70年代末,中国从日本引入"物流"(Logistics)概念,将其定义为:物流是在物品从供应地向接收地的实体流动过程中,根据实际需要,将运输、储存、装卸搬运、包装、流通加工、配送、信息处理等功能有机结合起来实现用户要求的过程。

在20世纪70年代之前,我国的物流活动仅通过推、拉、抬、举等人力运作方式或借助简单工具进行产品的转移与运送。自20世纪70年代至90年代的大概20年时间里,物流行业经历了机械化发展阶段,堆垛机、传送带、叉车等设备出现,并引进德国西马格全套物流自动化技术系统。但在这一阶段,机械设备只替代了一部分人力劳动,物流行业仍以重人力的劳动密集型为显著特点,仓储、装卸、搬运、调度等作业仍然主要依靠人工实现,处于传统的低维发展阶段。

20世纪90年代之后,随着互联网等科技发展,自动化、信息化成为物流行业的发展趋势。例如,组合式货架、堆垛机和其他搬运设备普遍实现了自动化控制;自动存取系统、电子扫描仪、条形码等技术得以应用;物资的控制和管理实现信息化，具有实时、协调和一体化的特征。随着全套自动化物流系统的运用，人工干预度大大降低。

2016年以来，物联网、云计算等智能化、自动化先进技术得到广泛应用，各类新业态、新理念不断涌现，智慧物流成为行业新趋势。人、车、货都被贴上了数字化的标记；智能化设备和系统逐渐取代人工，实现精准执行和自主决策、学习提升；无人车、无人仓、智慧物流园区越来越多。这些现象意味着，行业的劳动密集型属性正在发生前所未有的改变，物流行业正从物理世界走向高维的数字世界。

智慧物流是必然之势

近10年来，物流行业的活跃度十分强劲。借助电商行业发展的东风，中国诞生了数家快递巨头企业，快递业务量增速迅猛，成为"全球第一快递大国"；在互联网创新领域，物流领域的独角兽企业身影频现，新物流模式层出不穷。越来越多的企业带着新技术、新模式，跻身物流领域，试图分一杯羹。

但在物流业进阶过程中，有一些痛点一直困扰着行业。

第一，物流行业成本高。2020年，全国社会物流总额300.1万亿元，物流业总收入10.5万亿元。[1] 据国务院新闻办公室公布的数据，2020年社会物流总费用占GDP的14.7%。虽然我国物流需求、规模和物流行业总收入均居世界前列，但成本居高不下。麦肯锡全球研究院的调查显示，与欧美发达国家社会物流总费用占GDP比重10%以下的水平相比，中国仍有一段距离。

---

1 中国物流与采购联合会，中国物流信息中心.2020年全国社会物流总额达300万亿元，总收入10.5万亿元[J]. 中国物流与采购，2021(05):30-32.

第二，物流企业小而散，产业集中度低，只有极少数企业能够提供端到端全程供应链解决方案。主要原因有二：其一，物流行业经历了较长时间的粗放式发展，门槛低、竞争大，多数为个体户、小企业，呈现出各自为营的市场格局；其二，行业需求极其个性化，给行业标准的形成和普及带来不小的难度。此外，物流行业还面临利润薄、人才匮乏、体系不完善等问题。

数字时代的来临，给物流业创造了宝贵的破题机会。此时，行业思考的新问题是，如何让大数据、AI、物联网、区块链、边缘计算等新技术真正融入物流行业转型升级中，为行业创造价值，甚至建立新的内外部价值主张。未来，数据的角色将发生重要变化。数据不再仅停留在展现业务情况的层面，充当业务支持者的角色，而是要为行业发展提供情报，改变传统物流模式并帮助决策，以提升物流行业效率、增强客户体验、降低综合成本，从而成为价值创建者。

在我国，智慧物流作为物流行业转型升级的新动能，已是物流行业高质量发展的大势所趋。2015年，国务院发布《中国制造2025》，明确提到要"加快人机智能交互、智能机器人、智能物流管理"。2017年，国务院发布《关于进一步推进物流降本增效促进实体经济发展的意见》，提出依托互联网、大数据、云计算等先进信息技术，大力发展"互联网+"运力优化、"互联网+"运输协同、"互联网+"仓储交易等新业态、新模式。2019年，中共中央、国务院发布《交通强国建设纲要》，明确提出"发展'互联网+'高效物流，创新智慧物流营运模式……积极发展无人机（车）物流递送、城市地下物流配送等"。

在政策东风的驱使下，智慧物流以科技为导向，通过提升物流装备等智能制造硬件水平，以及大数据、云计算等软件能力，推动新时代智慧物流体系建设。

数字技术为转型基础

数字技术是物流行业数字化转型的基础。AI、大数据、云计算、区块链、机器视觉等技术驱动物流行业从人力密集型向资本、技术密集型转型，并创造巨大的商业价值。以下以5G、大数据、智能视频为例，解读数字技术对物流行业的智慧重塑。

5G

5G网络具备大速率、大规模、低时延的特性，凭借其无线技术的可靠性，可满足不同场景下的灵活组网需求。智慧物流对泛联接、数字化的要求，需要依托5G网络设施实现。

例如，在港口物流园区可利用5G、AI、高精地图等技术，实现集装箱卡车无人驾驶、远程控制大型装卸设备等自动化场景，推动自动化升级。无人驾驶的集装箱卡车能够快速识别周围环境，自动完成减速、刹车、转弯、绕行、停车等动作，选择驶入指定区域的最优路线。远程控制大型装卸设备则提高了港口工作人员的工作效率，改善了工作环境。举例来说，在轮胎吊实现自动化后，工作人员不用再每天爬上数十米高的地方操作设备，只需要在中控室远程操作即可。过去，一个人只能负责一台轮胎吊的操作，现在可以同时控制多台设备。

大数据

大数据是物流行业数字化转型中的核心技术，被运用于各个环节。不管是路径优化技术、仓储前置，还是订单数量预测、智能库存管理，都需要利用大数据，对物流、信息流、资金流等数据进行分析，为各环节提供智能决策与预测服务，提升物流效率，节省物流成本。

例如，在"最后一千米"的配送中，大数据就有极大的发挥空间。利用大数据+算法的技术，能够实现订单数量预估、订单实时匹配、订单路径规划等能力，完成即时配送。其基本工作原理就是利用大数据平台收集骑手轨迹、配送订单信息、实时环境等数据，通过算法预测交付时间、路径耗时等预测数据，再通过算法将订单进行派发。

智能视频

智能视频能够在各个方面对物流行业的监管、运行提供支持。例如，在快递收派环节，支持身份证识别、商品识别、包裹体积测量等；在场院、中转环节，支持作业规范识别、场地6S智能检测、爆仓/堆积识别等；在运输环节，支持违规驾驶行为识别、装载率识别、交通路面信息识别等；在网点环节，支持场地管理、业务管理、安全生产监控等。

同时，在不合规操作、安全生产风险、消防隐患等方面的检测上，智能视频也能够发挥重要作用，帮助物流行业更加安全、高效地运行。

例如，在快递分拣时，多车多人，场景较为复杂，采用人工对视频进行监管不但存在天花板，而且增加了成本。应用智能视频暴力分拣算法，能够自动识别分拣过程中出现的损害货物的暴力分拣行为，自动输出可定位发生场所、时间和人物的暴力分拣片段，实现对快递分拣的实时监管，减少因暴力分拣带来的损失。

另外，还可通过智能视频对安检人员进行在岗检测。安检人员对物流行业的安全生产负有高度责任，通过智能视频系统，能够识别岗位检测区域的人员在岗情况，当在指定区域、持续时间段内发生人员离岗的时候，可以触发报警，还能对告警区域在岗人数、告警触发时间进行设置，结合人脸识别对非法替岗行为进行识别。

对消防隐患进行监管时，智能视频能够对检测区域内的烟雾和火焰进行检测，通过智能分析，一旦识别到不正常情况立刻报警，帮助管理人员在第一时间发现并消灭火灾隐患。此外，还可以检测消防通道占用情况，设置监控区域和告警触发时间。

数字技术为物流行业带来极具革新意义的变化。例如，大数据可以整合物流资源，AI帮助物流运筹规划；人工作业逐渐减少，取而代之的是更多的机器人。数字技术的演变与时代的发展将传统物流抛在身后，属于智慧物流的时代已经来临。

全产业链的智慧化革新

物流产业是一个复合型产业，融合信息、仓储、运输、配送等环节，聚合铁路运输、物流设备生产制造、包装业、装卸业等多产业，又与制造业、农业等紧密相连。其运行效率、成本与产业链的每个环节和要素紧密相关。因此，只有实现全产业链数字化、智慧化，让整个产业链上的企业实现全面联动，数据联通融合，才能让端到端的流转效率变得更高，最终实现智慧物流。试想，如果仅发展智能化物流装备产业，却没有相应的智慧物流园区场景匹配使用，前者的发展便无从谈起。同样，如果只实现仓储智慧化，其效用对于整个物流链路优化来说微乎其微。

在智慧物流转型中，行业内每一个环节、每一个主体、每一个要素的数字化都关系着整体进程。因此，不管是车辆自动驾驶、路径优化、无人仓储，还是智能车辆调度、无人配送、智能装载等，都是物流行业数字化转型中的重要部分。

随着物流行业的数字化发展，与之相关的制造业、零售业等行业也会加速数字化转型。同时，物流行业内部将催生大量机会，行业内部结构正在发生变化。例如，智能化物流装备行业正在崛起，朝着智能化、数字化、柔性化的方向发展。据华经产业研究院整理显示，2012—2019年，我国自动化物流装备市场规模由275亿元增至1440亿元，年复合增长率约为26.7%，估计2020年的市场规模约为1800亿元。此外，共享物流、仓配物流、协同物流等新业态将持续爆发，占据更加重要的行业地位。

第二节　物流行业数字化转型之问

数字化转型为物流行业注入了发展新动能。在当下来看，AI不再是"空中楼阁"，"AI+物流"已经为物流企业降本增效带来成效。尤其在人口红利减弱、人力成本攀升的当下，新兴技术正在成为各行各业升级的机遇。但真正做到数字化转型却并非易事。单以无人配送为例，技术与行业具体场景的融合便充满挑战。例如，配送无人机对续航、稳控、负荷等技术方面皆有较高要求。虽然从市场潜力看，无人机极具优势，但是这一技术落地的真正窗口期还远远未到。

为何中国物流企业的数字化转型难？

如何借力数字化改变效率低下的局面？

谁能成为物流行业数字化转型的破壁者？

这是物流行业数字化转型必须直面的问题，亦是亟待解答的问题。

从两个数字化出发，问诊物流行业数字化转型，可以清晰看到以下挑战。

第一，在基础设施数字化方面，物流行业数字化水平偏低。目前我国大多数物流企业的运作模式仍旧比较传统，处于信息化水平低、设备落后的状态。常见的景象是，仓库操作以人工为主、自动化设备为辅，不能自动感知与采集货物信息。

以仓储机器人为例，作为智慧物流的重要组成部分，其顺应时代发展需求，成为破解物流行业高度依赖人工等问题的武器。但是，仓储机器人在中国各应用层面的渗透率并不高。据亿欧智库研究报告，早在2012年，亚马逊公司（简称亚马逊）就开始进行智能化仓储物流投资，截至2018年，已在其物流中心累计部署10万台仓储机器人。这一数字超过了中国仓储机器人主要企业同时间段内总累计出货量。

第二，业务流程数字化难度高。物流是物品从供应地向收货地的实体流动过程，主要包含仓储、运输、配送三大业务环节。这三大业务环节涉及面极广。主要表现在：环节多，包含多级仓储、干线支线等；角色多，包含货主、货代、承运方、客户等。

以运输业务为例，其流程之长，几乎贯穿海、陆、空、铁所有交通枢纽。这一特性给业务流程数字化造成困难，让"一票到底"这样的美好设想久久不能实现。在多式联运中，枢纽之间的信息流割裂是阻碍效率提升的"头号敌人"。由于各个枢纽的系统不融通，所以物品的每一次"换乘"都耗时不少，拉长了运输战线，降低了物流效率。在物流需求激增的时期，更需要数字技术融合枢纽系统，提高物流效率。

第三节　智慧物流枢纽解决方案

物流是个范围跨度长、涉及组织和利益相关方广泛的行业，其不仅是货物自身的存储、集散、运输、转运活动，更向需求前端供应链体系延伸为供应链物流。

其中，物流枢纽是集中实现货物集散、存储、转运、分拨等多种功能的物流设施群和物流活动组织中心。在发展中，物流枢纽存在诸多问题，如基础设施数字化水平比较低、系统规划不足、资源整合不充分、空间布局不完善、服务质量低等。

具体以物流园区为例，其发展面临的问题包括缺少统一、全局可视的决策支撑平台；场内人工作业低效，影响货物进出速度；仓储管理成本高且仓储安全隐患大。针对物流园区人、车、货、场进行数字化、智能调度和协同，有助于实现园区范围内货物高效、安全运转。

华为结合自身的技术优势和供应链实践，针对整个物流活动中的物流枢纽环节，融合了枢纽的仓储、园区和运输的智慧化能力，提出智慧物流枢纽解决方案（见图19-1）。

图19-1 华为智慧物流枢纽解决方案

总体而言，方案整体架构以端、边、联接、数字平台为基础，以云、大数据、AI算法及视频等为依托，并以智能运营中心（IOC）为智慧大脑，融合了以人、车、事、物、场等核心物流要素打造了智慧化场景应用，最终构建了整体智慧物流枢纽解决方案。

华为在端层部署各种感知设备，采集物流运营过程中所产生的数据，经有线、无线传输网络把数据传送到数字平台，通过数据清洗、治理、挖掘等技术，使能智慧运营平台，最终疏通"堵点"，推动物流行业升级。具

第十九章 智慧物流：逐鹿"物"的数字世界　271

体来说，解决方案围绕仓储、园区、运输等环节，以打通物流业务流程中的"堵点""断点"，实现降本增效为行动纲领。

物流枢纽 IOC

过去，物流领域更关注仓储内部的自动化，对仓储和园区一体化的运行管理涉及少。新园区枢纽以融合化、智能化、自动化为特征。作为整个物流枢纽运行的智慧大脑，IOC（见图19-2）实现了从仓储到园区全面融合的"全资源""全场景""全天候"的数字化管理，数据统一分类、分析，实现GIS一张图管理，随时随地了解仓储和园区内人、车、事、物、场的状态，实现物流业务全局态势感知和掌控；基于AI分析的精准运行指标，助力管理者更科学高效地进行业务管理决策；跨部门、跨区域、跨系统数字化协作，统一资源调度指挥更高效。

图 19-2 物流枢纽 IOC

（1）枢纽园区物流业务，实现可视化管理、数字化运营。融合园区物流各子系统数据，可视化展现园区物流业务总体态势，并对园区物流订单及效率统计、仓储作业态势、运配作业态势和仓储作业仿真进行细化展示，实时监测物流作业需求、状态和效率。

- 仓储作业态势：采用数字化、自动化仓储方案，实时监控各个作业流程节点；采用先进的基于大数据和AI深度学习的智能上架推荐算法、库位优化算法、智能排产、智能排线和智能波次算法及AGV/

RGV调度等算法，以更优的规划实现资源更合理分配，最大限度提升仓储的利用率，并基于视频分析和IoT技术对人、车、物的行为和状态进行更自动、智能的监控管理，实现高效、安全、便捷的库内作业、月台作业等。
- 运配作业态势：运输管理系统基于多运输方式设计，提供快捷业务操作流程、先进车辆配载调度算法、运输车辆路径优化、全程运输过程可视化；对物流运力资源的合理配置、动态跟踪和作业任务的全程监控。

(2) 统一管理和运营园区业务及园区物流业务，作业协同可视。提升园区运营和物流作业效率，对安防监管、交通管理、能源监测、设备设施管理等业务专题实时监测，实现物流园区事件信息和预警信息的实时推送、分析研判。

智能化园区仓储业务

如何让仓储系统有序运转并做到自动作业，是数字化破题的一大关键点。现代意义上的仓储不是静态的物品存放处，而是联动供应链上下游需求的"中间站"。实际上，仓储系统的运转十分繁忙，其内部物品复杂、形态各异、性能各异，而且作业流程复杂，既有存储，又有移动，既有分拣，又有组合。建立高效的仓储体系能够加强对物流资源的控制与管理，从而加快物品流动速度，降低物流成本。

华为以物流枢纽的货物流高效运行为主线，利用AI、物联网与数字孪生技术，融合自动控制、智能机器人、智能信息管理、移动计算、数据挖掘等技术，打造了智能入库、智慧仓储、智慧出园、智能装备、智慧仓网、智能冷链等多个场景化系列解决方案。

智能入库

传统入库场景存在如下问题：车辆进园区管理、货物卸载、收货上架依赖人工，管理难度高；月台装卸作业缺乏可视化管理手段；货物仓储内上架库位规划不够合理等。智能入库场景（见图19-3）针对从车辆预约到货物上架整个货物流程的智能化运行，通过视觉算法、调度模型及自动化设备应用，实现车辆调度智能化、月台作业数字化、收货上架自动化和智能化，提升入库作业的物流效率，满足可视化运营管理要求。

图 19-3　智能入库场景

智能入库方案包括智慧入园、数字月台和智慧上架等多个子场景：

（1）智能车辆调度管理，以货物运配需求和月台准备度为参考，通过物联网、视频、AI实现以车货协同匹配为中心的车辆调度管理，让车辆管理更智能、出入园区零等待，缓解车辆出入园区的排队情况，解决仓储传送系统闲置等问题，提升整体入库效率和园区物流效率，满足可视化运营的管理要求。

（2）基于视频+AI+IoT新技术，对超重超载、违停违章更精准监测。减少违规行为，人工处理变自动处置，效率提升30%。

（3）基于视频+AI技术，对月台作业情况实时监控，辅助装载更优规划，节省运力成本；以AI算法识别并规范月台作业，实现主动式可预警的月台规范操作管理。

（4）融合了仓储历史订单和未来订单预测数据、频度及库区密集分类等多维条件因子，依托 AI 算法打造更优选的货物上架推荐库位应用。

智慧仓储

城市仓储面积稀缺，企业对存储密度高、空间利用率高的自动化仓库需求旺盛。智慧仓储主要解决货物在仓储中的日常运营运行维护问题，以智能算法、无线识别、建模仿真技术为依托打造高密度、高效率、可盘点、可视的自动化智慧仓库。

其中，库位规划仿真场景实现库位整体协调规划，库内仿真实况实现仓储数据可视化仿真呈现；货物智能盘点场景通过 5G 和 Wi-Fi 6 无线联接技术，支持堆垛机和 AGV/RGV 等设备远程移动操控，并通过 eRFID 技术自动识别货物，实现实时的自动盘点；智能补货场景能依据安全库存和补货策略，结合订单预测等因素，采用智能算法预判，实现调度移库，最合理匹配库容需求。其核心技术如下：

（1）货物识别检测。通过 eRFID 技术，实现货物数字化管理。将 RFID 标签智能匹配货运单、货台、车辆，实现货物的全流程跟踪，通过无线感知网络实现移动检测、自动识别；以此大幅提高入库、检测、盘点、复核、出库环节的工作效率。

（2）仓储作业自动化。基于 5G、Wi-Fi 6、eRFID、自动化设备、手持终端扫描货物，实现货运节点大部分作业移动化，识别自动化。

（3）库区规划 3D 仿真。通过建图和 IoT 数据，即可获取库位和货物信息，3D 呈现库位，指导保障资源优化。

（4）智能管控。通过视频+AI 技术，实现对场地、货、人、设备的自动化、智能化管理，解决了传统管理方式不能及时发现和处理问题、管理精细化程度不够、对管理人员要求高等问题，提高了生产效率，保障了生产安全，规范了现场管理。

智慧出园

随着电商节、直播带货等新交易模式的出现，渠道扁平化、订单碎片化趋势明显，出库订单的数量种类、时效波动性大，订单规律难以预测。原有靠人工和历史数据简单推测的订单计划难以满足新场景要求，常出现物料和人工准备不足或过多的情况，效率与成本难以平衡，对出库操作挑战大。

智慧出园场景覆盖从订单预测，对资源早期预分配和模拟仿真，到接受物流订单后，根据波次进行排产、拣货生产包装、出库、装车出园等整个流程。智慧出园场景以精准的AI算法为主导，实现订单预测，最优分配资源，AGV/RGV及自动化设备的联动，实现协同、高效、智能出库。

（1）智能资源分配。通过对销量和订单的智能预测、资源仿真来排布现场资源，提前实现人、车、货资源的智能自动化分配，提升仓储运营效率，并根据拣货区态势做移库调整。

（2）智能分拣。利用智能波次和智能排产算法、数据结合算法持续优化作业，提升了出库效率；使用自动化设备通过物联网、AI、AGV/RGV的作业调度算法，实现货到人、料到手，订单快速发货，提高拣选效率；智能分拣整体缩短了仓储货物出库时间，大幅提升了仓储周转效率，缩短了建设交付周期，保证了精益生产。

（3）智慧装车。装箱服务看起来只是把货物搬上车、搬下车的小问题，但在实际操作中，方法不当会导致极大的空间浪费，进而造成成本上升。正因如此，装箱服务迫切地需要进行数字化升级。

- 在物流运输中，存在装车约束条件复杂、提货点多等问题，常常堵塞流程。例如，车辆进入园区后，因装卸顺序错误导致车辆等待时间过长，就会产生流程"堵点"。因此，准确预估装车时间是提升运输效率的关键点。但如果仅凭经验做预判，不仅存在个体差异，而且很难实现绝对精准。
- 华为通过引入分布式最优化算法引擎，实现智能装车，提供三维装箱服务。据测试，装车时间可由原来的30分钟以上降低至2分钟，效率提升10倍以上。同时，三维装箱服务支持不规则物体、中心偏移、堆码层数不一、多点提货等约束条件，可将车辆装载率提升10%以上。

智能装备

仓储从人工走向自动化、无人化是必然趋势。智能自动化仓储装备包括自动化仓库/立库、堆垛机、穿梭车、输送机、AGV、RGV、机器人、货架等。

智能自动化仓储系统是由仓库管理系统WMS、仓库自动控制系统WCS、信息识别设备、堆垛机、穿梭车、输送机、RGV、AGV、机器人、货架及其他辅助设备组成的。它采用集成化设计理念，通过信息系统技术应用、调度算法、自动识别，通过PLC、底层设备通信协议，协调各类物流自动化子设备实现自动化出入库作业。

智能拣选以AGV/RGV设备为技术主线，贯穿整个业务流程，实现货到人、自动化、一个流的业务运作；采用华为Wi-Fi 6及eRFID物联网技术，结合算法实现了移动货位管理及自动分配；运用UWB等技术实现了人员、设备等热力地图，通过应用算法模型，实现了库内作业人员与设备的智能调拨与管理。

智能运配

物流运输具有连续性、动态性特征。相对于仓储场景，运输环节的不可控因素更多，不确定性更大，对应的成本也更高。行业数据显示，运输成本占物流成本的四成以上。因此，如何降低运输成本、提高运输质量和效率，一直是物流行业最关注的问题。通过对物流运输中的装箱服务、车辆路径规划和配送路径规划等关键环节进行数字化升级，华为给出了智能运配的解决方案。

智能排线

车辆路径规划不合理会带来难以估量的成本黑洞。例如，车辆数量增加、行驶距离增加等，都是成本压力的主要来源。科学合理的路线设计则能帮助车辆快速驶向正确的目的地，节约物流成本。

智能排线场景对运输车辆的路径进行优化，利用大数据与AI算法，让路径优化变得更简单、精准，达到高效、低成本的运输目标。这一解决方案尤其适合大规模、大业务量的运输需求，以及多仓、多车、多订单的复杂场景。已有实践证明，采用路径优化技术可使整体运输成本降低20%～30%；在业务高峰期运力不足或时间窗较紧的情况下，路径优化技术可实现最大化运力配置，将延迟配送的订单数量降到最少。

城市实时配送调度

随着同城平台的兴起，城市实时配送受到业内关注，吸引了大量竞争者入局。在这场没有硝烟的"战争"中，效率是决定成败的"武器"。

首先，优化实时配送的订单分配策略，提高配送员的工作效率。利用数字化技术，实现合理拼单与路径优化，可将平均配送时长降低15%～20%，调度员的工作量至少降低到原来的1/10，甚至可以实现无人调度。其次，增强对可到达时间预估的准确性，可让用户体验到货物配送的确定性，并从心理层面体验到效率的提升。

智慧仓网

网络型物流企业和企业物流业务会关注两类问题：一是如何选择分仓的地点及数量才能最小化物流总成本，最优化订单时效；二是分仓后如何进行总仓到分仓的调拨，分仓放什么SKU、调拨频率和调拨量如何衡量。智慧仓网通过智能网络优化算法模型+调拨优化策略，提供分仓网络方案和网络优化，将分仓决策与调拨策略结合，借助核心算法定制化能力分步进行验证、仿真、实施、落地。

智慧仓网场景通过供需匹配、启发式寻优算法模型，整合ATP、流通产能、物流运输资源、成本等多要素综合模拟，优化订单动态分发/调拨逻辑，实现供需自动匹配，驱动电商式运作模式转型。

智能冷链

近年来，中国农产品冷链物流业发展迅速，对冷链存储和运输的各个环节要求也更高。智能冷链场景能够实现对每一个农产品生产、加工、运输、仓储、包装、检测和卫生等各个环节的可视、可管，进行安全、高效管理。

溯源管理基于区块链技术建立食品产出地、加工地、物流和仓储的全程追溯链；冷库能效管理实时监测、需量预测，降低购电成本；冷链车全程可视采用5G、IoT、北斗/GPS定位等技术，实时监测车厢温/湿度、车辆状态，实时视频全程可视。冷链数据大脑则利用信息化手段实现冷链运行综合状况"一屏"全面感知、全域可览、全区可控。

智能化园区综合业务

物流枢纽本身也是园区，华为基于自身在园区多年的智慧化实践，打造智慧园区场景化系列方案，实现人、车、资产等的安全、高效管理。

（1）综合安防。一键式联动指挥、预置应急预案，对突发事件进行快速响应和处置。通过视频周界、视频巡更等消除安全死角，保障园区人、物安全。

（2）便捷通行。运用AI、大数据、GIS等技术，提供人脸通行、车牌通行、访客线上自助预约、园区内设施和服务导航、智慧考勤服务，实现员工、访客、车辆的无感知、便捷通行。

（3）资产管理。基于华为新一代物联网AP，结合RFID资产标签，实现海量资产数字化管理、资产一键盘点，保障资产安全，提高资产使用、管理效率。

（4）设施管理。基于数字平台，实现设施信息管理可视化、运行监控全局化、异常管理自动化、运行维护智能化，提升设施管理与使用效率。

（5）能效管理。运用物联网、AI、大数据等新ICT，构建能源调度、设备运行、环境监测、人流密度等多维分析模型，以数据驱动智慧节能。

（6）环境空间管理。通过对园区空间资源和环境状态的有效管控，提高环境空间利用效率，提升环境舒适度，促进空间资源的共享与增值。

（7）高效办公。打造联接团队、设备、业务、知识的全联接数字化工作平台，构建企业专属的安全、开放、智能工作空间，提高企业办公与团队协同效率，保障企业数据资产安全可控。

拥抱数字化转型升级的时代浪潮，是物流企业持续创新、拥有长久生命力的必然选择。后文将以CBG南方仓智慧物流园区和黑龙江省交通投资集团有限公司（简称龙江交投）的数字化转型为样本，读懂物流企业的时代选择。

第四节　华为CBG南方仓打造智慧物流园区

许多传统物流园区每天都在面对同样的烦恼：园区内各系统之间的协同不顺畅，分段管控导致货物周转效率低；缺乏提前规划造成装箱、分拣等作业流程堵塞的问题；货物出入库及盘点高度依赖人工，严重影响货物进出速度。

针对这些几乎常态化的"老毛病"，华为消费者业务（CBG）南方仓智慧物流园区在数字化转型中实现了突破。例如，智能仓储能做到订单一小时出库。这意味着园区内收货、存货、拣货、理货、发货等关键流程均做到了数字化精细控制。

CBG南方仓智慧物流园区的变化，与华为智慧物流解决方案密不可分。华为利用物联网、AI等技术，对枢纽园区内的人、车、货、场进行数字化、智能调度和协同后，使园区范围内货物高效、安全地运转，实现了降本增效的目标。

首先，在园区运营方面，实现业务可视、可管、可控。基于大数据、AI及云技术构建的物流智能运营中心，融合物理世界与数字世界，实现物流业务可视、智能分析及智能决策。如此，人员、车辆、设施、安防等仓储园区要素都被纳入智慧化运营管理中，通过全数字化运营，提升运营效率。

其次，在仓储方面，通过物联网、AI，实现了作业装备的标准化建模，设备数字孪生，货到人、料到手，订单快速发货；基于数据驱动的智能全局调度能持续优化仓储效率,实现精益生产。

最后,在货物管理方面,通过eRFID技术,实现了货物的数字化。通过将RFID标签智能匹配货运单、货台、车辆,实现对货物的全流程跟踪,大幅提高了入口、盘点、复核、出库环节的作业效率。

基于以上,CBG南方仓智慧物流园区飞过"云遮雾绕",穿越"黑暗森林",打通业务"堵点",联接业务"断点",打开了数字化转型的无限可能。

第五节 龙江交投集疏运智慧物流

2019年,为贯彻国家"现代流通体系建设"的发展战略,龙江交投对全省的集疏运体系进行全面布局,拟构建形成"以枢纽为支点、以通道为骨干、三网融合"[1]的集疏运体系,通过提升网络运输组织能力,带动产业兴盛、经贸繁荣。同年,黑龙江省出台《"数字龙江"发展规划(2019—2025年)》,提出利用大数据、物联网等先进技术,健全智能交通管理体系、发展智慧物流,为交通数字化转型指明方向。

龙江交投集疏运体系的总体建设要求包括以下三点。

一是按照区域集疏运体系建设模式,构建"1357"物流枢纽网络[2]。

二是以"521"三类运输通道为骨架[3],将全省边疆地区与边境口岸贯穿,南向联接吉林,西向联接内蒙古。

---

[1] 三网融合,指采用多式联运、信息化等手段,通过整合提升,实现基础设施网、运营组织网及智慧信息网的融合。
[2] 哈尔滨1个核心枢纽,齐齐哈尔、牡丹江、佳木斯3个区域枢纽,黑河、同江、抚远、绥芬河、东宁5个重点边境口岸国际物流枢纽。
[3] 哈抚通道、鹤牡通道、伊绥庆通道、哈黑通道、漠齐通道5个纵向运输通道;绥满通道及萝嫩通道2个横向运输通道;以东宁、绥芬河、抚远、同江、黑河5个口岸枢纽城市为核心的一个沿边运输通道。

三是以"3+N"[1]三层对外集疏网络拓展的覆盖全省、辐射国内、畅通亚欧的现代集疏运网络体系，谋划"16531"口岸集疏运体系，全面提升运输效率和服务品质。

基于此，华为以智慧物流园区解决方案为依托，叠加适配龙江交投物流业务的场景化解决方案，构建了与龙江交投规划中提出的基础设施网、运营组织网和智慧信息网相对应的数字化基础设施、智慧运营平台和开放交互门户解决方案（见图19-4）。

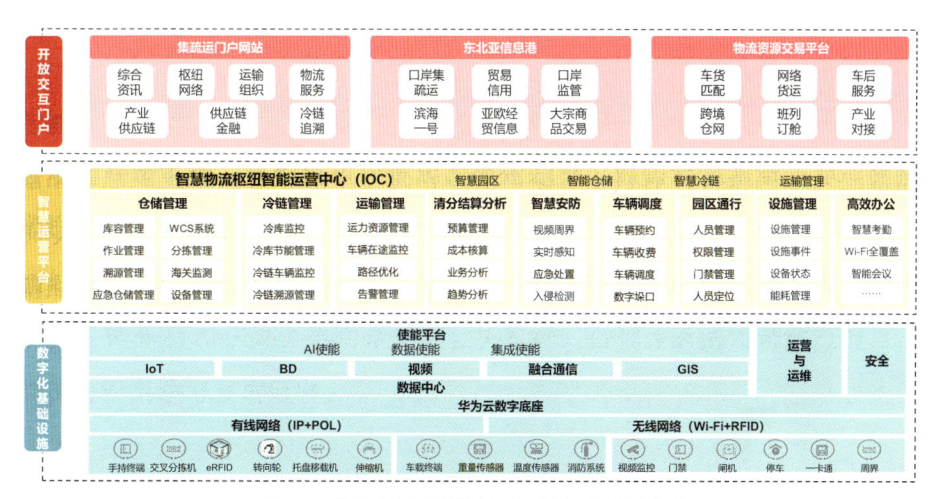

图19-4 龙江交投集疏运智慧物流规划总体方案

以基础设施数字化为底座，在龙江交投集疏运方案中，华为在端层部署传感器、监控设备、车载设备、手持设备、自动运输设备等各种感知设备，用以收集物流过程中产生的信息数据。通过有线网络（IP+POL）与无线网络（Wi-Fi+RFID），将数据上传至华为数字平台，经由数据汇聚、融合、治理等技术手段，挖掘数据的价值，使能智慧运营平台。

---

1 基础设施+运输组织+信息服务+服务、加工、贸易、金融等。

同时，华为重点规划了智能运营中心（IOC）、智慧园区网络平台（多级园区）、智慧运输组织平台、智慧物流服务平台与智慧供应链平台，通过集疏运门户网站、东北亚信息港及物流资源交易平台，打造国内省内集疏运大通道的数字化载体、贸易大通道的口岸集疏运数字化载体，以及国内国际物流资源的协同，实现了产业链、供应链、物流链的对接。

2020年，龙江交投和华为的合作关系更进一步。6月，双方共同成立全国首个综合交通联合创新中心。未来，双方将围绕综合交通领域数字化、智能化转型开展更深层次、多领域的合作，包括极寒地区智慧高速、数字物流等前瞻性基础研究和关键技术研发，形成全国领先的、可复制推广的先进技术成果，协同打造更加繁荣的交通行业生态。

05

第五部分

朝暮并往，行至远方

　　数字化转型不是一蹴而就的，而是一个长期持续的过程。交通行业企业作为非数字化原生企业，面临历史包袱重、安全责任大、找战略伙伴难、数字化组织分散、缺乏数字化人才等诸多挑战。很多企业或踌躇不前，或浅尝辄止，而数字化转型成功企业形成的示范效应又吸引许多有追求的企业投身到数字化转型的变革浪潮中。第五部分分析了企业数字化转型遇到的挑战，介绍了华为数字化转型的方法和关键点，阐述了数字化转型的保障机制，为想要将数字化转型尽快付诸行动的交通行业企业提供参考。

第二十章
数字化转型的挑战

相对于传统的信息化转型，数字化转型更为猛烈与深刻，如何避开"不转型等死，转错型找死"的魔咒，需要直面挑战，找到根源，找对方法，避免走弯路。在数字化转型中，技术是工具，但不是万能的。交通行业的管理者可以用新技术手段来提高管理水平，但也不能用无限的技术投入来代替应该做的业务管理提升和改进。

第一节　数字化转型"灵魂三问"

不同的交通组织，根据人们接触新知识的程度和企业自身属性，对数字化转型的认知深度大不一样。对首次做数字化转型的交通行业企业而言，首先面临的是"什么是数字化？什么是数字化转型？数字化转型到底带来什么样的价值？"这"灵魂三问"。很多交通行业企业把信息化当成数字化，把上IT系统当作数字化转型，把业务从线下跑线上当成数字化转型的价值。包括企业的IT人员，大多数也是这种认知，从业界来看，对于这"灵魂三问"也有五花八门的答案。

认知的不同，必然造成结果的不同。企业要开展数字化转型，首先要回答这"灵魂三问"。从华为数字化转型的长期实践来看，对于数字化转型的"灵魂三问"已有了清晰的答案：将物理世界转化为数字世界，并将数字世界融入物理世界就是数字化；数字化技术对企业价值创造端到端的强力介入就是数字化转型；数字化转型的价值在于"多打粮食"和"增加土地肥力"，其特征是增强客户体验、提升作业效率、优化产品和服务，以及创新商业模式。

尤其是交通组织的一把手，作为数字化转型的操盘手，对数字化转型更要有清晰的认识：数字化只有起点，没有终点，运营产生价值，需要战略定力。对于国企而言，由于存在任期制，数字化转型更像是一场长跑接力赛，而不是短跑冲刺赛。用新ICT全面重塑企业经营管理模式，是企业发展模式的变革创新，是企业迈向数字经济时代的必然选择。数字化转型不仅是新技术的创新应用，更是企业发展理念、组织方式、业务模式、经营手段等全方位的变革。既是战略转型，又是系统工程，需要统筹规划、顶层设计、系统推进，是一把手工程。做好转型规划是数字化转型成功的关键。

第二节 变革无法回避

很多交通行业企业在邀请咨询专家做数字化转型咨询时，认为数字化转型只是上系统、上云、上AI、上物联网，不少咨询项目也刻意回避变革设计。从华为的实践经验来看，不做变革而执行的数字化转型，如同房子架构不做优化，只做墙面装修，表面光鲜，但最终效果会大打折扣，最终企业也会出现花了巨款做数字化转型，但是实际价值有限的情况。真正的数字化转型，回避不了的就是变革。因此，无论第一次做数字化转型的交通行业企业，还是执行数字化转型二期的交通行业企业，都需要进行数字化转型的领域变革设计及落地实施。

基于企业内部长期的求稳求安逸心态，会形成守旧思维和习惯定势。而数字化转型，通过为企业创造端到端价值流的设计，通过数字化技术对价值流的强力介入，从而实现流程由串行到并行，价值链由被动反应到敏捷主动，决策由凭经验到基于大数据的智能推理。这些变化不同于传统的IT把业务从线下变线上，而是更为弹性和敏捷，更有智慧。变革是设计出来的，通过数字化技术进行赋能，在实践过程中敏捷优化和调整，适应快速的外部环境变化。变革的结果就会带来组织的挑战、岗位的调整和重新赋能。对于传统交通行业企业而言，尤其是传统的国有企业，由于采用职能型的组织架构，层级多，横向沟通慢，部门与部门之间、子公司与子公司之间的沟通链条非常长，易陷入内卷化。数字化转型之后，通过变革设计，管理和生产业务流变得透明、智能、敏捷、柔性、高效协同，从而带来职能型组织向流程型组织、平台型组织的转型。这些变化对于传统交通行业企业而言，不亚于一场革命，若处理不当，就会使数字化转型大打折扣，甚至失败。但是矛盾无法回避，因此，需要把矛盾转化为动力，发展同路人，统筹规划、分步实施，循序渐进地开展数字化转型，逐步实现数字化转型。

第三节　找对老师和方法

数字化转型理念源自欧美，扬于中国。在过去十多年的时间里，数字化转型从概念到实践，林林总总，有无数企业以身试验，探索数字化转型的道路。有成功的案例，也有失败的案例。在失败的案例背后，更多的可能是老师找得不对、转型方法不当等原因，就有了"不转型等死，转错型找死"的说法。因此，找对老师、找准转型的方法非常重要。

作为第一次做数字化转型的企业，需要既有方法又有实践经验的战略伙伴。企业的管理和业务骨干人员需要深度参与到转型设计及实施中。华为在做数字化转型时，邀请了具有数字化转型实践经验的国际咨询公司进行方法论的辅导，咨询顾问扮演了"老师和教练的角色"，顾问与华为实际全职投入转型的人数比例达到了1∶3及以上。就顾问提供的方法论，华为结合自身的实践进行充分思维碰撞和研讨，并吸收消化，最后总结形成自己的转型方法论，指导自身数字化转型实践。经过多年的实践，华为总结出了非数字化原生企业数字化转型的七步法（详见第二十一章相关描述）。数字化转型的成功使华为经受住了2018年开始的外部国际环境的极限施压，敏捷转换赛道，保证企业逆势增长。

第四节　数字生产力亟待提升

在一些行业中，数字化已经成为重要的生产工具。互联网行业作为数字世界的原住民，血液中先天流动着数字化的基因。金融行业中以银行为例，传统银行柜台取款正在成为历史，自助存取款机也逐渐被遗忘，现在只需要一部手机，几乎就能办理所有银行业务。手机银行取代网点银行，意味着数字化成为银行的生产工具。

在过去的30多年中，虽然交通运输是较早引入IT的行业，但基础设施普遍缺乏数字化能力。例如，很多路侧、轨旁、场站及枢纽的终端还是"哑"的，尚未纳入交通运营管理；而已建的IT应用也多处于分散的信息孤岛中，数据无法汇集，更谈不上分析利用。

即便AI、5G等技术已经合力推开了交通行业数字化的大门，但行业数字化的进度较慢。数字技术主要用于辅助办公，而较少衍生到业务领域。以航空为例，在许多机场，航班的机位分配都是基于人工操作的，而信息数据只是为人工操作提供辅助。

类似这样的现状意味着，交通行业有较大的数字化转型空间和机遇，同时也面对着巨大压力。让数字化真正成为交通行业的生产工具，去牵引生产关系调整，并提高生产力，注定是行业发展之未来，也是必须越过的高山。

第五节　数据融合是"硬骨头"

交通行业的信息化建设较早，但是因为强规则的特性，其信息化推进速度较慢。行业发展到一定阶段时，各板块的数据大量累积，且各自储存，难以聚集到一个平台，也无法进行统一的融合加工。行业信息化覆盖不足引发运行效率低、数据质量差等问题。因此，如何正确梳理过去的数据体系，并与新的数字系统融合，形成数字生产力，是一大挑战。

交通行业在数据汇聚、业务融合方面普遍存在如下痛点问题。

（1）现有数据质量不能有效支撑运营，数据及时性、完整性、准确性有缺失，如数据在创建、传递过程中有缺失和遗漏，未遵循统一的数据标准记录和传递数据、信息等。

（2）数据"烟囱"林立，"孤岛"众多。一套系统很可能只针对一项需求，并且每套系统处理数据的逻辑各有差异。这时，人工需要在几套系统中来回切换，导致工作效率极低。

（3）缺乏公共数据平台，离高效协同所需的数据全面流通、数据深度融合还有很大差距；业务信息传递不通畅、不及时；信息流通还不够流畅，数据共享不足。

（4）缺乏行之有效的数据采集、管理、存储、使用机制，缺乏有效的数据管理体系，数据质量差；数据治理意识弱，数据管理工作和职能基本缺失。

（5）数据利用能力匮乏，暂未形成可量化的、准确的、可挖掘的"数据资产"，数据深入挖掘能力不足，应用深度不足。

第六节　安全不容有错

安全无疑是交通行业最重要且最基础的要求。一切效率的提升、服务的优化都必须基于安全而展开，否则所谓的升级都毫无意义。对安全至上的信奉，要求交通行业数字化转型的每一步不容有错。

交通安全并不仅限于生命安全，而是指覆盖运行安全、生产安全、机器设备安全、数据安全、网络安全等在内的大安全。对于数字化转型来说，有两大安全任务：其一为技术安全，即通过数字化转型，真正在物理世界加强安全保障能力，并提升调度运行效率、做好客户服务；其二为数据安全，指数字世界的安全，即数据必须真实可靠，才能正确作用于物理世界。

人身安全是最基本、最重要的要求。因为重要，所以容不得半点马虎。同时，行业被束缚的可能性就更大。一个简单的例子是无人驾驶。关于无人驾驶的研究已有多年，但业内对开放路段却表现得极为谨慎。归根结底，还是出于安全的考虑。

正是因为交通行业具有的高安全、重资产、专业化及移动性等特点，使其在与5G、云计算、大数据等技术的融合中面临挑战，令数字化转型变得谨慎而缓慢。如何在保证安全的前提下，做到大胆创新，是交通行业数字化转型必须面对的问题。

第七节　规模化复制难

只有行业解决方案具备可复制性，才能真正降低成本，实现规模化转型。华为推崇先做标杆，再立标准，其目的就在于规模化复制，最终降低行业转型成本。否则，每个子行业或各业务场景各抒己见、需求零散，成本就会居高不下，难以推广共性方案。

但是，实现行业数字化规模复制颇具挑战。首先，各行各业场景细分过多，标准难定，给大规模复制带来极大挑战。即便在有标准引导的情况下，每个项目也各不相同。其次，数字化转型是一个动态变化的复杂过程，涉及规划、组织、方案、建设、运营等多个阶段的改造和变革，需要根据不同主体的具体情况制订方案，并在执行中不断调整、更新迭代。因此，如何提炼共性，沉淀行业资产，并与个性需求融合，推动规模化复制进程，也是交通行业数字化转型中的重要议题。

第八节　价值判断标准不一

数字化转型是一个长期过程，需要投入大量人力、物力、财力。如果只是追求短期利益，渴望成效立现，往往难以收获长远价值。但在实际中，客户常常因为难以感知数字化转型的快速成效而犹豫不定。普遍的现象是：交通行业客户虽然关注数字化转型，但大部分投资仍聚焦于传统基建或硬件上。同时，客户在数字化领域的投资较为分散，系统性不足。

这是因为业内对数字化转型的价值判断标准不一，导致企业犹豫不决，只能浅尝辄止。例如，通过智能视频技术可以缩减道路巡视人员，提升安全指标。从短期成本考虑，人工作业的成本比智能视频设备购买、折旧与维护的成本更低。但在这个场景中，还应当考虑新技术的提升效率、提高作业精准度的长期价值。因此，如何平衡短期效益和长期价值是数字化转型的一大考题。

实际上，对于交通行业来说，长期价值更为重要。任何交通枢纽、交通设施，一旦建成就意味着长期运营。对一条路、一个车站或一条铁轨而言，最关键的都是持续运营能力，无一例外。

必须指出，过于看重短期效益还会产生负面影响。在传统信息化、数字化的过程中，客户常常选择在单点项目上进行尝试，忽略长期的系统性规划，在建设过程中竖起了很多"烟囱"，给后续建设带来不便。很有可能出现的情况是，单个项目看起来效果不错，但整合起来却不具备系统性，出现重复建设、兼容困难等状况。因此，从长期价值来看，通过系统性规划明确短期目标和长期目标，可以让数字化转型之路更加稳健有序。对于数字技术企业来说，如何让交通行业人士认识到数字化的长期价值，认可数据对业务增长的有效作用，则是另一个挑战。

第二十一章
数字化转型如何做

数字化转型需要分阶段、按步骤进行,才能做到有的放矢。从规划到建设再到运营,有着清晰的路径,包括愿景确立、评估数字化现状、建设数字化的IT平台等。一步步有序开展,将帮助企业更顺利地实现数字化转型。

交通行业企业大部分是非数字化原生企业，华为结合自身数字化转型实践，总结形成数字化转型三阶七步方法论，如图21-1所示。华为认为，数字化转型一般需要经历规划、建设、运营三个阶段，分七个步骤有序开展。

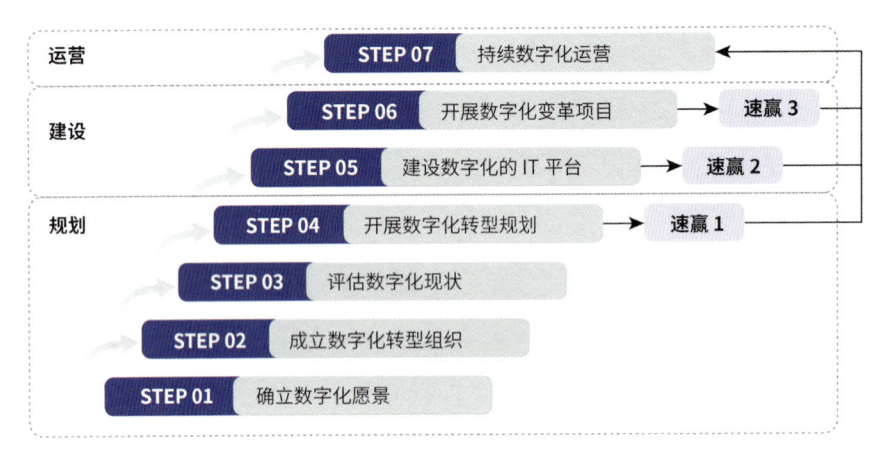

图 21-1　数字化转型三阶七步方法论

规划阶段：数字化转型是由愿景驱动的，因此，在规划阶段，企业第一步需要确立数字化愿景，明晰数字化转型目标，并在企业内部达成共识，作为企业转型的指引。数字化转型组织的机制和能力决定转型成败，因此，第二步就需要成立数字化转型组织，建立运作机制，补齐数字化转型人才，为企业进行数字化转型赋能。第三步需要基于愿景，评估当前的数字化现状，发现差距。在此基础上，第四步开展数字化转型规划，规划企业的整体业务与IT架构，并基于为内外部客户创造价值的关键业务场景，充分运用云计算、大数据、物联网、区块链、5G等技术，规划形成支撑其数字化转型的解决方案构想和架构，形成未来的全景、近景、远景蓝图。在规划过程中同步识别可以快速见效的速赢点，制订方案并快速实施，树立企业对数字化转型的信心。鉴于数字化转型的长期性，还需要开展转型路标规划，规划未来蓝图实现需要经历几个阶段，以及每个阶段开展的项目群和项目。

建设阶段：需要基于规划稳扎稳打、小步快跑，有序开展建设工作。数字平台是数字化的黑土地，因此企业第五步需要建设数字化的IT平台，为各项业务提供云基础设施、应用使能、数据使能、AI使能等公共服务，为各领域的数字化奠定平台基础。第六步，企业通过行业应用推动，沉淀行业资产，然后遵循规划、基于数字平台，有序在各业务领域开展数字化变革项目，在实施过程中需要遵循变革管理方法，提高转型成功率。

运营阶段：第七步，企业基于建设形成的流程、应用服务，通过持续运营，有效支撑业务运作，发挥价值。例如，通过To C的App或小程序的用户运营，为越来越多的用户提供ROADS［实时（Real-time）、按需（On-demand）、全在线（All-online）、服务自助（DIY）和社交化（Social）］体验；还可以通过业务运营使业务更加智能化、自动化，提升业务运作效率。

总之，数字化转型需要愿景驱动、规划先行、建立机制（数字化治理机制）、提升能力、平台为基、变革随行、技术赋能、战略合作、价值导向、持续运营。鉴于数字化治理机制是数字化转型的组织保障，将在第二十二章专门阐述，其他关键点在本章会逐一介绍。

第一节　愿景驱动，规划先行

从直观表现来看，大部分交通行业企业是为了解决发展中的痛点而选择了数字化转型。但从深层来讲，数字化愿景才是驱动转型的动力之源。数字化愿景不是某个人"拍脑袋"产生的结果，而是结合行业趋势、标杆实践、技术趋势，结合企业对未来发展的战略和核心理念，经过企业中高层和核心骨干充分讨论、碰撞，逐渐演变形成的组织共识。为达成愿景，每个人都在自我驱动、全力以赴，这就是愿景的妙处。例如，深圳机场以

"打造数字化的最佳体验机场"的数字化愿景凝聚共识,利用不到三年时间取得显著成效,赢得全国质量奖。数字化愿景有以下特征:

- 面向未来:数字化愿景的设计不仅要基于当前的痛点,更要瞄准未来,基于宏观趋势,结合企业战略和商业模式,使之具有前瞻性,凝聚大家的共识。
- 由外及内:利用全球领先的行业实践经验和团队多样化的经验,站在外部视角,由外及内产生"开创性"的思想。
- 技术驱动:技术,特别是数字技术的应用,是数字化愿景的一个关键要素,而不仅是支持因素。

对于交通行业来讲,首先,需要业内人士对行业的美好未来充满期许,尽全力去推动行业的持续进步和繁荣,完成时代的使命。其次,数字化转型的推动者、参与者对这项事业的必要性具有共识,深知自身肩负的责任。拥有内在动力,才可能持续推动行业数字化转型,尤其在转型困难时刻,愿景能够驱使人披荆斩棘、一往直前。

从企业内部来说,拥有同样的数字化愿景有利于企业上下目标一致,达成转型共识。如此一来,无论组织协同,还是执行沟通,都会顺畅许多。每个人都知道自己在数字化转型中的角色,齐心协力为共同的目标奋斗。即便各部门的需求或利益出现矛盾,也能在共识的基础上快速达到平衡和化解。

在制订愿景后,为了确保数字化转型瞄准业务价值,沿着正确方向开展,还需要进一步制订数字化转型目标、量化指标。企业的数字化转型目标是对转型愿景的细化和解读,量化指标是对目标的量化描述。可以按照数字化转型的价值方向,从增强客户体验、优化业务流程、优化产品和服务、创新商业模式几个方面制订转型指标,也可按照平衡计分卡的几个方面制订指标,殊途同归。制订转型目标、指标的目的是牵引数字化转型方向，真正为业务带来收益。上述指标是数字化转型的顶层指标，建议以结果性指标为主，过程性指标为辅；定量指标为主，定性指标为辅。通过转型指标的制订，也使转型愿景进一步与领域转型项目和解决方案结合，从而通过转型实施，逐步实现愿景。以重庆交开投为例，从数字化转型效果出发，从增强客户体验、优化业务流程、优化产品和服务、创新商业模式四个方面制订了14个数字化转型指标，进一步明确"创新城市智慧交通，提供最佳出行服务"的愿景和"城市智慧交通""最佳出行服务"两个目标，更具有可落地性。

一般而言，确立数字化愿景、制订数字化转型目标是在数字化转型规划过程中开展的。企业要开展数字化转型，首先需要进行数字化转型的规划，或者称为数字化转型顶层设计。由于很多交通行业企业是综合型集团，业务覆盖范围很广，建议优先从主业开展数字化转型规划，同时涵盖人、财务、资产、数字化等管理领域，形成相对完整的企业价值链。例如，重庆交开投数字化转型（一期）咨询项目聚焦公共交通运营（含公交运营、轨道运营）核心业务和管理领域业务，先开展数字化转型规划，形成这一核心业务的转型蓝图，通过这一过程培养了78名数字化转型人才，掌握了数字化转型规划的方法。

企业的数字化转型规划一般通过现状分析、蓝图规划、架构规划、路径规划四个步骤，明确数字化愿景、目标和指标，识别现状差距，规划蓝图架构，明晰转型路径，具体步骤如下。

步骤一，现状分析：一般而言，此环节通过看行业、看标杆、看技术、看自身来进行。看行业主要分析行业趋势。看标杆是分析行业内外部的标杆实践，为发现自身差距找到一面镜子。数字化转型是创新性的，往往"他山之石可以攻玉""隔行如隔山、隔行不隔理"，通过借鉴其他行业数字化转型的标杆，可以受到很好的启发。在看技术方面，通过对云计算、大数据、物联网、区块链、5G等技术趋势和成功应用进行分析，发现企业的机会点。在看自身方面，专家们一般首先识别为内外部客户创造价值的关键业务场景和价值流，并总结形成企业的业务能力框架，进而运用这一框架，通过调研、研讨，结合看行业、看技术，发现企业在哪些地方没有做好（业绩差距），哪些可以做但是还没有做（机会差距），进而从战略、流程、组织（变革）、数据、IT等方面找到原因。

步骤二，蓝图规划：一般而言，在蓝图规划环节，首先要确定企业的数字化愿景、目标、转型指标，然后审视、完善现状分析环节形成的价值流和业务能力。价值流是为内外部（尤其是外部）关键利益关系人创造价值的业务流，是与面向关键内外部客户（又称利益关系人）的关键场景相对应的。业务能力是对企业业务的结构化描述，可用于流程构建、为IT架构（包含数据架构、应用架构、技术架构）规划提供业务输入，通过构建业务能力框架有利于实现企业内部的能力共享，减少重复造"轮子"的过程。本环节还会针对关键场景分析数字化特性，基于行业趋势、标杆实践、新技术支撑，进一步规划未来的解决方案蓝图构想，从而支撑关键业务场景的数字化。

步骤三，架构规划：本环节基于云化、服务化趋势，根据第二步形成的业务能力框架，重点规划数据架构、应用架构、技术架构这3个IT架构内容，从而实现IT对业务的有效支撑。如果把企业架构看成一栋大楼的框架结构，解决方案构想就是每个房间的"装修概念图"。那么，运用企业架构的要素，可以将解决方案构想从流程、数据、应用几个方面进一步结构化，形成解决方案架构，并明确解决方案和架构的关系，进而让解决方案找到在"大楼框架中的位置和边界"，实现对"装修概念图"的进一步结构化和细化，有利于解决方案的落地。

步骤四，路径规划：本环节基于集团战略和数字化关键举措，制订总体实施策略；基于解决方案蓝图和企业架构识别项目清单，形成主计划和项目群划分建议，最终每个项目被细化为项目卡片，实现基于集团整体战略的项目统筹规划。

第二节 平台为基，变革随行

如前文所述，在数字化转型建设阶段，交通行业企业需要根据实施计划优先构建企业自身的数字平台，为各领域的数字化转型奠定平台基础。数字平台是交通行业企业数字化转型的"高速公路"，基于平台可实现企业云基础设施、基础应用、共用服务、数据资源的共建共享，尽可能减少重复投资和"烟囱式"建设，提高各业务领域数字化转型的效率，节约企业数字化转型投资成本。

各业务领域可基于数字平台，根据实施计划逐步推进本领域的数字化转型实施。领域的数字化转型对各业务领域而言是一场变革，会改变该领域的流程、组织、IT平台系统，进而改变相关岗位的习惯。华为基于多年变革实践总结形成的变革管理方法体系，能够为非数字化原生的交通行业企业提供可借鉴经验。华为变革管理方法体系分为七个领域（变革管理、业务流程、架构、数据、IT、业务收益、项目管理）、八个阶段（变革规划、概念、计划、开发、验证、试点、规模推行、日常业务运作），使变革按照结构化的流程开展，即"七横八纵"，如图21-2所示。

"七横"要点如下。

- 变革管理：变革的实质是变人，变革管理关注与人相关的意愿问题和能力问题。数字化转型往往伴随着组织架构变革。这一过程或许是渐进式的，也可能遭遇"阵痛"，甚至"伤筋动骨"。传统企业的组织架构往往是直线职能式的，没有人对内外部客户的最终交付结果负责。企业需要转变为面向服务对象的流程型组织，才能适应数字化转型的要求和业务需要。成功的组织变革是数字化转型成功的必要条件，但要实现组织转型目标往往需要克服重重压力，如各岗位人员的变动、打破既得利益等。一些企业因为无法冲破阻碍，只能中途放弃。为了确保组织变革的成功，在变革过程中需要采用变革管理七步法，有针对性地实施变革举措，使相关人员经历"知道→理解→接受→承诺"的过程，实现思想转变。

图 21-2 华为变革管理体系

- 业务流程：企业需要基于流程架构，运用流程方法描述业务现状，并分析现状和变革、转型目标之间的差距，进而设计形成未来的流程方案，从而解决现状存在的问题，有效支撑未来业务需要，同时将用金钱和教训换来的优秀实践运用数字化手段固化下来，实现为客户更好创造价值（产品和服务）和向客户更好交付价值的业务目的，不断积累形成企业持续经营的核心战略资产。
- 架构：企业架构（EA）围绕公司业务目标，在"战略"和"项目实施"之间架起联接的桥梁，是公司战略执行的基础。在领域变革过程中，企业需要遵循在数字化转型规划、企业架构规划中形成的企业架构。
- 数据：数据是指在各业务流程的业务活动中使用、传递和交互的各类信息，通过运用物联网等技术，我们不但可以利用IT平台系统的数据，还可以利用视频、设备等的非结构化数据。变革方案在设计过程中需要基于流程、借鉴标杆实践设计数据解决方案。
- IT：在变革方案设计过程中需要通过IT解决方案设计将流程、数据固化在IT中。每个领域的变革都需要设计包含流程、变革、数据、IT的完整解决方案。
- 业务收益：数字化转型不是为了转型而转型，其核心是瞄准业务收益，给业务带来价值，业务收益大的项目优先开展。
- 项目管理：项目管理的工作贯穿变革项目的每个阶段，它循环运作，并由项目PM、PMO牵头各角色协助完成。其核心工作是定计划、管运作、查状态、勤改进。

"八纵"要点如下。
- 变革规划阶段：一般而言，企业在战略规划和年度经营计划中进行变革规划，确定需要开展哪些领域的变革。
- 概念阶段：该阶段回答"为什么变""变什么""变的价值是什么"三个主要问题，与各主要利益关系人就立项核心问题达成一致。并在此基础上组建项目团队，确定业务需求，进一步明晰范围和关联关系，预测成本、收益、进度，分析高阶架构，输出包含流程、组织、数据、IT的高阶解决方案，评估可行性，进行项目正式立项。
- 计划阶段：制订项目计划，完成包含流程、组织、数据、IT的详细解决方案设计，确定试点推行策略。
- 开发阶段：完成平台开发、系统开发和培训材料开发，准备测试用例和用户验证。
- 验证阶段和试点阶段：开展试点培训，进行试点准备、用户验证测试，进而上线，开展推行准备度评估。

- 规模推行阶段：开展推行准备、用户培训、上线支持，完成项目验收，所开发平台或系统转运营。
- 日常业务运作阶段：根据在日常运作中出现的问题持续迭代优化。

华为变革管理方法体系是历经多年变革过程总结、提炼、形成的关于变革管理的一套系统的方法论，其中包含了详细的流程、方法、模板、标准、规范、工具等，实践表明，运用这一方法体系，可显著提高企业变革的成功率。

第三节　技术赋能，战略合作

交通行业企业要实现数字化转型，一定要有相应的技术作为支撑，如数字平台、物联网、5G、大数据与数字孪生等技术。数字化转型不仅要求企业能够快速地学习和掌握新技术，还需要企业将新技术融会贯通并形成组合优势，在业务变革时找准结合点，使之创新性地改变现有业务。

但数字化转型涉及的技术复杂度呈指数级增加。对于非数字化原生企业而言，对掌握这些技术往往感到力不从心。在交通行业，新技术与业务场景的真正结合往往需要3年甚至更长的时间，而近几年，基于第三方平台的新技术超过10种，现有IT部门无法快速实现新技术的业务应用。

企业尤其是交通行业企业要实现数字化转型，建议与掌握数字化转型方法的数字技术企业达成战略合作，并将其视作企业数字化转型实施过程中的架构看护和主实施方，与之共同开展数字化转型工作。一方面，这样可以补齐企业自身短板，创造一条转型捷径，从而显著缩短数字化转型的周期，提高数字化转型成功率；另一方面，在整个转型过程中，企业自身也可以在战略伙伴的辅导下提升数字化转型能力，逐步掌握数字化转型的系统方法，逐步实现以自身为主的数字化转型。深圳机场、天津港等企业的数字化转型历程都是这一模式的成功案例。华为作为中国具有代表性的数字技术企业，将自己定位为数字化转型的推动者与使能者，在助力数字化转型的过程中，将持续聚焦具有长足优势的ICT基础设施领域，并不计成本、全力以赴地进行基于根技术的新技术研发，将数字化转型中的核心技术做到世界领先。

除此以外，华为坚持"平台+生态"战略，与生态合作伙伴携手共助行业数字化转型，并且有信心为各行业提供数字化转型的技术支撑，助力产业数字化升级。华为数字平台吸引了数万名开发者，提供超过200项行业服务。它不仅为开发者提供了应用平台，提高其数字化转型的成功率，也为转型企业注入信心。

第四节 价值导向，持续运营

如本章第二节所述，数字化转型关注业务收益，在运营阶段同样如此。数字化运营要遵循价值导向，给业务带来价值。数字化运营需要构建平台，建立运营机制（包括流程、组织和运作机制），明确数字化运营在规划、建设、运营三阶段要开展的工作内容和工作方法，其中，数字化运营组织尤其关键。一般而言，针对投入运营的IT平台和系统（尤其是面向客户的平台或系统、面向内部的IOC平台），其业务领域的实体部门需要构建数字化运营实体组织，该组织由业务人员和IT人员共同组成，为所在领域的业务提供数字化运营服务，同时在专业方面由数字化组织赋能。针对To C客户的用户运营建议由该项业务的业务组织承担。在运营内容方面，数字化运营包含用户运营、业务运营、ICT基础资源运营，下面将分别进行阐述。

在用户运营方面，针对To C客户的用户运营，工作内容是制订科学的运营目标、运营策略、运营方案，并通过方案实施来实现有效导流，实现对注册用户的有效引导并形成销售，通过老客户画像、针对性推荐等提高用户的复购率，通过基于用户问题、投诉的快速迭代优化提升客户满意度，通过差异化、个性化用户服务实现普通用户向高价值客户的转变。针对 To B 客户的用户运营，重点是提升与客户业务协同的效率，提升客户的体验，快速响应、快速解决客户的问题。

在业务运营方面，数字化运营的前提是已实现了业务对象、业务过程、业务规则的数字化，建立了数据底座并且能有效运转。在此基础上，各业务领域可制订业务目标，通过对现有数据的洞察分析，发现业务差距，制订业务优化方案并组织实施，根据实施后的效果评估进行优化改进，形成 PDCA 的闭环。在此过程中借助 AI、大数据等手段，通过业务建模、业务自动化、智能化、业务流程优化等措施提高业务效率、提升业务能力。

在 ICT 基础资源运营方面，通过云基础设施平台、业务使能平台、数据使能平台、应用使能平台的迭代完善，快速支撑业务领域的数字化，并不断沉淀行业资产。一般而言，交通行业企业可将基础的云基础设施平台等基础资源运营交给专业的第三方机构负责，第三方机构通过各种自动化工具提升 ICT 基础资源的可用性，这样，企业既降低了运营成本，又提升了服务水平。

第二十二章
数字化转型保障机制

在数字化转型中,必须有配套的保障机制,使业务与IT更紧密地融合。数字化转型保障机制能有效管理数字化资源,释放数字化价值,促进业务创新,并提供稳定优质的IT服务。交通行业企业步入数字化转型的深水区后,数字化转型保障机制显得越发重要,并成为数字化转型成功的关键因素。数字化转型离不开相关保障体系与运作机制的保驾护航,这种保障体系与运作机制又被统称为数字化治理。

第一节　什么是数字化治理

数字化治理体系采用有效的机制，使数字化应用与组织业务有效融合，完成组织赋予它的使命，同时平衡数字化技术与过程中的风险，确保实现组织的战略目标。其出发点是组织的发展战略，遵循组织的风险与内控体系，制订相应的数字化建设、运行管理机制。

数字化治理的目标与公司治理的目标是一致的，即通过企业数字化决策权在相关部门主体间进行合理安排，各部门有效协同，解决其需求及利益方面的冲突，实现数字化资源的合理配置和有效使用，从而达到数字化转型价值最大化的目标。

数字化治理总体框架包括战略层面、战术层面、运作层面三个层次（见图22-1）。

图22-1　数字化治理总体框架

战略层面：主要回答公司数字化转型的愿景、定位，以及在公司数字化转型过程中IT部门承担何种角色、如何发挥自身价值等问题。

战术层面：主要解决IT资源采用何种配置策略、如何投资、如何架构和管控，并回答如何在业务运行中发挥更大作用、采用何种数字化转型原则指导数字化转型等问题。

运作层面：主要包括数字化转型配套的流程、组织、运作机制和规则。

- 流程：包括数字化转型规划、建设、运营流程，相关考虑要素有变革管理、架构管理、流程管理、数据管理、IT管理等核心流程，以及支撑数字化转型运作的保障性流程，如项目管理、采购管理、信息安全管理等。
- 组织：与数字化管理流程相匹配的数字化组织，包括流程与IT组织、公司变革指导委员会、业务侧数字化运营组织。
- 运作机制和规则：包括数字化转型项目分层分级运作机制、业务IT一体化运作机制、项目评价机制、IT产品评价机制、流程IT人员评价机制等；同时，提供数字化转型运作必需的软件工具（如规划和预算管理、组合投资管理、项目管理、架构管理、IT服务管理和交付流程、IT资产管理等）。

以上是数字化治理总体框架的主要内容，该框架汇聚了华为多年来在数字化治理方面的优秀实践，并在多家大中型国有企业成功落地。交通行业企业通过应用该框架并付诸努力、持续改进，可使IT与业务更紧密融合，有效管理IT投资、IT资源，积极进行使能业务创新，提升数字化转型水平。

以深圳机场为例：过去，深圳机场的IT业务主要由多部门负责——集团层面的信息技术中心，负责集团层面的规划和系统建设；集团控股的下属上市公司中的资产管理部和信息技术公司，分别负责上市公司信息化建设和具体运维服务；建设指挥部弱电部负责机场建设工程相关的信息化建设，这使深圳机场很难实现站在全局角度进行统一规划、建设、运维运营。为解决IT治理组织架构的问题，深圳机场将多个单位合并成集团的一个业务部门——数字化管理中心，在治理组织变革之后，按照业务属性，划分为规划管理、建设管理和运行管理三大版块，成功实现了统一需求、立即响应及良好的沟通协同。

第二节　为什么要做数字化治理

交通行业企业在推动数字化转型过程中面临各种问题和难点，亟须建立支持新型能力打造、推动业务创新的数字化治理体系，并推进管理模式持续变革，为实施数字化转型提供组织、机制方面的重要保障。常见的问题和难点主要有以下几个方面。

定位：数字化管理组织定位不清晰，难以发挥助力战略落地、赋能业务卓越、激发业务创新的重要作用

交通行业企业应建立数字化管理组织，明确其负责企业数字化转型、为业务提供高质量数字化服务的重要定位，定义数字化管理组织各层级相应的组织职责，制订统一的数字化目标及方向，使企业上下形成合力，共同开展数字化转型。实际上大部分交通行业企业以业务部门为核心，IT部门在企业中被视为服务性质或技术支持性质部门，仅起支持和保障的作用，被动实现业务需求和IT系统构建，导致数字化在改善体验、提升效率、降低成本、优化产品服务等方面的贡献严重不足。交通行业大型企业的IT力量往往分布在各层级单位，缺少一个中心化的数字化管控组织。在数字化投入方面，虽然加大数字化投入是大部分交通行业企业的共识，但在经营压力面前，企业对数字化投入的重视度不够，实际投入与计划存在较大偏差，实际投入金额仍处低位。再加上数字化投入的统筹协调利用、全局优化调整和收益量化评估等机制不健全，导致产出效率不高。

管控：数字化管理缺乏清晰的管控策略，未建立统一的架构管理体系，战略难以有效执行和落地

交通行业企业没有建立清晰的数字化管控策略，未明确对规划、架构、标准或规范、投资、通用平台建设、IT运维等集中管控，对终端设备、业务分析等资源分散控制，既难以实现IT效率提升，也难以实现对业务的灵活响应，甚至会带来重复投资和资源的浪费。尤其在企业架构方面，由于缺乏架构管理方法和管控能力，战略难以有效执行落地。企业架构从企业层面考虑业务、流程、组织、IT的问题，可促进各个业务线协同配合，使业务运转更加高效，是有效联接战略和实施的桥梁。企业架构需要规划、设计、管控，其中，业务架构对业务运作框架、业务能力、业务流程进行管理，数据架构对数据资产、数据标准、数据责任等进行管理，应用架构对分层解耦模块化的IT架构进行管理，技术架构对技术原则、技术组件、技术平台、基础设施、技术规范等进行管理。同时，企业架构需要持续演进，并通过业务变革确保架构落地。没有企业架构的统一管控，就会导致企业战略和项目实施之间不联接。

协同：业务与IT缺乏有效协同，难以形成合力去推动业务发展

数字化转型必须用数字化技术对业务进行深入解读，通过业务对象数字化、业务流程线上化、业务规则结构化，才能实现业务的高速运转，这一点需要业务和IT一起深度协同才能完成。秉承"业务主导、IT使能"的原则，IT部门和业务部门结成伙伴关系，有相应的职责分工，共同承担业务目标。但大部分交通行业企业未建立业务和IT协同机制，在工作中出现业务与IT"两张皮"现象。由业务主导的传统企业，业务部门往往自己招标和采购IT解决方案，漠视或不遵循IT架构，将IT系统及相关数据视作自己部门的私有财产，IT部门仅作为运维角色参与其中。也有企业业务部门

将IT项目理解为是IT部门的事，只提需求，未系统、深入地考虑业务效果、业务规则及业务流程的调整、优化、变革，未深入参与项目建设，项目通常由IT部门自己来实施。没有由懂数字技术的技术专家和懂企业业务痛点的业务专家组成一体化团队来推动项目，项目仅有IT的集成应用，没有与业务模式、业务流程重组的深度结合，无法推动跨部门、求创新的数字化变革，难以将新技术与业务结合，使之改变现有业务。这两种模式都会极大地降低数字化转型的效果，事倍功半。

变革：变革管理体系待建，运作过程不科学，变革推进难、效果不理想

数字化转型是系统性变革。交通行业企业要做数字化转型，整个管理体系、运营模式都要变，而不是只做局部的调整和优化。实施变革需要健全的变革管理体系支撑，包括核心价值观引领的变革理念，目标牵引的变革策略，覆盖横向管理变革各个方面、纵向完整的变革生命周期的变革流程以专业化地指导变革开展，以及建立自上而下的管理机构，负责变革改进、流程建设与运营、能力持续提升。华为在变革管理体系支撑下，以客户为起点，建立端到端连通客户的流程，实施集成产品开发、供应链管理、财经管理、研发管理、数字化转型等持续变革，核心是提升流程和人的效率，支撑业务稳健发展。但一些企业由于缺乏变革管理的流程和方法、缺乏变革管理的责任组织，变革往往以行政命令的方式或局部事件推动的方式展开，未充分考虑面向端到端业务的流程配套优化，因此端到端运作效率低，变革效果不理想。

数据：数据成为数字化转型的核心驱动要素，但多数企业数据质量低下，无法反映业务运作本质

数字化转型使企业从流程驱动走向数据驱动——向数据要价值、要收益。数据成为大多数企业的战略资产，在企业的生产经营活动中发挥关键

作用。但是，交通行业大多数企业缺乏行之有效的数据管理理念、方法、组织、机制，数据在实际应用中存在数据分散、数据搬家、数据不一致、数据不共享、数据质量低下等诸多问题，制约着数据价值的有效发挥。需求部门要数据，不知道哪儿有，也不知道如何获取。不少业务部门把数据作为私有资产，不开放、不共享，因此企业的数据不能被有效利用。同时，伴随着数字化转型的深入，数据规模与复杂度呈指数级增长，管理者需要思考如何有效地管好数据、用好数据，包括利用数据实现主业务流的端到端打通，助力业务发展；基于数据的事实和规则等，构建数据模型及数据分析服务，支撑业务决策，成就卓越运营，打造智慧型企业。

人才：人才选用育留机制不完善，数字化人才缺乏，难以满足数字化转型需求

数字化转型不仅需要新技术人才和业务创新人才，更需要能够将新技术与业务结合起来的跨领域人才。人才梯队在不同层面上发挥作用，并延伸到整个人力资源管理体系中，是一个交通行业企业成功实施数字化转型的关键。大部分企业对数字化人才招聘、培养、绩效考核、成长激励等各方面无整体思路或体系支撑，缺乏数字化人才整体规划，而且薪酬竞争力不足，因此难以选拔和留住合适的数字化专业人才。传统信息化人才仅重视技术本身，对具体业务不熟悉，难以准确识别业务需求，故而不能把合适的IT应用在业务场景中；并且传统信息化人才只聚焦系统建设和运维，在架构管理、流程管理、数据管理等方面能力严重不足。业务部门人员也缺乏基本的数据分析素养。从长远来看，不只是数字化人才的技能需要提升，组织能力也需要重构，具体涉及思维方式、协作方式、组织方式的系统性转变。至于提升局部技能，还需要与系统化的制度改革、文化建设相结合。

第三节　数字化治理怎么做

数字化转型，方法论很重要。对于交通行业企业来说，在席卷全球的数字化浪潮中，要做好数字化治理，首先要对数字化的愿景和目标进行定义，然后要明确数字化管理组织定位、建立管控策略与原则、理顺数字化管理流程、设立数字化管理组织、明确数字化运作机制与规则。在2016年正式提出数字化转型，到如今已取得巨大成功。作为一个探索者，华为在数字化转型过程中积累了大量经验，能够为后来者搭桥铺路。

定义数字化愿景与目标

企业愿景是企业未来的目标，也是企业之根本所在。它回答的是"企业为什么要存在""对社会有何贡献""它未来的发展是什么样子"等根本性问题，是由企业高层管理者制定，由团队讨论，获得一致共识的、大家愿意全力以赴行进的未来方向。企业愿景需要回答以下三个问题：

- 要到哪里去？
- 未来是什么样的？
- 目标是什么？

例如，华为前期的愿景是"丰富人们的沟通和生活""共建全联接的世界"，2017年底，公司对数字化、智能化时代有了新的判断，也由此重新定位了愿景和使命。新的愿景为"把数字世界带入每个人、每个家庭、每个组织，构建万物互联的智能世界"。

华为早在2016年就基于企业愿景确立了数字化转型的愿景，当时华为希望利用先进的数字技术改造业务流程，致力于率先实现ROADS体验，并能成为行业的标杆。

"自己造的降落伞自己先跳。"要帮助企业和社会实现数字化，就要先把自己变成全联接的智能企业，把自己做成传统企业数字化转型的标杆。华为的数字化愿景为"Digital First，实现全联接的智能华为，成为行业标杆"。从2018年起，华为就决定把数字化转型作为未来五年唯一的变革重点。

为此，流程IT的数字化转型目标设定为：

- 目标1——对准业务作战，全面改善用户ROADS体验，通过数字化企业建设，业务实施更加简单、高效。
- 目标2——修信息"高速公路"，建云化IT大平台。

明确数字化管理组织定位

组织定位是指需要完成的任务、工作和责任，以及为完成这些任务所拥有的权力。在传统企业中，传统的IT部门遵守严谨的流程管理，完成领导交代的事情，给多少预算就做多少活；业务部门提什么做什么，功能重于用户体验，管控重于服务客户，流程重于数据价值。IT部门是典型的任务承接者，在业务部门话语权也低，冲突的胜利方永远不在IT部门这一边。久而久之，IT部门难以形成较深的技术积累，更不用说利用新技术推动业务创新了。IT部门成为企业的成本中心及业务部门进步的障碍，而在数字化转型中，企业有必要对此做出改变。

在数字时代，要充分发挥IT在企业发展过程中的价值，必须从战略高度思考IT问题、从战略角度定位IT部门，把IT作为企业实现战略目标的关键资源，将IT渗透到企业的方方面面。实现数字化技术与流程、业务、数据、运营之间的紧密结合，才是企业进一步发展和创造价值的最有效方法，也是数字化转型成败的关键。IT要从被动转向主动，改变任务承接者的定位，那新的定位是什么呢？

IT部门的定位是由公司战略决定的，是基于企业商业模式、文化、治理模式信息化做出的选择，并不是信息化成熟度的演进路标。IT部门的定位通常包括以下5种类型，如表22-1所示。

表22-1 5种IT部门定位

任务承接者	业务伙伴	变革驱动者	商业模式创新者	利润中心
• 按业务要求做事 • 没有专职变革团队来评估业务需求的优先级和重点 • 在业务变革中不扮演有影响力和领导力的角色 • 变革和IT建设被视为费用	• 变革、流程、IT在业务变革中承担有影响力的角色，支撑业务变革 • 设置专职变革管理团队来评估变革的优先级和重点，向业务团队汇报 • 视变革与IT建设为投资	• 变革与IT团队是变革的领导者 • 设置专职变革团队来规划业务变革的优先级和重点 • 变革团队向变革与IT团队汇报 • 视变革与IT建设为投资，由公司向变革与IT团队授予	• 变革与IT团队在企业基于能力的商业模式设计方面承担关键角色 • 流程IT是投资中心	• 成立流程IT产品线，流程IT服务被产品化，不仅对内提供，也对外提供 • 某些情况下，流程IT是一个独立的服务公司

华为的流程IT部门紧随公司的业务发展，适应公司的发展要求，不断调整自身定位，帮助业务部门走向卓越运营。1998年之前的初期阶段，信息化部门怀揣简单梦想，用IT提高生产力、降低成本，减少重复劳动，支撑公司发展，定位属于任务承接者。1998—2015年，华为的流程IT走向集中控制，在公司范围内开展了IPD、供应链、客户关系管理、集成财经服务、五个一（合同、PO前处理1天，从订单到发货准备1周，从订单到客户指定站点1个月，软件从订单到下载准备1分钟，站点交付验收1个月）等一系列变革。流程IT的定位是：

- 聚焦公司主业务流，支撑公司构建统一的管理体系。
- 通过支撑卓越运营来提高公司全流程运作效率，支撑公司多产业战略成功及可持续发展。

开启全面数字化转型后，华为从使能业务变革转变为牵引数字化转型，流程IT成为变革驱动者。流程IT实行中央集权，将应用的需求和规划留给业务部门，将IT的架构、规划、实施、服务和运维集中于公司。

建立管控策略与原则

在明确方向后，要基于数字化组织的愿景、定位和顶层目标设定数字化管控原则和管控模式。

管控原则

管控原则是流程IT的基本原则，犹如国家的宪法，将会强烈影响未来流程与数字化解决方案的选择，并促使整个流程与数字化组织行动一致。

管控原则的设计包括如何对待客户、如何管控架构、如何处理数据、以何种视角看待IT投资、如何支撑业务并保障网络安全等，具体如下。

1. 以客户为中心，业务战略驱动IT

- 数字化以支撑公司战略和实现业务需求为目标，满足客户（业务部门）需求，提升服务水平和服务能力。
- 提高服务意识，提升客户满意度。
- 推行首问责任制，对业务问题不推诿，主动承接并及时反馈。
- 数字化及信息化的战略由业务战略来驱动，数字化及信息化的投资和建设要支撑业务战略的达成。

2. 架构管理，规划牵引

- 架构是联接战略与实施的桥梁，逐步减少"烟囱式"应用系统，实现信息共享。
- 适度进行超前的架构研究，设计有前瞻性并可落地的IT架构，建立架构管控机制来保证架构遵从。
- 重视并尊重规划的权威性，结合业务实际和行业趋势进行规划，有效牵引项目解决方案设计。

3. 视数据为企业核心资产
- 数据作为数字化转型的核心，企业要建立统一的数据管理体系，加强数据资产管理，业务部门是数据质量的第一责任人。

4. 视IT为战略投资和业务投资
- 对需求进行ROI分析，评估业务价值；流程IT要从成本中心向价值中心转变。

5. 构建公共的IT平台和IT基础设施服务
- IT平台和基础设施建设要坚持共建共享，以此降低成本，提高业务支撑效率。
- 基础设施优先，急用优先。

6. 保障网络安全
- 建立分层分级的安全防护体系，平衡安全与效率之间的关系。
- 在流程和IT系统的设计、实施和运维过程中充分考虑安全要素，全方位保护信息资产。
- 构建集管理、技术、运营为一体的网络安全体系，保障企业的网络安全。

管控模式

管控模式是指企业集团总部对下属企业的管理定位，具体体现在通过管控部门的设置、管控流程的设计及集团文化的传播来影响下属经营单位的战略、营销、财务、经营运作等方面。管控模式分为三种：财务管控型、战略管控型、运营管控型（见表22-2）。

表 22-2 集团管控模式

	财务管控型	战略管控型	运营管控型
	分权 ←――――――――――――――――――――→ 集权		
集团与下属公司的关系	• 以财务指标进行管理和考核 • 总部无业务管理部门	• 以战略规划进行管理和考核 • 总部一般无具体业务管理部门	• 通过总部业务管理部门对下属公司的日常经营动作进行管理
发展目标	• 投资回报 • 通过投资业务组合的结构优化 • 追求公司价值最大化	• 公司组合的协调发展 • 投资业务的战略优化和协调 • 战略协同效应的培育	• 各分公司经营行为统一，公司整体协调成长 • 对行业成功因素集中控制与管理
管理手段	• 财务控制 • 法律 • 企业并购	• 财务控制 • 战略规划与控制 • 人力资源 • 品牌管理	• 财务控制战略 • 营销与销售 • 网络与技术 • 新业务开发
应用方式	• 多种不相关产业的投资动作	• 相关型或单一产业领域内的发展	• 单一产业领域内的动作，但有地域局限性

1. 财务管控型

在财务管控型模式中，集团对下属子公司的管理控制主要通过财务手段来实现，集团对下属子公司的具体经营运作管理基本不加干涉，也不会对下属子公司的战略发展方向进行限定。集团主要关注财务目标的实现，并根据业务发展状况增持股份或适时退出。

2. 战略管控型

在战略管控型模式中，集团的核心功能为资产管理和战略协调。集团与下属子公司的关系主要通过战略协调、控制和服务而建立，但是集团很少干预子公司的具体日常经营活动。集团根据外部环境和现有资源制订集团整体发展战略，控制子公司的核心经营层，使子公司的业务活动服从于集团整体发展战略。

3. 运营管控型

在运营管控型模式中，集团的业务管理部门对控股子公司的日常经营运作进行直接管理，特别强调公司经营行为的统一、公司整体协调成长和对行业成功因素的集中控制与管理。

这三种模式各具特点，运营管控型和财务管控型是集权和分权的两个极端，战略管控型则处于中间状态。有的企业从自己的实际情况出发，为了便于管控，将处于中间状态的战略管控型进一步划分为"战略实施型"和"战略指导型"，前者偏重于集权，而后者偏重于分权。

在行业数字化转型中，将数字化管控模式与集团管控模式相匹配，以构建数字化能力。可采用分散模式、集中模式、联盟模式中的一种，三种模式的优劣对比见表22-3。

表22-3 数字化管控三种模式的优劣对比

管控模式 项目情况	分散模式	集中模式	联盟模式
优势	业务部门有所有权，业务部门控制IT应用优先级，能够迅速满足用户的需求	可以指定整体信息化规划，有计划地满足业务部门需求。发挥整体优势，标准化和规范化程度高	从整体利益出发进行IT统筹规划，能够满足业务和IT的共同需求
劣势	信息化建设缺乏整体规划，易造成信息孤岛。重复建设严重，没有标准和规范，集成困难	影响业务。业务部门的效率低，难以满足个性化需求。业务部门不能控制成本	沟通成本比较高，协调和决策比较复杂，对治理机制要求高
适合状况	一般在信息化建设初期采用此模式	业务单一、管控力度比较强、高度规范化的组织	业务多元化，管控力度不是很强的组织

理顺数字化管理流程

流程是被重复执行、逻辑上相互关联的一组业务活动序列，将明确的输入转换为明确的输出，从而实现为客户创造和向客户交付（产品和服务）的业务目的。流程使用流程文件进行描述。流程用于承载公司的业务流程架构、运营方针、政策和其他管控要求，划分上下游业务的边界、接口，定义它们之间的依赖和其他关联关系。

流程的基本要素有以下8个：

- 流程目的
- 活动
- 角色
- 流程起点与终点
- 输入与输出
- 关键控制点
- 流程绩效指标
- 流程文件控制信息

流程是好的经验与实践的沉淀，也要承载业务管控要求。建立流程并优化，可不断有序、系统地吸收好的业务经验与业界最佳实践，帮助业务高效地运作。流程又要承载业务管控要求，承载法律、标准、公司政策、内控管理、质量管理、数据管理的要求。所有的流程都是以客户需求为导向的，充分满足客户需求以增强核心竞争力。

数字化管理流程要识别和管理业务变革举措，并通过详细定义、设计和实施流程IT服务与解决方案，通过必要的IT运作来支撑业务运行，提高公司全流程的运作效率，降低运作成本，管理运营风险，提高客户满意度。

数字化管理流程主要包括管理变革及持续改进、管理业务流程、管理IT流程、管理IT运作支撑流程，说明如下。

管理变革及持续改进：主要是管理业务变革和持续改进的流程集，包括项目群管理、解决方案开发和持续改进项目管理。保证变革和持续改进规范、有效运作，达成变革目标，实现变革和改进收益的最大化。

管理业务流程：主要是管理业务流程的流程集，包括业务流程开发管理、流程绩效管理和持续优化与改进、生命周期管理，确保流程在遵从管理方针和政策的基础上得到完整的定义和持续优化与改进。

管理IT流程：包括IT解决方案，IT产品或平台从路标规划到实施、服务、生命周期管理端到端的主流程，以及支撑IT运营和运作的IT资产、IT价值等运作流程，确保IT为业务提供及时、高质、安全、可靠的IT交付和服务，指导IT组织和各团队能高效、有序、协同运作。确保IT投资符合公司发展策略，提升公司管理效率，降低运作成本，使风险管理可控，支撑公司业务发展。

管理IT运作支撑流程：支撑解决方案、流程版本、IT产品和平台交付的共用流程，包括对应的管理体系及规划、需求管理、Charter等，以一个界面面对业务。维持内部能力的流程包括管理企业架构、管理网络安全、管理IT资源等。确保变革及持续改进、管理业务流程、管理IT流程等主业务运作顺畅，增强内部运营能力，以满足业务及内部能力的不断提升。

设立数字化管理组织

数字化管理组织应从组织结构设置、职能职责设置等方面，建立与新型能力建设、运行和优化相匹配的职责与职权架构，不断提高对业务日益增加的动态、个性化需求的响应速度和柔性服务能力。

从组织理论来看，组织结构设计的内容包括以下几个方面[1]。
- 战略与公司治理决定组织。组织结构的构建能有效支撑组织战略目标的达成。

---

1 王仰富，刘继承.中国企业的IT治理之道[M].清华大学出版社，2004.

- 组织结构决定了组织中的正式汇报关系，包括职权层数和主管人员的管理幅度。
- 企业运作的直线指挥系统与职能参谋系统的相互关系。
- 组织结构包含了确保跨部门沟通、协作与力量整合的制度设计。
- 组织结构与流程适配，优化的业务流程和有效的信息流及与之配套的管理支持系统，如工作标准、操作规范、应用模板等。

组织所处的环境、采用的技术、制定的战略、发展的规模不同，所需的职务和部门及其相互关系也不同，但任何组织在进行结构设计时，都需遵守一些共同的原则。

系统化：即结构完整，组织如同一部机器，只有结构完整才能产生必要的功能，正常运作。在进行组织设计时各要素之间必须确保目标一致、要素齐全，做到事事有目标、事事有人管、人人有事干。

专业化：分工是组织运行的基础，是组织设计问题产生的根源。通过分工可以使员工所拥有的各种技术得到最有效的发挥，从而提高工作效率，这就是分工的经济性。

协同化：组织作为一个系统，必须相互协调，密切配合，对端到端的业务运作结果负责。因此，在进行组织设计时，必须坚持分工与协作原则，并通过协同化运作支撑公司战略达成。

扁平化：组织设计尽可能采用大部制，减少不必要的管理层级，缩短管控链条，提升决策效率和执行力。纵向各层级定位清晰、权责清晰、流程顺畅。

权责对等：权责对等要求深入研究管理体制和组织结构，建立起一套完整的岗位职务和相应的组织法规体系。并在组织运行过程中解决好授权问题，防止责权分离而破坏系统效能，避免有权无责或有责无权的现象发生。

动态化：当今技术发展日新月异，岗位要求不断发生变化，组织的实际运行是动态变化的，企业组织结构应因相应业务变化进行调整和适应。

数字化管理组织的设计，应遵从治理要求，以战略驱动，借鉴业界实践及相关组织设计原则与模型。一般来说，数字化管理组织遵从三支柱组织模型（见图22-2）。

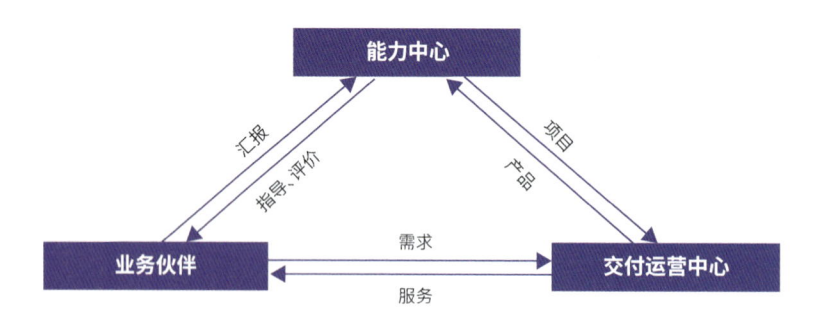

图 22-2　数字化管理组织的三支柱组织模型

能力中心：负责公司数字化能力建设，建立数字化专业能力，如数字化转型规划、变革管理、企业架构管理、网络安全管理等，提升公司数字化管理政策、流程和方案的有效性，并为业务伙伴的服务业务提供策略指导、技术支持。

例如，华为有数字化管理能力中心，负责政策、原则、工具、方法的研究、指导与管控。

业务伙伴（数字化伙伴）：贴近业务配备数字化管理资源，如流程管理、数据管理、业务分析等，一方面提供统一的服务界面，提供端到端的解决方案；另一方面"将指导员配到连队"，面向业务领域进行差异化支撑，贴近业务、服务业务，实现业务数字化转型的闭环支撑。

例如，华为的业务伙伴是流程IT面向业务的组织，对端到端业务问题的解决、业务结果的改善负责，对解决方案的生命周期、项目价值实现负责。

交付运营中心：构建数字化交付工程能力，打造数字化产品交付团队，提供标准化、流程化的数字化产品与服务，交付IT产品并持续优化改进,提供面向用户的IT服务支持。

例如,华为交付运营组织的定位是IT产品交付组织,对IT产品交付质量、及时交付负责,确保精细度、清晰度,提高交付效率与交付质量。

在面向业务变革的实际运作中,产品责任人、交付责任人、架构责任人组成面向业务的铁三角团队。产品责任人以客户为导向,协同体验官和运营经理,对产品的价值、用户的满意度负责;交付责任人对交付过程及结果负责,对产品工程能力负责,并管理交付供应商及合作伙伴;架构责任人组建架构师团队,对架构与设计质量负责,对产品可持续发展负责。

推进数字化转型产品的铁三角团队需要有以下四个动作。

责任到位:产品责任人作为第一责任人,与交付责任人和架构责任人协同工作,三者目标一致,思想统一。

赋权到位:将产品规划、设计、运营权赋予产品团队,由其主导,面向业务快速响应。团队日常运作、成员考核、奖金分配由产品责任人负责,力出一孔、利出一孔。

贴近客户:铁三角团队深入理解业务,熟悉业务流程、业务对象、业务规则和运作流程。洞察行业优秀实践,发现用户体验问题,推动产品不断改进,推动业务持续优化改进,实现业务价值。

角色转换:产品制的运作改变了过去项目制的做法,由单纯的对功能负责、专业分工的传统运作模式转变为一专多能、面向客户的混合团队运作模式,以业务价值与用户体验驱动,一体化运作,面向业务敏捷响应、持续迭代。

明确数字化运作机制与规则

数字化转型是一场自上而下、上下协力的系统变革,不是一蹴而就的,是一个长期工程，需要建立持续的变革机制来推动这项变革。如何驾驭系统性变革？在数字化转型中，华为的变革管理组织设置了三层架构（见图22-3所示），即先自上而下，由高层感知到变革的需要；然后领导团队集体决策变革的方向；再上下协力，将一个个具体的变革项目落实到位。

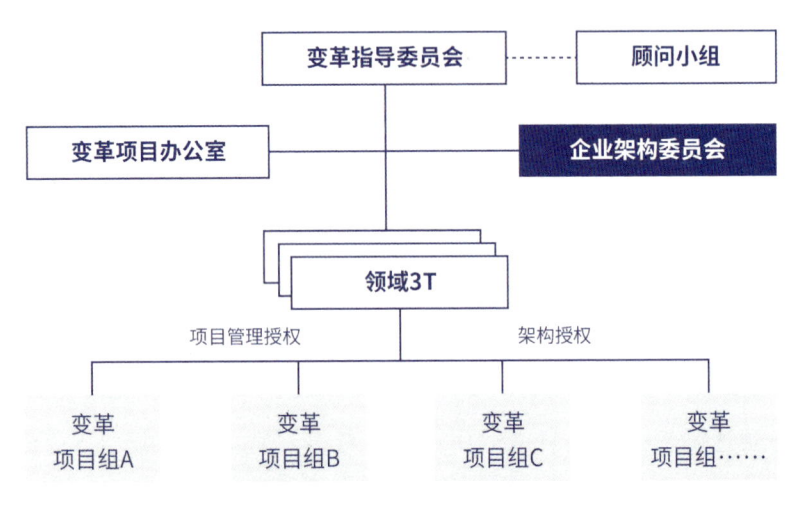

图 22-3　变革管理组织的三层架构

顶层是变革指导委员会，由轮值董事长和各业务最高负责人共同组成，确定变革的最高决策，如变革方向、变革蓝图、变革优先级、重大事项决策等。变革指导委员会是公司业务变革的最高决策组织，顾问小组作为参谋机构，支撑变革指导委员会的决策。

变革项目办公室、企业架构委员会是委员会的常务执行机构，负责把最高决策分解为一个个项目再推动执行下去，并考核每个项目的进展和成果。变革项目办公室负责项目管理（含关联关系管理）和变革管理，企业架构委员会负责公司架构管理、技术把控。

领域3T（3T指业务变革与IT管理团队）负责本领域的变革和变革改进、流程建设与运营、能力持续提升，批准本领域管理的变革与优化项目立项、里程碑决策及关闭。

变革管理组织的运作难点在于变革指导委员会——委员的会议要怎么开？决策要怎么做？有分歧怎么处理？企业的高管团队应把业务经营会和变革战略会区分开来，前者由预算指引，属于企业的自动驾驶部分，但如果一直在自动驾驶，就看不到变革的时机和路径；后者是挑战指引，高管成员需要集体感知前进道路上正在涌现的突发变量，以决定在什么时间点跳出自动驾驶状态，进入变速驾驶状态。因此，对于交通行业，虽然有总经理办公会等日常决策机构，但这还是不够的，还需要跳出日常的决策行为惯性，组建数字化管理委员会，指导公司的变革转型。

在变革管理中，华为遵循五项变革原则：

- 一把手工程，勇于"革自己的命"。
- 先僵化，后固化，再优化。
- 软件包驱动（PEBT）。
- BT（业务流程变革）与IT紧密结合。
- 抓主要矛盾和矛盾主要方面，核心是提升流程和人的效率。

同时，在变革中坚持"七个反对"：

- 反对完美主义。
- 反对烦琐哲学。
- 反对盲目创新。
- 反对没有全局效益提升的局部优化。
- 反对没有全局观的干部主导变革。
- 反对没有业务实践经验的员工参加变革。
- 反对没有充分论证的流程进入实用阶段。

第二十三章
知易行难，行胜于言

将数字化转型作为一把手工程来推进，自上而下达成统一认知，有坚定不移的战略决心、长期奋战的耐心及坚韧不拔的恒心，推动企业整体转型，才能提高数字化转型成功的概率。交通行业的数字化转型管理者要具备"不破不立"的决心，想清楚要达成什么样的目标，然后持之以恒地向着目标不断前进。数字化转型的道路必然充满曲折且没有止境，这就要求交通行业的企业立足长远、做好顶层设计、持续创新。

结合华为自身的数字化转型经验，给交通企业数字化转型的行动建议：上下同欲、双轮驱动、眼高手低、立而不破、久久为功。

数字化转型方兴未艾，正当其时！建立数字化转型思维，培育ICT应用能力、数据管理能力、安全保障能力，形成数据驱动业务转型和组织变革的能力，是各行各业的必然选择。我们期待《大交通时代：行业数字化转型之道》一书的出版，不仅能为参与交通强国建设的各界人士提供知识信息服务，更能为各行各业推动数字化转型提供有效参考和借鉴。

电子工业出版社总编辑

2021年9月15日

专家评审（选录）

务水平、实现节能减排等方面的应用潜力，是交通行业需要认真研究的课题。

《大交通时代：行业数字化转型之道》提出构建"1234数字立方体"的总体框架，即"1个综合大交通：综合大交通发展蓝图；2个数字化：从基础设施数字化到业务流程数字化；3个业务流：乘客流、货物流、载具流；4大周期：规划、建设、运营、经营"，这一整体构思具有很好的参考价值。建议围绕"安全、便捷、高效、绿色、经济"五大价值导向，在"安全"和"效率"基础上，进一步补充对于数字技术在发掘基础设施潜能、降低运输成本、实现节能减排等方面应用的见解和认识。同时，当前行业普遍关注车路协同、自动驾驶等新技术、新业态的发展，建议基于"载具流"这一概念，进一步介绍在载运工具数字化、智能化方面的经验和考虑。

二、聚焦重点环节，从务实角度提出大数据应用和综合信息平台建设模式

《国家综合立体交通网规划纲要》提出"以大数据、信用信息共享为基础，构建综合交通运输新型治理机制""构建综合交通大数据中心体系，完善综合交通运输信息平台"。规划好、建设好、管理好、使用好大数据，加快建设"数据大脑"，以数据为核心要素、以大数据中心为关键支撑，深化跨区域、跨部门、跨层级数据共享，以数据协同助力业务协同，实现"精准感知、精确分析、精细管理、精心服务"，是交通行业数字化发展的重要方向。

《大交通时代：行业数字化转型之道》提出"坚持数字平台架构，可最大程度应用平台上已经沉淀的宝贵数字资产，最大程度减少未来投资，并使应用系统的建设更为简单便捷"，从企业角度阐述了对行业数字平台建设的思考，体现了华为在大数据建设和应用领域的深度见解。建议结合自身

业务实践，进一步补充对综合交通运输跨部门、跨领域综合信息平台建设和应用、大数据管理和运用等方面的思考和具体案例。此外，随着交通行业数字化的发展，数据和网络等方面的安全挑战也在不断增大，华为作为在通信领域深耕多年的企业，相信对于如何在开展交通行业数字化建设过程中保障网络信息安全有着深刻的认识，建议在《大交通时代：行业数字化转型之道》中增加这方面的阐述。

三、围绕重要领域，从实践角度提出数字化发展路径和解决方案

随着新一轮科技革命和产业变革深入发展，各类新兴技术与交通行业的结合将为行业发展带来新的机遇和动能。"十四五"时期交通行业进入加快建设交通强国、率先实现现代化和高质量发展的新阶段，需要更加注重科技赋能、创新驱动。同时，在推动交通行业数字化发展的过程中，部分新技术、新业态在行业的应用模式和发展路径尚处于探索阶段，在这一过程中需要充分发挥企业作为一线实操者的作用，在实践中进行检验、不断细化，为形成高效、可行的路径和方案提供支撑。

《大交通时代：行业数字化转型之道》从华为打造的数字平台和数据产品角度，提出了"综合大交通解决方案"。同时，结合自身业务实践，从城市轨道、铁路、航空、高速公路、港口等方面列举了大量数字化建设实际案例，充分体现了《大交通时代：行业数字化转型之道》中提出的"以行践言"，具有很好的参考学习价值。建议进一步提炼总结，聚焦行业中具有代表性的业务领域，围绕当前和未来行业面对的主要矛盾，分析数字化在其中能够发挥的作用，在归纳实践中取得的经验成果的基础上，有针对性地提出综合解决方案。同时，可以更加深入、全面地对过往案例进行分析，借鉴华为参与工业信息领域其他行业数字化建设经验，更加系统性地探讨交通行业数字化发展路径。

这项工程不仅仅是一本书的写作，还可看作一个研究项目的不断进展过程。第九稿充实了很多在第一稿中没有的内容，尤其是重庆交开投城市公共交通数字化转型案例、机场智慧助航灯案例。这些新案例不仅令人印象深刻，而且它们对华为自身核心竞争力的体现也是非常重要的。从这本书写作前后的资料中，可以看到华为企业BG全球交通业务部对交通数字化转型，甚至更广领域的数字化转型的理解飞跃提升的过程；也可以看到华为利用自身的技术优势，专门为交通行业定制开发技术甚至芯片的过程。数字化转型成功，解决"烟囱"和孤岛的问题，需要有数字化平台（数字底座）公司的基础性作用。这种作用相当于操作系统或事实信息标准的功能。从目前看，华为是不多的可以承担这一职责的公司之一，这本书所展示的对数字化的理解也从一个特定的侧面证明了华为拥有这样的能力。

华为在过去主要是一个硬件提供商的角色。随着业务的发展，自身具备了非常丰富的不同专业经验。国际形势变化对华为带来的巨大压力，既是一种挑战，同时也未尝不是一种机遇。IBM公司在20世纪80年代末90年代初曾遭遇巨额亏损，面临破产的挑战。新的董事长兼CEO郭士纳上任后，将IBM从一个硬件制造商转型成为服务提供商。华为本身就高度地受益于IBM所提供的服务。当前的数字化转型是一个高度复杂的工程，不仅涉及以计算机为核心的IT基础设施，而且涉及5G等基础通信，路由器等数据通信，终端、传感器等非常广泛的信息技术。因此，需要一个技术非常全面的公司来承担咨询等服务的工作。目前像华为这样技术全面的公司在全球范围并不多见，甚至比从事信息化服务的"老师"IBM拥有更宽广的专业经验，在继续承担硬件提供商角色的同时，转型（或更准确地说是"扩展"）为更少依赖于芯片的服务提供商，也是时代的需要和召唤。

数字化转型不仅具有内在的相通性，而且真正的数字化转型就是要尽可能地跨越原有的边界，向更广的端到端全流程扩展。不仅要实现所有交通的一体化，而且可以使相应的数字化网络向更深远的生产制造端延伸和互通。信息越是互通，其价值就越大。本书已经展示了交通行业内跨界的前景，期待华为以此为基础向更广泛的领域跨越。

致谢

本书从构思到出版用了两年的时间，选题到成稿之路漫漫，期间幸得多方助力。首先，感谢行业客户的信任和支持，我们才得以探索和积累丰富的数字化转型实践和方法论，同时感谢你们无私的分享，为行业贡献宝贵经验；其次，感谢行业专家，用专业知识及实践经验铸就了本书的血肉与灵魂；再次，感谢行业院士、专家、学者拨冗撰文指导，因为你们专业、细致的评审及客观公正且富有建设性的意见，本书才得以不断优化；最后，还要感谢合作伙伴们的支撑，因你们的一路相伴、携手共进，让本书内容更加饱满并最终付梓。

通途不谓山河险，数越阡陌智通衢。交通行业数字化转型只有起点没有终点，本书也仅是抛砖引玉，不足之处，望广大读者和"懂行人"宽容以待，不吝珠玉。

感荷高情，匪言可喻。特上寸笺，以申谢忱。

专家名单（排序按姓氏拼音首字母，不分先后）：

毕荣梁　毕治国　蔡良达　蔡文华　邓伟强　董纪南　董永奇
范喆明　方　峻　费吉祥　冯光学　高　哲　何茂春　何　涛
何懿轩　黄敏捷　黄摩西　黄　强　黄淑蓉　蒋洪波　金帮锋

金　辉　李大为　李　魁　李紫霄　刘　冰　刘华栋　令鸿嘉
潘培根　彭　军　饶朝霞　沈光亮　唐九洲　汪　贺　王　俊
王　孟　王　群　王　锐　王　通　王亚莉　温晓朗　吴浩然
吴　军　吴庆佺　肖高渠　谢根鸿　谢丽丽　熊先银　徐战胜
许　强　薛春峰　薛　铭　游　阳　于家河　张　健　张利宽
张赛男　张　颂　周　波　周　超　祝怀标　卓玉樟

支持伙伴：考拉看看头部企业研究中心

熊玥伽　孙晓雪　严青青　高静荣　曾思瑜